コミュニケーションを枠づける

参与・関与の不均衡と多様性

Framing Communication:
Facets of Imbalance and
Diversity in Participation

片岡邦好・池田佳子・秦かおり [編]
Kuniyoshi Kataoka　Keiko Ikeda　Kaori Hata

くろしお出版

はしがき

　U介はいま，言語学系の学会で自社の新刊を宣伝するために仙台に来ている．彼は中学生の頃からSFが好きで，漠然と本を作る仕事に関わりたいと思っていた．だから当たり前のように文学部に入学し，日本文学科に進んだ．一度勇んでパラレルワールドものの恋愛小説を30枚ほど書いてみたりしたものの，友人の鈍い反応に文才のなさを痛感した．しかしたまたま選択科目で受講した言語学の授業で，ことばの仕組みの不思議にはまった．憧れの北川さんの苗字が山川ならもっと素敵なのに，という勝手な思い込みは，実は連濁のせいだとわかって切ない疼きがさらに膨らんだものだ．就職活動では，ある縁で都内の言語学関係の出版社に滑り込んだ．給料は決して高くない．しかしやりがいはある．だから仕事で言語学系の学会に出入りし，その面白さと奥深さをもっと一般の人に分かりやすく解説してくれそうな大学教員にアプローチして執筆を口説いてきたのだ．

　しかし研究者の現実は世間の印象とはだいぶ違った．そもそも論文を書かない大学教員もいるし，何より書いても締め切りを守らない．言語学の教科書を編集しているO先生もその一人だ．出展ブースにU介の顔を見止めると，そそくさとすり寄ってきて第4章の著者が原稿を出してくれないと愚痴り始めた．

　「もう5か月になるんだけどね‥．ここだけの話，ほんとW君には参ってんだよ．」

　「そおなんですか．しっかりしてらっしゃる方だという印象ですけどね．」

　「ま‥普段はねえ．今は家庭の問題で仕方ないんだけど．」

　『ほんとは先生の査読が進んでないんでしょ』という心の声は封印してU介は続けた．

　「次はぜひ単著でお願いしますよ．特に社会言語学はいま手薄なんですよ．」

　やや皮肉を込めてそう言ったものの，O先生の目を直視する勇気を持てずに趣味の悪いペイズリーのネクタイに目を落とした．Oが口を開く間も

なく，ブースを挟んで「役割語」の新刊をめくっていた女性が振り向いて声をかけた．

「あ↑れ，Oさんじゃないですか：？珍しいですね．」

「↓あぁTさん．ご無沙汰してます．先生もこんな学会にも来るんですね．あ..『こんな』って悪いけど．」

「ほん(.)と失礼ですね．h@h@h@．」

すっかり近況報告に興じる二人を尻目に『うちのブースの前で立ち話されてもなあ』と慨嘆しながら，U介は3歩半後ろに控える新卒の女性社員I子を半ば意識して「今日は忙しくなりそうだな」と独りごちた．その言葉を聞きとめた彼女は，いたずらを企むトイプードルのような目で問いかけてきた．

「今日の学会も先週のみたいに荒れるんでしょうか？」

U介は「荒れる」という物言いに微笑みを押し殺しながら，前を向いたままなだめるように小声で返した．

「M先生みたいな人は来ないから大丈夫だよ．」

M先生とは，この界隈で名を馳せた，退官間近のクレーマー教授である．いつも一言，二言余分で同僚や研究仲間に疎まれ，出版社にも物申さないと気がすまないタイプの人物だ．先週の被害者は隣に出展した出版社の新入社員だった．その瞬間，T先生と世間話に興じていたO先生が目を輝かせて割り込んできた．

「さっきM先生いましたよ．」

「あそうなんですか？」

「あ，私も会いました．」

T先生も興味津々である．

「お元気ですよ↓ね::」

その口調に濁りのある憂慮を感じ取ったのはU介だけではなかっただろう．今やM先生の話題に取りつかれたOとTに薄くうなずきながら，U介はブース左手で音声学の本を手に取った若手研究者らしき人物に注意を移し始めた．しかしI子はU介の身体を隠れ蓑にしてM先生の噂話を一言も聞き逃すまいと聞き耳を立てていることが，左下に向けた顔の角度から見て取れる．

『やっぱり変な人多い・・・』I子は，地元に残した両親のことを思い，あと何年耐えられるだろうかと心に石灰のよどみのような重みを感じるの

だった．
　（〔どこかに〕続く）

　どこにでもありそうな会話の成り立ちは意外と複雑です．人が集まる場所には参与枠組みが生まれ，変化し，移行します．本書はそのような機微を詳細に読み解こうとする意図から生まれました．私たちの振舞いのかなりの部分がそれを抜きにして語れないことを確認する機会として，そしてそれを分析の俎上に乗せる手段として本書が参照されることを祈念します．ちなみに上掲のフィクションは，本書中の「F 陣形」，「承認／未承認参与者」，「傍参与者」，「クロスプレイ」，「漏聞者／盗聴者」，「産出フォーマット」といった概念を用いて論じることができます．どれがどれかって？"The answer is hidin' in the frame!" (Robert Zimmerman に寄せて)．

2016 年 10 月
編者

＊この場をお借りして本企画を承認，推進してくださったくろしお出版の池上達昭氏に心よりお礼申し上げます．なお，参与枠組みの一例を示した上記の登場人物は，本書の編纂に際してお世話になった執筆者，出版社，関連学会の皆様とは一切無関係であることを申し添えます．

目　次

第1章　参与・関与の不均衡を考える
片岡邦好・池田佳子・秦かおり　　1
1. 「参与・関与の枠組み」の変遷と周辺領域 1
2. 本書の構成 14

第1部　教育の場面における参与・関与

第2章　「わからない」理解状態の表示を契機とする関与枠組みの変更
増田将伸・城　綾実　　27
1. はじめに 27
2. 分析対象：グループワーク活動と参与・関与の構造 28
3. 先行研究：理解状態を表示することの相互行為的はたらき 31
4. 分析：関与枠組みの変更とグループワークの進展 33
5. まとめ 40
6. 補論：残された課題と教育面の意義 42

第3章　大学英語授業でのスピーキング活動における「非話し手」の振る舞いと参加の組織化
横森大輔　　47
1. はじめに 47
2. 非話し手の振る舞いと参与役割 48
3. 分析対象データとその制度的・環境的特徴 49
4. 非話し手による参与のあり方：具体例 53
5. 考察：制度・環境による参与のあり方への制約・影響 60
6. おわりに 63

第4章　Webビデオ会議
―関与性を指標する相互行為リソースの一考察―
池田佳子　　　　　　　　　　　　　　　　　　　　　**69**

1. はじめに 69
2. Web 2.0がもたらした「バーチャルなグループ会話」という社会現象....70
3. コミュニケーションとしてのウェブ会議会話の先行研究.................72
4. 本研究の考察 73
5. おわりに 85

第2部　親睦・団らんの場面における参与・関与

第5章　空間をまたいだ家族のコミュニケーション
―スカイプ・ビデオ会話を事例に―
砂川千穂　　　　　　　　　　　　　　　　　　　　　**91**

1. はじめに 91
2. 分析の枠組：テクノソーシャルな遠隔地間会話................................91
3. 分析の枠組：テクノソーシャルな状況下における会話の重心.........93
4. データ収集と分析方法 94
5. 事例分析：家族写真鑑賞のアクティビティ 95
6. 事例分析：視野的不均衡の解消 102
7. 考察：空間をまたいだ家族実践 105
8. おわりに 106

第6章　日本語会話における聞き手のフッティングと積極的な関与
難波彩子　109
1. はじめに 109
2. 研究の背景：フレーム・フッティング・関与 110
3. データ収集 112
4. 均衡・不均衡な参与形態の分析 112
5. おわりに 126

第7章　対立と調和の図式
―録画インタビュー場面における多人数インタラクションの多層性―
秦　かおり　131
1. はじめに 131
2. インタビューの参与枠組みと不均衡性 132
3. データの特徴と参与者間の立ち位置調整への志向 133
4. 分析：不均衡は如何に矮小化され解消されるのか 135
5. 考察：録画インタビュー場面における参与枠組みの多層性 146
6. 結語 150

第8章　発話と活動の割り込みにおける参与
―話し手の振る舞い「について」の描写が割り込む事例から―
安井永子　155
1. はじめに：話し手の振る舞い「について」の描写の割り込み 155
2. 分析方法 158
3. 受け手による割り込み 159
4. 傍参与者による割り込み 165
5. おわりに：連鎖の構築に貢献しない行為の割り込みの達成 171

第3部　実業・制作の場面における参与・関与

第9章　傍参与的協同
―歯科診療を支える歯科衛生士のプラクティス記述―
坂井田瑠衣　　　　　　　　　　　　　　　**179**

1. 多人数インタラクションにおける「傍参与的協同」..................179
2. 3つの局面からなる歯科診療..................182
3. 事例1：問診と視診の切り替えにおける環境の整備..................183
4. 事例2：問診から治療への移行における診療活動への参入..........187
5. 傍参与的協同における複数の志向性への対応..................190
6. "3人目" としての傍参与..................191
7. おわりに..................193

第10章　展示制作活動における参与・関与の変化から見た参与者の志向の多層性
高梨克也　　　　　　　　　　　　　　　**199**

1. はじめに..................199
2. 基本活動：視覚的関与における「今・ここ」の志向..................199
3. 会話の分裂に現れた潜在的志向の分岐..................205
4. 基本活動が埋め込まれた継続的な組織活動への志向..................212
5. まとめ：参与者の志向の多重性..................217

第11章　通訳者の参与地位をめぐる手続き
―手話通訳者の事例から―
菊地浩平　　　　　　　　　　　　　　　**221**

1. はじめに..................221
2. 通訳者の参与地位をとりまく論点..................222
3. 分析：相互行為連鎖の中での通訳発話産出..................225
4. 考察とまとめ：通訳者の参与地位をめぐる手続きと参与の均衡・不均衡....239

第12章　理容室でのコミュニケーション
　　　　　―理容行為を〈象る〉会話への参与―
　　名塩征史　　　　　　　　　　　　　243
1. はじめに..243
2. 理容室：理容行為を支える環境......................244
3. 理容行為と会話..246
4. 理容行為を〈象る〉会話..................................252
5. むすび..260

第13章　ラジオ番組収録における多層的な参与フレームの交わりについて
　　　　　―制度的制約に伴う現象を中心に―
　　片岡邦好・白井宏美　　　　　　263
1. はじめに..263
2. 先行研究における参与／関与のフレーミング....264
3. 分析方法およびデータの特徴..........................265
4. 分析と考察：番組収録という制度....................269
5. 結語..280

索　引..285
執筆者紹介..290

第 1 章
参与・関与の不均衡を考える

片岡邦好・池田佳子・秦かおり

1.「参与・関与の枠組み」の変遷と周辺領域

　日常の相互行為に参加するとき，意識しようとしまいと私たちはある種の「枠」(フレーム)を形成する.「参与枠組み」(Participation framework)という概念はアーヴィング・ゴフマン(Goffman, 1974, 1981)により提案，精緻化され，社会的相互行為における話し手と聞き手のステータスを分析する際の鋳型として様々な分野に応用され，発展してきた．例えばその基本理念は，「参与者構造」(Participant structure: Philips, 1972, 1981)や「オーディエンス・デザイン」(Audience design: Bell, 1984)という類似のモデルとして再定義され，言語人類学や社会言語学でも広く援用されている．また，「話し手／聞き手」役割の文化的な多様性についても，多くの理論的考察とフィールドワークからの指摘がなされてきた(Levinson, 1988; Rumsey, 1989; Urban, 1989).

　その一方で，1980年代にはClarkら(Clark & Carlson, 1982; Clark, 1996)が発話行為に言及しつつ認知科学への応用を提案し，学際的な研究が広がった．それと同時に，C. Goodwinら(2000, 2003, 2007)による一連のマルチモーダル分析により，非言語／環境要因が参与枠組みの転換に及ぼす影響や，Bakhtin(1981)の「声」の概念と「引用」操作が創発する相互行為の複雑な実態が明らかになってきた(M.H. Goodwin, 1990; C. Goodwin, 2007)．またWorkplace Studies(Engeström & Middleton, 1996; Heath & Luff, 2000)の出現後，さまざまなジャンル，メディア，制度的環境の分析が進展する中で，(「参与枠組み」という視点を前面に出さずとも)Goffmanが描いた枠組みでは十分に語りつくせない現象や，想定されていない参与の形式に光が当てられつつ

ある (Wooffitt, 2001; Mondada, 2003, 2007, 2011; Streeck, Goodwin & LeBaron, 2011).

　本書は，そのような動向に呼応して開催された「参与(関与)枠組みの不均衡を考える」ラウンドテーブル(2015年2月：於 愛知大学)の成果をもとに，参与枠組みを再検討し，再定義を試みるために企画されたものである．日常の相互行為は，単なる情報伝達の域を超えて，有象無象の関わりの中から立ち現れる．そのような意識は，タイトルの「参与・関与の不均衡」という語句に込められている．つまり，相互行為への直接的な参与のみならず，間接的・周辺的・不在的な関与(例えば，現場にいなくとも「そこにいた」という事実が及ぼす影響や，第三者に見られているという意識など)が参与枠組みに影響する可能性も対象とする．また，「不均衡」とは必ずしも不平等を意味しない．特に制度的環境においては，参与の役割やステータスが不均衡であることを前提とした手順や手続きが(不平等につながる可能性も含め)各々の相互行為のシステムに組み込まれている．従って本書においては：

- 制度や環境による制約を持った参与／関与
- 従来の枠組みにおいて分析が不十分な参与／関与
- 新たなメディアの出現に伴って生じた参与／関与
- 従来の分類では扱われなかった，あるいは説明できない参与／関与

といった点に焦点を当て，枠組み概念そのものの再検討と再定義の場としたい．まず本章では，(1)従来のモデルにおける基本概念を確認し，(2)隣接分野での発展を概観した後，(3)本書における様々な対象とアプローチが示唆する新たな知見を取りまとめる．

1.1　フレーム(「枠」)概念

　従来の社会言語学は，Bühler 〜 Jakobson のコミュニケーションモデルを出発点として受け入れ，Hymes(1974)の SPEAKING モデルで定義される通り「話し手」(speaker, addressor, sender)と「聞き手」(hearer, addressee, receiver)からなる「参加者」(participants)をコミュニケーションの最小単位とする．そして各々に付随する特性として，年齢，性別，社会的地位，アイデンティティ，民族性，文化的背景などを想定している．しかし，「話し手－聞き手」

という粗雑な単位からこぼれ落ちるステータスについてHymes自身も言及してはいるものの，それ以後精緻化されることはなかった．

一方，言語学においてGoffmanの参与枠組みモデルは不遇な扱いを受けてきた．Levinson(1988)が述べる通り，Goffmanの社会行為理論は，当時多くの(形式)言語学者が自明とした心理的な還元主義には明らかに馴染まなかった．また，Goffmanの社会理論において重要な概念であった「フェイス」は，ポライトネス理論(例えばBrown & Levinson, 1978)に包摂されてGoffmanによる貢献は矮小化されてしまった．最も関連の深い社会言語学においてさえ，上述のSPEAKINGモデルにみられるコンテクストやスピーチ・スタイルへの関心に隠れ，「いかに社会行為に参加するか」という側面は中心的な関心事とはならなかった．特に，Goffmanの参与枠組みモデルは，Bell(1984)による再定義を経て，言語変異を敷衍するための「オーディエンス・デザイン」(聞き手との関係性が話し手の発音上の適応を促すというスタイル・シフト現象)と再定義されたことが，Goffmanの本来の理念を言語学から遠ざける要因ともなった．

しかし同時に，「話し手－聞き手」対の中に分け入り，両者が想定・共有する解釈の枠組みが，言語理解のみならずコミュニケーション過程全般に関わることが，心理学や認知科学において重視されるようになった．その当時注目された「スキーマ」(Mandler, 1984)，「スクリプト」(Schank & Abelson, 1977)，「フレーム」(Minsky, 1975)といった心理的概念が遠心的に(つまり心から社会へと)発話理解を目指すモデルであるとすれば，Goffmanのそれは社会的相互行為を求心的に(社会から心へと)敷衍するモデルと捉えてよいだろう．

Goffman自身が言明するように(Goffman, 1974)，彼のフレームの概念は，サイバネティックスの立役者でもあったBateson(1972)のそれに最も近い．Batesonはフレームを以下のように定義する．

> … (A) frame is metacommunicative. Any message, which either explicitly or implicitly defines a frame, *ipso facto* gives the receiver instructions or aids in his attempt to understand the messages included within the frame (Bateson, 1972: 193-194).

つまり「フレーム」とは，相互行為への参与者に提供される，メッセージを解釈するための補助や示唆となる枠組みを指し，いわばメッセージを読み解くための(明示的または暗示的な)観点／立ち位置のことである．このフレームの概念にもとづき，Goffman は相互行為における参与者間のスタンス，姿勢，自己像などの整合(alignment)の様式を「フッティング」と定義した(Goffman, 1981: 128)．そこには，発話内容にとどまらず，コード(使用言語変種)，身体配置，声のトーンといった非言語的な操作も含まれ，フッティングの変化は発話の産出と受容を調整する際の，自他の整合における変化も意味する．この点について Duranti(1997: 296)は，「フッティングとは言い換えれば指標化(indexing)の別称，つまり発話を特定の場面，場所，そして話者本人を含む別の時，別の心的態度(例えば，感情移入か無関心か，確信的か懐疑的か，文字通りか皮肉か，など)を持った人物像へと結びつけるプロセスのことである」と述べる．そのようなフッティングの変化を，相互行為における参与者の役割に結びつけたモデルが「参与枠組み」と「参与役割」である．

1.2　「参与・関与」の定式化
1.2.1　「参与枠組み」と「参与役割」モデル
　「参与枠組み」とは，会話における参加者のさまざまなステータスを説明した概念であり，しばしば「参与者構造」(Philips, 1972)と混同されるが，一般的には Goffman(1974, 1981)により敷衍されたモデルを指す(図 1)．Goffman によると，「話し手」が発話を産出する際には，(少なくとも)3種類の役割からなる「産出フォーマット」(production format)に基づくという(図 1 上段)[1]．第一はアニメーター／発声者(animator: vocalizer, sounding box とも)であり，伝えられるメッセージに音声を与える「発生装置」である．第二は，オーサー／著作者(author: formulator とも)とよばれ，表現・語彙の選択，感情移入を司る役割を果たす．第三はプリンシパル／責任者(principal)と呼ばれ，表明された信念・信条の主体となる人物・組織を指す．この3種類の役割は一般的に重複するが，常にそうなるわけではない．例えば仮に，あなたが人命救助で表彰される場合，表彰状を読み上げる人物がアニメーターであり，その文面を考えた人物がオーサーとなり，その表彰状を授与する主体(○○○警察署長，鈴木太郎)がプリンシパルとなる．そしてターンが

聞き手に移れば，その聞き手が話し手となり個別の産出フォーマットが採用される．

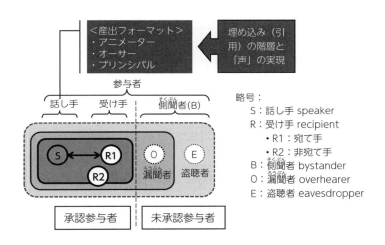

図1　「産出フォーマット」と「参与役割」(Goffman, 1981: 131-132)

さらに話し手は，「埋め込み」(embedding: Goffman, 1981: 227)という操作—直接か間接か，自他の発話／思考に対する何層の「引用」によるか—を通じて，体系的な複雑さを提示する(図1右上段)．そこにおいて，誰の「声」(Bakhtin, 1981)を，誰の権限により，どのように実現するかに応じて，話し手のスタンスやアイデンティティを投影する手段となる．したがって「声」は，必ずしも物理的実在としての発話や使用コード(言語)と等価とは限らず，ことばを通じて現れる話者の人格や意識，刻々移り変わる意図や欲求，語る主体のイデオロギーを包括的に代弁する媒体となる(Hill, 1995; Goodwin, 2007)．

また，聞き手には大きく2種類の区別があり，「承認参与者」(ratified participant)と「未承認参与者」(unratified participant)に分かれる(図1下段)．前者には，話し手が(往々にして視線を向けて)話しかけている受け手(宛て手：addressed recipient = R1)と，その立場を確保しうるその他の受け手(非宛て手：unaddressed recipient = R2)が含まれる．未承認参与者とは，承認

された聞き手ではないが視覚・聴覚的に会話に接することができる人物(バイスタンダー／側聞者(そくぶん)：bystander)である．ここにもステータスの差があり，何となく漏れ聞いている人物(オーバーヒアラー／漏聞者(ろうぶん)：overhearer)であったり，話し手に気づかれることなく密かに聞いている人物(イーブスドロッパー／盗聴者：eavesdropper)のこともある(以下，紙幅の関係で日本語訳を用いる)．ただし，ここに分類された立場はあくまで典型であり，実際の会話では個人がいくつものステータスにまたがり，変移するのが常である．

1.2.2 「参与」の多様性：傍参与者とX-プレイ

　この参与枠組みモデルは簡明で汎用性が高いため関連分野で広く援用されてきた．ただし「発話行為が誰に向けられたのか」は特定困難な場合が多く，「聞き手」という役割は抽象的すぎる．そのことがClark & Carlson (1982)による「傍参与者」(side-participant)という役割の提案につながった．従来の発話行為理論では，承認参与者の「宛て手」(R1)のみを聞き手に想定しているが，そのような1対1の対面モデルでは説明できない状況が偏在する．事実，発話行為は必ずしも宛て手にのみ向けられるわけでなく，(様々な「発話媒介行為」の実現を想定して)その発話内容が合致する近傍の参与者にも向けられることがある．例えば，複数の友人と夜遊びをしている息子を父が見つけ，「こんな時間にうろうろしてちゃダメじゃないか！」と叱責する行為は，息子に対するのと同時に友人にも何らかの効力を発揮する(はずである)．そのような「(詳細)参与枠組み」を示したのが図2である．この時，息子は「宛て手」(R1)であり，友人たちが「非宛て手」(R2, 3)である．Clark & Carlson (1982)はこのような「非宛て手」を「傍参与者」と定義し，彼らに暗黙裡に充てられた発話行為を"informative"と呼んだ．

　ただしこのモデルに関しては若干の補足が必要である．Goffman (1981: 132)のモデルにおいては側聞者(bystander)の中に漏聞者(overhearer)と盗聴者(eavesdropper)という役割を想定したわけだが，Clark (1996: 14)においては漏聞者の中に側聞者と盗聴者が置かれ，認知科学系の論考においては後者の分類が通説となっている．本書の分析の中でこの齟齬が問題となることはないが，混乱を想定して銘記すべき点であろう(本章ではGoffmanの分類を踏襲する)．また，Goffmanのモデルは「話し手−受け手」を核とする3層からなる構造を想定したが(図1)，傍参与者という役割の分析上の意義を

重視し，図2においては4層構造を想定している（有効性はさておき，さらなる階層の可能性も排除しない）．

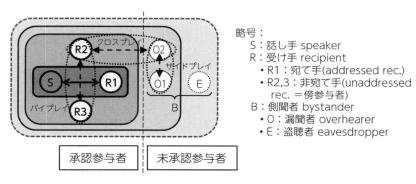

図2　（詳細）参与枠組み（Goffman, 1981: 131-133; Clark, 1996）

加えてGoffman (1981: 133-134)は，話し手と宛て手以外の参与者間で交わされる「バイプレイ」(byplay)，「クロスプレイ」(crossplay)，「サイドプレイ」(sideplay)という3種類の参与／関与のタイプを定義している（1）．上述の傍参与者（図2：R2, 3）という役割を想定することにより，それらの参与形式をより明示的に規定することが可能となる．ただし，これらの副次的参与の可能性について分析した例は，Goodwin (1997)によるバイプレイの分析を除き寡聞にして了知しない．（なお，クロスプレイは承認参与者と未承認参与者間，サイドプレイは未承認参与者間でのやり取りであるため，下記以外の組み合わせもありうる．）

(1) X-プレイ
- バイプレイ：e.g. 図2の【R2⇔R3】
  → 話し手の会話にあからさまに対処する形で，承認された参与者間の一部で交わされるコミュニケーション
- クロスプレイ：e.g. 図2の【R2⇔O2】
  → 参与者役割の境界線を越えて，承認参与者と未承認参与者の間で交わされるコミュニケーション

- サイドプレイ：e.g. 図 2 の【O1⇔O2】
    → 未承認参与者間のみで，承認参与者への配慮から声を潜めて交わされるコミュニケーション

　このような参与枠組みを構成する「参与役割」(participation role)について，Levinson (1988) はさらに緻密な構成素分析を行い，17 種類にも及ぶ話し手(10 種類の「産出者」)と聞き手(7 種類の「受容者」)の身分を分類／検証している[2]．ただし，「誰／何」が「話し手／聞き手」としてのステータスを確保しうるかはコンテクストに負う部分が大きい．例えば我々も，日常的に位牌や墓石に話しかけることがあるし，霊媒師の発話(における引用)という行為 (Wooffitt, 2001) は，参与役割という観点から興味の尽きない現象である．加えて，ニューギニア Ku Waru 族の演説における一人称単数・両数(dual)形の社会的に拮抗する使用法 (Rumsey, 1989) や，Wolof 族の婚礼における "spokesman" のスピーチレベル操作 (Irvine, 1974, 1990) のように，Levinson の分類からさえこぼれ落ちる参与役割の存在も指摘されており，コンテクストに応じた拡張性と文化的な相対性を免れ得ない．

1.2.3 「産出」の多様性：生トーク・朗読・暗唱

　X- プレイ同様に興味深い点は，以下の「産出形式」と「産出フォーマット」の関係についての指摘(Goffman, 1981: 229 ff.)である．Goffman は両者間に以下のような一般的な対応を想定している(2)．(両者の関連度は便宜的に直線の太さによって示してある.)

(2) 　　産出形式　　　　産出フォーマット

　まず "fresh talk" とは，日常の即興的な発話産出のことである(便宜的に「生トーク」と称す)．この形式は，発声者(アニメーター)，著作者(オーサー)，責任者(プリンシパル)のいずれのフォーマットとも親和性が高く，三者が重複することが多い．一方 "aloud reading" は通常「朗読」と呼ばれる

形式であり，「音声化」の方法は発声者に委ねられているものの，著作者およびその責任者との一致は保障されない(もちろん話し手自身の権限で作成した演説文などを読み上げる場合は3者が一致する)．最後に，"recitation"は一般的に「暗唱」と呼ばれる産出方法であり，(往々にして)他者の責任において作成された詩や文章を記憶し，それを呼び覚まして音声化する産出方法である．この方法は，発声者が前景化する産出方法であり，産出形式とフォーマットの重複度が最も低くなると考えられる．ただしこれら3種類の音声産出形式は，様々な融合形を生み，他の形式(吟唱，演説，日常会話など)との混交や，断続的な交替を繰り返しながら「産出シフト」(production shift)が達成される．

ここまでGoffmanの定義する参与枠組みを概観してきたが，以下ではそのモデルの拡張と近年の展開にも目を向けてみたい．

1.3 「枠組み」の拡張

冒頭で述べた通り，Goffmanの提唱した「参与枠組み」という基幹概念は，様々な分野に援用され拡散されていった．その際，それぞれの分野が最終的に何を解明したいかによって少しずつ分析の視座を変えた結果，参与枠組みには幾つかの近似概念が形成された(Duranti, 1997)．

Goffmanに影響を受けた言語人類学者Philips(1972, 1981)は，異なる役割を担う参与者がいる制度的談話を分析する際，Goffmanの概念の一部を援用して「参与者構造」(Participant structure)と再定義した．Philipsが特に着目したのは，教室内での教師と生徒の言語的・非言語的ふるまいと参与者構造の関係である．Philipsは，先住民族の子どもたちが白人中心の教室の中で「適切な」振る舞いができないとされる事案についての調査を行い，その原因の一端を，「何を適切な振る舞いと規定するか」が文化的／社会的な要素に起因することにあると主張した．例えば先住民族の子どもは，白人中心の教室活動の中で，教師の話に耳を傾けなければいけない場面で質問をしたり，期待される位置でターンを取ることができないといった「不適切な」振る舞いをしてしまう．Philipsはこれらの相違を，先住民族の子どもたちが生育の過程で幼少期より自立して自己判断をすることが必要な文化の中で育つこと，それに対し白人中産階級の子どもたちが親やその他多数の大人や規律に従うことを重視した文化の中で育つことによるとした(Philips, 1972: 385)．

一方，日本語の研究でも，Yamada(1992)が日本人とアメリカ人のビジネス・トークにおける参与者意識の差を，Watanabe(1993)がグループ討議開始時における日・米語話者の"framing"の差を論じている．これらの研究は，「参与者構造」はダイナミックな概念であり，コンテクスト，文化的規範に基く詳細な観察が談話の分析に必要であることを示している．こういった文化的規範への注視は，参与観察によって参与者構造の相違を社会構造の文脈と結びつけた Philips の主張と合致するものの，上述の Goffman が理論形成によって汎用性の高い(より普遍的な)枠組みを形成したのとは対象的である．しかし Philips の研究以降，教室という制度的場面への参与の研究は，その発展の場を主に会話分析に譲ることとなる．

　さらに，参与枠組みの近似概念として挙げられるのが Bell(1984, 1997)による「オーディエンス・デザイン」(Audience design)モデルである．Bell は，社会言語学的なアプローチにより，話し手がどのように聞き手との関係性を言語的に(変異を伴って)表出しているかに焦点をあて，オーディエンス・デザインモデルを提唱した．そこでは，話し手の周囲に何層もの聞き手が想定され，そこに Goffman が定義した "overhearer" や "eavesdropper" などの聞き手役割が配置される．このモデルの重要な点は，周縁に位置する参与者ほど言語変異を牽引する影響力が低下することを指摘した点である．ただし Bell の理論においては，「話し手 vs. 聞き手」という図式が「話し手 vs.(想定される)聞き手」としても成立するため，対面場面だけでなく，ラジオやテレビ番組，オンラインで期待される聴衆への適応などもこのモデルの範疇に入る．

　以上，Goffman とその後の主要な流れである 2 つの近似概念を概説したが，それらの概念はその後も多くの研究で援用されている．例えば参与者構造に関して上述の Philips は，「教室」から「法廷」へとフィールドを移し(Philips, 1993, 1998)，法廷における言語を詳細に分析することによって，イデオロギーや社会問題を炙り出すことに成功している．一方国内では，Goffman の理論を援用し法廷通訳のフッティングを分析した吉田(2008)や，裁判員制度導入後のオーディエンスの複雑化の問題を取り上げた堀田(2013)が挙げられよう．また，人工物や動物を参与者に取り込んだ三者間会話を言語社会化の実践として考察した Takada & Endo (2015)，多人数インタラクションの分析法を CA における発展を中心にまとめた坊農・高梨(2009)および高梨(2016)，さらに本書の編纂は，参与の構造・枠組みへの

継続的関心を表していると言えるだろう．本書においては，多くの章でGoffman の参与枠組みを採用しているが，「具体的に観察しにくい『何か』が変化している」事例に焦点を当て，現代社会の視点からその変容のシステムや枠組みの解明を試みている．例えば，参与枠組み理論を実業場面に援用することで精緻化を行った坂井田章，片岡・白井章や，Goffman は想定していなかったであろう道具やテクノロジーによる参与枠組みへの影響を論じた池田章，砂川章，秦章，名塩章などはその一例である．

1.4 マルチモダリティへの傾斜

相互行為分析における「参与」(participation)のとらえ方，そして「関与」(involvement)のとらえ方は，Goffman の貢献を大いに受け，言語行動（「発話」）による会話（相互行為）を遂行する話者の参与枠組みの手順と秩序を洗い出す会話分析研究の中で展開した．

Sacks, Schegloff & Jefferson（1974）の順番交替システム（turn-taking system）の解明が話者の参与者の言語行動における参与の規則性を明示化し，多人数会話においても，どのように各々が会話に参加（し，ターン取得）するのかが整然と描写できるようになった．本書でも取り上げられたような，「発話の重なり」や主体的な話者と受け手以外の「第三者による発話の介入」といった複雑な参与の仕組みが多様な言語における事例によって解明され始めている．

相互行為には，視線やジェスチャーなどの非言語モダリティの共起が必須である．様々なモダリティを包括的にとらえる視点（Kendon, 2004; Streeck et al., 2011）が，マルチモーダル分析である（高梨，2016）．言語行動に焦点化して発展した会話分析研究と並行し，Kendon（1972）や Goodwin（1981）らを出発点としてマルチモーダル分析が確立し，McNeill（1992, 1997）や Streeck（1988, 1996）のようなジェスチャー研究による貢献を取り込んだ研究路線も進展した．例えば，Goodwin（1981）では，聞き手の非言語行動の中でも視線行動に着目し，聞き手は，話し手に視線を向けられた際に，その聞き手の役割を遂行していることを示すために話し手を見ていなければならないことを示した．このような非言語的要素にも着目することで，コミュニケーションに参与する者同士の参与枠組みの理解が一段と進んだ．先述の未承認参与者らの関与についても，その秩序性を考察する術を我々にもたらし

たのである．

　昨今，マルチモーダルな視点に基づく研究はさらなる進化を遂げている．参与者は，それぞれが何をしているのか，その各自の行動が次の活動の構成にどのように関わってくるのか，そしてある環境下で「関連性の高い要素」が何であるのかを絶えず意識しながら，その場その場で関与する．そして周辺環境の中の有象無象の対象がそういった要素になりうる．例えば机，紙，ペンといったモノ（物体/objects）がその要素となることもあれば，その状況に特化した専門的な知識（Nevile, Haddington, Heinemann & Rauniomaa, 2014）や，時には科学技術・技能（Heath & Luff, 2000）がそれに該当する場合もある．

　海外における研究対象は非常に多岐にわたる．中でも，モダリティの多様性という観点からその一部を取り上げると，博物館の展示物と訪問客らの参与枠組みを考察した vom Lehn 他（2001），イギリスの地下鉄の制御室のスタッフ達の多様な機器の扱いの状況下の暗黙知としての参与の在り方を詳細に考察した Heath & Luff（2000），二人連れの買い物客がスーパーマーケットでの陳列場所を転々としながら，その場毎に商品に対して新たな F 陣形を再構築し相互行為に参加する様子を捉えた De Stefani（2013）や，イギリスの美術品の競売会場の多層にわたる参加者ら（司会・競売商品・競売参加者・電話などを通して参加する遠隔の買い手とその代理者など）の関与の手続きを詳細に考察した Heath（2014）など，いずれもその状況・環境から生ずる「記号場」(semiotic fields）に即したマルチモーダルな記号体系（sign system：Goodwin & Goodwin, 2004）を用いてそれぞれの発話・行動を構築していく様を分析している．

　国内でも，例えば高梨他（2007）はポスター発表時の「説明者－聴衆－ポスター」という三項関係の相互行為を分析し，参与者間の相互注視（mutual gaze）とポスターという対象への共同注意（joint attention）といった非言語行動が発話とともに共起することが，会話の遂行において重要な役割を果たすことを検証している．片岡・池田（2013）の中に収められた論文にも，ロボットと人間の参与枠組みを考察したもの（山崎ほか，2013）や，IT 教室における教師と学習者のインタラクションの記号場について論じたものがある（池田・ブラント，2013）．本書においても次節の章紹介にある通り，言語以外のモダリティを分析に取り込んだ研究が多数を占める．つまり，総合的な参加者同士の関与を理解する上で，このようなマルチモーダルな相互行為のと

らえ方は大変有効であることが，会話分析を手法とする研究者に限らず認知されていることを示している．

以上の知見より，参与枠組みの設定は明示的な発話のみによらないことは明らかであり，「言語」をデフォルトとしつつも様々な媒体(メディア)を介する．例えば，コードの選択とそのスイッチ，日本語における常体・敬体の交替や終助詞・文末詞の選択などのモダリティやスピーチ・スタイルに加え，身体動作(視線の方向，指さし，身体配置など)，物理的チャンネルの分離(音声・手話言語の選択や音声情報の分断)，マルチ・アクティビティによる複数フレームへの参与，特定の道具やテクノロジーの使用，任務・職責の異なりなどによっても暗黙裡に参与枠組みが構築され，変移することがある(図3)．

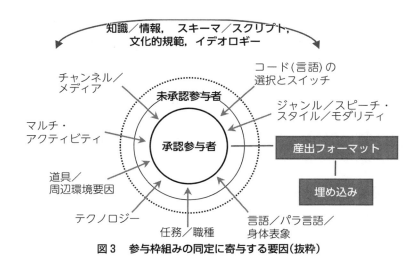

図3　参与枠組みの同定に寄与する要因(抜粋)

さらにこのような要因(ただし網羅的ではない)が，参与を促したり参与者を特定する契機となるか否かは，ある種の情報や発話内容を事前に知っているか否か("knowing/un-knowing")といった知識状態，その相互行為に参加する人々の社会・文化的知識や規範(スキーマ／スクリプトを含む)，特定のイデオロギーなどの影響を受けることは言うまでもない(図3上段)．言うなれば，さまざまな「コンテクスト化の合図」(Gumperz, 1982)が特定の参与

枠組みを喚起する誘因となるのである．この点で，参与の枠組みを問うことは形式的な人的配置の考察のみでは不十分であり，社会的相互行為の機微を問わずして敷衍することは不可能である．

2．本書の構成

　本書は3部構成からなり，教育，親睦・団らん，実業というテーマを中心に会話分析・談話分析的手法を駆使しながら，従来の参与枠組みモデルに新たな光を当て，その有用性と限界を見据えて，今後の進展を占う分析例を提供している．

　第1部「教育の場面における参与・関与」には，日本の高等教育の教育実践のさまざまな場面を考察対象とした3篇を収録している．
　増田・城と横森は，外国語(英語)学習場面を取り扱っており，複数の日本人学生がグループとなって授業内で課されたタスクを遂行する際に展開する相互行為の分析を行っている．教室場面の分析ではあるが，それ以外の状況にも該当しうる相互行為の秩序を洗い出している．**増田・城**(第2章)は，「わからない」ことを指標する参加者の行為に着目し，その行為による参与がどのようにインタラクションの形を変化させるのかを考察した．その過程で学習者は，(解答につながる)知識の有無をその場に提示することで「関与性」を示すことができることを例証している．**横森**(第3章)では，ある設問に対して英語での回答を行う学生と，その受け手として参加する学生たちの関係性を考察した．一見モノローグにも見える話し手の発話の過程において，他の参加者らが行う「聞き手」行動を，身体行動を含むマルチモーダルな分析を行うことで視覚化している．**池田**(第4章)も高等教育機関の外国語教育場面の一つである．ただし対面による相互行為ではなく，スカイプなどのWebビデオ会議ツールを用いて世界各国から参加した者らによるコミュニケーションを対象とし，ICT(情報通信技術)が発達した現代社会の象徴ともいえる，オンラインによる対話場面の関与性の表示手法や参与形態の在り方を考察した．第1部の全ての章が会話分析，マルチモーダルな視点を取り込んだエスノメソドロジーを分析の基盤として採用していることを特徴とする．

第2部「親睦・家族団らんの場面における参与・関与」には，我々にとって身近で日常的な，親睦の場面や家族団らんの場面における参与・関与の枠組みについて，4篇の論考が収められている．

砂川(第5章)では，遠隔地に住む家族がスカイプ・ビデオ越しに写真を共有するアクティビティを例に，その技術的特性ゆえに生起する参与構造のずれや視覚情報の不整合を超越する家族の結びつきについて分析する．砂川は「会話の重心性」という概念を提起し，参与者がこの重心を調整することで不整合を解消していると論じる．続く**難波**(第6章)は聞き手行動に焦点をあて，親睦を深めていく会話の中で参与者のフッティングがどのように変化するかを省察することで，聞き手の会話への積極的関与のプロセスを描き出している．特に話の受け手と傍参与者の参与形態がそれぞれ流動的かつ柔軟に変化し，参与の不均衡を均衡へと調整する過程を論じている．**秦**(第7章)においては，録画インタビューを分析し，その場にいない関与者を引き合いに出し，自分たちを同じカテゴリーに収めることで意見の食い違いや齟齬を矮小化するプロセスを描き出す．さらに，録画という媒体は，「関与観察者」(その場に参与しないが後で観察することを参与者に意識されている者)の存在を産み出し，それ故に，その参与枠組みはより多層的になると論じている．**安井**(第8章)では，発話途中で話し手の行為「について」，メタレベルで割り込んで産出される行為を会話分析の手法により分析する．メタレベルの割り込み発話は，現在話している話し手ではなく他の参与者を宛て手に置く行為など，言語・非言語資源を用いて順番交替規則に違反することで達成されると分析した．これは参与枠組みの調整によって参与を達成する興味深い一例といえる．

第2部は，全ての章が3人もしくはそれ以上の参与者からなる多人数インタラクションの分析であり，誰が，いつ，どのように，会話を始め，交替し，中断させ，同調し，(協働)構築し，そして終わらせるのか，複数の参・関与者が絡み合いながら相互行為を推し進めていく様子が詳細に考察される．これにより，我々が日常何気なく行っている所作の「仕組み」の一端が垣間見えてくる．

第3部「実業・制作の場面における参与・関与」は5篇の論考からなり，さまざまな実業場面や制度的状況における参与枠組みの変移，重複，拡張，

活用が検討されている．

まず**坂井田**(第9章)は，歯科医療における歯科医師と患者による会話に加え，傍参与者として寄与する歯科衛生士の「暗黙的協同」の過程を考察する．それにより，身体を介した多人数の共同作業においては，互いの身体の「観察可能性」が話し手と受け手に利用可能となることで傍参与者の多層的な参与が可能となることを明らかにする．**高梨**(第10章)は，科学館における展示制作の過程が，異なる目的と任務を帯びた多職種チームが実践・探求する「志向の多重性」を包含して展開することを検証する．参与者は，表面的な共同作業にもかかわらず，潜在的には異なる背景的志向をもって参画し，「今・ここ」において会話の分裂と統括が円滑に達成されることを生き生きと描き出している．また，**菊地**(第11章)においては，手話通訳者を介したろう者と聴者の相互行為において，音声・手話発話の(タイムラグに伴う)連鎖のねじれという問題がどのような手続きを経て解消されるのか，さらに通訳者が帯びる多重の参与地位(「透明な導管」としての通訳者および参与者)が共存する過程を詳細に検討し，参与の均衡／不均衡における本質的な問題を炙り出す．**名塩**(第12章)は，理容室における会話に焦点を当て，鏡に映った対面コミュニケーションという特殊な環境から生じる「理容の発話」と通常発話の共存の在り方を検証する．理容行為というのは，身体動作が制限された理容客と，理容行為と会話を同時に運営する理容師が，理容室という制度的環境において象られ，「切り結」ばれて(encountering)達成される行為であることを述べる．最後に，**片岡・白井**(第13章)は「観察可能性」により創発する参与枠組みの拡張に加え，ラジオ番組収録という制度的環境において参与者が共有する手続き的知識(業務遂行のスクリプト)が同時多発的な参与を可能にすること，そして個別の任務を帯びた参与者の分散した認知が，ディレクターという「パノプティコン」的操作権限により統括・除荷されていることを確認する．

これらの章に通底するのは，実業や制度的環境における参与枠組みの特殊性と，そこから生ずる制約を相互行為の枠組みの中に取り込む過程を詳細に記述・分析する点である．そこで確認されたのは，従来の参与枠組みにおける「枠」は一見固定的に見えながら，実は縮小／拡大し，重複，変移しつつ，合目的的な変容に自在に適応するという点である．

本書を通じて，参与枠組みの移行や変質が「自然発生的か制度的か」と

いった参与の極性に加え，様々なタイプの道具・テクノロジーの使用が取り上げられている．そこで以下では，便宜的に2次元軸から成る座標中に各章を配置することで，各章の特徴を視覚化してみたい（図4）．X–Y軸には様々な要因を設定しうるが，以下では当該発話の「参与における制度的特徴への依存度」（以下，「制度（性）依存度」）をX軸，「参与における道具・テクノロジーへの依存度」（「道具（性）依存度」）をY軸に設定する．ここで強調しておきたいのは，これら2軸への配置は，あくまで各章で焦点を当てられた現象に基づく分類であるという点である．例えば，スカイプ会話は池田章，砂川章，菊地章で取り上げられているが，池田，砂川章においてはそれに基づく参与枠組みとの関連が論じられるものの，菊地章においては通訳者の複層的な参与に焦点が当てられ，スカイプ会話そのものは周辺的な扱いである．よって前者の分析は道具（性）依存度は高いが，後者は低いと判断される．同様に，増田・城，横森章においては教育推進のための機材（デジタルペンと録音ソフト）が用いられているものの，分析対象はその機材特有の相互行為に特化したものではない点で，道具（性）依存度は高くないと判断される．

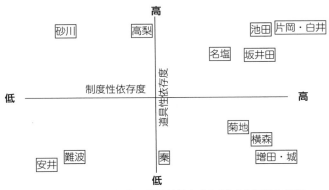

図4　制度性依存度と道具性依存度に基づく各章の分布

以上の分布より，本書は道具性／制度性という要因に基づく配置において，多彩な様相を扱った分析からなることがわかる．**安井**，**難波**章が示す通り，制度や道具に依存しない自然会話においても，フッティングや参与枠組みの多様性は前提となっており，割り込み，重複，視点の融合などにより枠組み

の変更が頻繁に起こる．一般的な想定として，制度性が高まれば参与役割の固有性も高まり，必然的に参与枠組みも固定化するように思われがちであろう．同様に，道具性の高まりはそれを操作する参与者との結びつきも強まり，参与枠組みも固定しそうな印象を持つ．しかし実際は，そのような相関が常に高まったわけではない．スカイプ会話のように同一の空間を共有しない場合(**砂川**章)や，語りの中の想起のように同一時間を共有しない事例(**秦**章)では，道具性や仮想性の高低が参与枠組みの「堅さ」に直接反映するとは言い難く，チャンネルに固有の制約を伴いながらも多様な可塑性が観察された．

　その一方で，ある種の参与特性が特定の参与／関与を幇助することも確認された．例えば，特定の道具使用の目的や手順が想起させる専門知識・技能に基づき，参与者が特定されたり(**坂井田，高梨**章)，相互行為における道具の関与が高まれば，参与者に代わる地位を獲得することもありうる(**片岡・白井**章)．それに伴い，話し手が明示的に指名しない人物が，独自の職責と役割に基づき自発的に参与するといった行為も随所にみられる．さらに**菊地，名塩**章に顕著にみられるように，一人の参与者が複数の職責や参与者アイデンティティ(通訳と会話参与者，理容師と会話参与者など)を携えて会話に参画する際には，参与者人数の多寡さえも参与形態を決定する要因とはならない．さらに教室という制度的場面においても，伝統的な一斉授業では捉えきれない多様な授業への参与・関与が期待され，それを最適化する参与枠組みが模索され始めている(**増田・城，横森，池田**章)．それを支える道具やテクノロジーの特徴と機能の考察なくして，参与枠組みの分析は困難である．

　「参与枠組み」の形成には，制度性や道具性よりも，(人であれ物であれ)参与者役割を付与されうる実体が，必然的あるいは偶発的にその場に「いる／ある」ことに触発される側面が強い．つまり，参与枠組みはあらかじめそこに「あり」，特定の話し手と聞き手の関係から必然的に出現する，と考えるのは適切ではない．むしろ我々は，手近に利用できる事物／人物，未知／既知の知識，共有／未共有の経験に沿って，「今・ここ」で妥当な参与者を選定／想定し，明示的／暗示的に発話を宛てることで参与・関与を枠づけるのである．つまりやり取りの中で意識を誰に宛て(宛てず)，誰が受け取る(取らない)のかに応じて，後付け的に参与枠組みが浮かび上がってくると言えよう．参与枠組みモデルは，そのような相互行為の実践を通じて意識化され，類像化されたやり取りの型であって，先験的に想定された型ではない．

それはある特定の参与の仕方を前提的に想起させはするものの，同時進行的かつアドホックにその場で構築される流動的な記号場なのである．

謝辞
2015年2月に愛知大学にて開催された「参与(関与)枠組みの不均衡を考える」ラウンドテーブルの参加者諸氏に深く感謝いたします．なお本論考は，科学研究費基盤(C)「言語的・非言語的『不均衡』から見る社会的実践の諸相」(課題番号25370499)の助成を受けています．

注
1) Levinson (1988) はこのシステムを「産出フォーマット」よりも「産出役割」(production roles)が相応しいと述べている．
2) さらに，'embedding'（引用）による'I'（私）の談話的実現の可能性について，Urban (1989)は少なくとも以下の5種類のステータスを想定している．
   ・Indexical-referential (reference to speaker of token)
   ・Anaphoric (substitutive reference to main clause subject)
   ・De-quotative (substitutive reference to narrative character: no main (quoted) clause present; trace of previous main clause)
   ・Theatrical (substitutive reference to narrative character; no trance of precious main clause)
   ・Projective (occurs in narrative main as well as subordinate clause)

参考文献
Bakhtin, Mikhail M. (1981). Discourse in the novel. In *The dialogic imagination*, pp. 259–422. (Translated by Emerson, Caryl, & Holquist, Michael) Austin: University of Texas Press.
Bateson, Gregory (1972). *Steps to an ecology of mind*. New York: Balantine.
Bell, Allan (1984). Language style as audience design. *Language in Society* ,13(2), 145–204.
Bell, Allan (1997). Language style as audience design. In Coupland, Nilolas, & Jaworski, Adam (Eds), *Sociolinguistics: A reader*, pp. 240–250. New York: St. Martin's Press.
坊農真弓・高梨克也(編)(2009)．多人数インタラクションの分析手法　オーム社
Brown, Penelope, & Levinson, Stephen C.(1987). *Politeness*. Cambridge: Cambridge University press.
Clark, Herbert, H. (1996). *Using language*. Cambridge: Cambridge University Press.
Clark, Herbert H., & Carlson, Thomas B. (1982). Hearers and speech acts. *Language*, 58(2), 332–373.

De Stefani, Elwys (2013). The collaborative organisation of next actions in a semiotically rich environment: Shopping as a couple. Haddington, Pentti, Mondada, Lorenza., & Nevile, Maurice (Eds.), *Interaction and mobility*, pp.123-151. Berlin: Mouton De Gruyter.

Duranti, Alessandro (1997). *Linguistic anthropology*. Cambridge: Cambridge University Press.

Engeström, Yrjö, & Middleton, David (Eds.) (1996). *Cognition and communication at work*. Cambridge: Cambridge University Press.

Goffman, Erving (1974). *Frame analysis: An essay on the organization of experience*. Cambridge, MA: Harvard University Press.

Goffman, Erving (1981). *Forms of talk*. Philadelphia: University of Pennsylvania Press.

Goodwin, Charles (1981). *Conversational organization: Interaction between speakers and hearers*. New York: Academic Press.

Goodwin, Charles (2000). Gesture, aphasia and interaction. In McNeill, David (Ed.), *Language and gesture*, pp. 84-98. Cambridge: Cambridge University Press

Goodwin, Charles (2003). Pointing as situated practice. In Sotaro, Kita (Ed.), *Pointing: Where language, culture, and cognition meet*, pp. 217-241. Mahwah, NJ: Erlbaum.

Goodwin, Charles (2007). Interactive footing. In Holt, Elizabeth, & Clift, Rebecca (Eds.), *Reporting talk: Reported speech in interaction*, pp. 16-46. Cambridge, U.K.: Cambridge University Press.

Goodwin, Marjorie H. (1990). *He-said-she-said: Talk as social organization among black children*. Bloomington, IN: Indiana U.P.

Goodwin, Marjorie H. (1997). By-Play: Negotiating evaluation in storytelling. In Guy, Gregory R., Feagin, Crawford, Schiffrin, Deborah, & Baugh, John (Eds.), *Towards a social science of language: Papers in honor of William Labov 2: Social interaction and discourse structures*, pp. 77-102. Amsterdam/Philadelphia: John Benjamins.

Goodwin, Marjorie, & Goodwin, Charles (2004). Participation. In Duranti, Alessandro (Ed.), *A companion to linguistic anthropology*, pp. 222-224. Oxford: Basil Blackwell.

Gumperz, John J. (1982). *Discourse strategies*. Cambridge: Cambridge University Press.

Heath, Christian (2014). *The dynamics of auction: Social interaction and the sale of fine art and antiques*. Cambridge, Cambridge University Press.

Heath, Christian, & Luff, Paul (2000). *Technology in action*. Cambridge: Cambridge University Press.

Hill, Jane H. (1995). The voices of Don Gabriel: Responsibility and self in a modern Mexicano narrative. In Tedlock, Dennis, & Mannheim, Bruce (Eds.), *The Dialogic Emergence of Culture*, pp. 97-147. Urbana, IL: University of Illinois Press.

堀田秀吾(2013). 司法コンテクストにおけるコミュニケーション能力　片岡邦好・池田佳子(編)　コミュニケーション能力の諸相―変移・共創・身体化―, pp. 289-310.　ひつじ書房

Hymes, Dell (1974). *Foundations of sociolinguistics: An ethnographic approach*. Philadelphia: University of Pennsylvania Press.
池田佳子・ブラントアダム (2013). 言語教室のインタラクション―コミュニケーションの「環境条件」を考える― 片岡邦好・池田佳子 (編) コミュニケーション能力の諸相―変移・共創・身体化―, pp. 191-224. ひつじ書房
Irvine, Judith (1974). Strategies of status manipulation in the Wolof greeting. In Bauman, Richard, & Sherzer, Joel (Eds.), *Explorations in the Ethnography of Speaking*, pp. 167-191. New York: Cambridge University Press.
Irvine, Judith (1990). Registering affect: Heteroglossia in the Linguistic expression of emotion. In Lutz, Catherine, & Abu-Lughod, Lila (Eds.), *Language and the politics of Emotion*, pp. 126-161. Cambridge: Cambridge University Press.
片岡邦好・池田佳子 (編) (2013). コミュニケーション能力の諸相―変移・共創・身体化― ひつじ書房
Kendon, Adam (1967). Some functions of gaze direction in social interaction. *Acta Psychologica*, 32, 1-25.
Kendon, Adam (1972). Some relationships between body motion and speech. In Siegman, Aron Wolfe, & Pope, Benjamin (Eds.), *Studies in dyadic communication*, pp. 177-216. Elmsford, NY: Pergamon Press.
Kendon, Adam (2004). *Gesture: Visible action as utterance*. Cambridge: Cambridge University Press.
Levinson, Stephen C. (1988). Putting linguistics on a proper footing: Explorations in Goffman's concepts of participation. In Drew, Paul, & Wootton, Anthony (Eds.), *Erving Goffman: Exploring the interaction order*, pp. 161-227. Oxford: Polity Press.
Mandler, Jean M. (1984). Stories, scripts, and scenes: Aspects of schema theory. Hillsdale, NJ: Lawrence Erlbaum Associates.
McNeill, David (1992). *Hand and mind: What gestures reveal about thought*. Chicago: University of Chicago Press.
McNeill, David (1997). Growth points cross-linguistically. Nuyts, Jan, & Pederson, Eric (Eds.). *Language and conceptualization. Language, culture and cognition, Vol. 1*, pp. 190-212. New York: Cambridge University Press.
Minsky, Mervin (1975). A framework for representing knowledge. In Winston, Patrick H. (Ed.), *The psychology of computer vision*, pp. 211-277. New York: McGraw-Hill.
Mondada, Lorenza (2003). Working with video: How surgeons produce video records of their actions. In Ball, Mike (Ed.), *Image work*, a Special Issue of *Visual Studies*, 18(1), 58-73.
Mondada, Lorenza (2007). Multimodal resources for turn-taking: Pointing and the emergence of possible next speakers. *Discourse Studies*, 9(2), 194-225.
Mondada, Lorenza (2011). The organization of concurrent courses of action in surgical demonstrations. In Streeck, Jürgen, Goodwin, Charles, & LeBaron, Curtis D. (Eds.),

Embodied interaction: Language and body in the material world, pp. 207–226. New York: Cambridge University Press.

Nevile, Maurice, Haddington, Pentti, Heinemann, Trine, & Rauniomaa, Mirka (2014). On the interactional ecology of objects. In Nevile, Maurice, Haddington, Pentti, Heinemann, Trine, & Rauniomaa, Mirka (Eds.), *Interacting with objects: Language, materiality, and social activity*, pp. 3–26. Philadelphia, PA: John Benjamins.

Philips, Susan U. (1972). Participant structures and communicative competence: Warm Springs children in community and classroom. In Cazden, Courtney, B., John, Vera P., & Hymes, Dell (Eds.), *Functions of language in the classroom*, pp. 370–394. Prospect Heights, IL: Waveland Press.

Philips, Susan U. (1981). Indian children in Anglo classrooms. Wolfson, Nessa, & Manes, Joan (Eds.), *Language of inequality*, pp. 311–324. Berlin: Mouton.

Philips, Susan U. (1993). Evidentiary standards for American trials: Just the facts. In Hill, Jane, J. & Irvine, Judith T. (Eds.), *Responsibility and evidence in oral discourse*, pp. 248–259. Cambridge: Cambridge University Press.

Philips, Susan U. (1998). *Ideology in the language of judges: How judges practice law, politics, and courtroom control*. New York: Oxford University Press.

Rumsey, Alan. (1989). Grammatical person and social agency in the New Guinea Highlands. *CLS*, 25 Part 2, 242–253.

Sacks, Harvey, Schegloff, Emanuel, & Jefferson, Gail (1974). A simplest systematic for the organization of turn-taking for conversation. *Language*, 50 (4), 696–735.

Schank, Roger C., & Abelson, Robert P. (1977). *Scripts, plans, goals, and understanding*. Hillsdale: Erlbaum.

Streeck, Jürgen (1988). The significance of gestures: How it is established. *Papers in Pragmatics*, 2, 1/2, 60–84.

Streeck, Jürgen (1996). How to do things with things: Objets trouvés and symbolization. *Human Studies*, 19, 365–384.

Streeck, Jürgen, Goodwin, Charles, & LeBaron, Curtis D. (2011). *Embodied interaction: Language and body in the material world*. New York: Cambridge University Press.

Takada, Akira, & Endo, Tomoko (2015). Object transfer in request-accept sequence in Japanese caregiver-child interactions. *Journal of Pragmatics*, 82, 52–66.

高梨克也 (2009). 参与構造 坊農真弓・高梨克也 (編) 多人数インタラクションの分析手法, pp.156–171. オーム社

高梨克也 (2016). 基礎からわかる会話コミュニケーションの分析法 ナカニシヤ出版

高梨克也・瀬戸口久雄・坊農真弓・河原達也 (2007). ポスター会話における発話の情報構造と基盤化の分析 人工知能学会資料 SIG-SLUD-A903, 25–30.

Urban, Greg (1989). The 'I' of discourse. In Lee, Benjamin, & Urban, Greg (Eds.), *Semiotics, self and society*, pp. 27–51. Berlin: Mouton.

vom Lehn, Dirk, Heath,Christian, & Hindmarsh, Jon (2001). Exhibiting interaction: Conduct and collaboration in museums and galleries. *Symbolic Interaction*, 24, 189–216.

Watanabe, Suwako (1993). Cultural differences in framing. In Tannen, Deborah (Ed.), *Framing in discourse*, pp. 176–209. Oxford University Press.

Wooffitt, Robin C. (2001). Raising the dead: reported speech in medium-sitter interaction. *Discourse Studies*, 3, 351–374.

Yamada, Haru (1992). *American and Japanese business discourse: A comparison of interactional styles*. Norwood, NJ: Ablex.

山崎晶子・山崎敬一・葛岡英明 (2013). ミュージアムガイドロボット―デュアルエコロジーをめぐって―　片岡邦好・池田佳子(編) コミュニケーション能力の諸相―変移・共創・身体化―, pp.161–189.　ひつじ書房

吉田理加 (2008). 法廷通訳人のフッティング―模擬法廷データ談話分析―　通訳翻訳研究, 8, 113–131.

第1部

教育の場面における参与・関与

第 2 章

「わからない」理解状態の表示を契機とする関与枠組みの変更

増田将伸・城　綾実

1. はじめに

　本章では，大学の英語の授業内に行われたグループワークによる英文読解場面を分析する．分析の対象となったグループでは大部分のメンバーがグループワークに関与しており，与えられた設問に解答することに指向してふるまってはいるが，主として英語の単語力および読解方略が不十分であるためにグループとして得心のいく解答がすぐには導けず，しばしばグループワークが停滞する．

　このようなときにメンバーの一人が「わからない」ないしそれに類する発話をすることがある．この発話は自分の理解状態の表示であり，他者に強く働きかけて何らかの行為を求めるものではない．しかし，それまで個々に設問の答えを考えていたメンバー達がこの発話を契機としてグループで話し合いを始め，グループワークが進展している例が見られた．本章では，このように誰かが自分の「わからない」という理解状態を表示することが相互行為の中でどのようにはたらき，その結果グループワークという共同活動においてメンバーの関与の構造がどのように変わっていくのかを論じる．

　以下では，まず第 2 節で本章の分析対象であるデータの概要を記し，データ内でメンバー達が参与している活動の性質を示すとともに，メンバー達の関与の構造について検討する．分析対象である「わからない」という理解状態の表示についても論じる．第 3 節では，本章の議論に関わる先行研究を概観する．その後第 4 節で「わからない」という表示により開始される相互行為の分析を行い，その記述を受けて第 5 節で，本章で論じた現象の意義についてまとめる．第 6 節では若干の補足的な議論を行う．

2. 分析対象：グループワーク活動と参与・関与の構造
2.1 データの概要
　本章で分析の対象としたデータは，近畿地方にある大学の1年生配当の教養科目「総合英語Ⅰ」の授業内で行われたグループワークによる英文読解場面である．分析対象となったクラスは33人（2年生と3年生の再履修者各1人を含む）で，男女混合で5～6人の6グループに分けられた．このクラスの前期の授業内容はオーラル・コミュニケーションが主で，読解は後期から導入された．

　本データは2012年度の後期終盤にあたる12月から1月にかけて収録された．グループのメンバーは毎回の授業で変わらないので，メンバーが自分のグループで読解に取り組むことに慣れてきた頃だと考えられる．グループ分けは英語力，性格，人間関係等を考慮してこの授業の担当教員が行った．比較的全員で協力してグループワークが進められていた3グループのグループワークをビデオカメラで録画し，分析を行った（表1）．ただし本章では，「わからない」という表示のはたらきが明確に確認しやすい1つのグループワーク場面（表1のData 1）のみを取り上げる．

表1　分析を行ったグループワーク場面

データ名	録画年月日	グループ名	グループワーク収録時間
Data 1	2012年12月10日	4班	23分38秒
Data 2	2012年12月17日	2班	22分12秒
Data 3	2013年1月7日	3班	24分58秒
Data 4	2013年1月7日	4班	25分15秒

　読解にグループワークが取り入れられたのは，この学科の過去の授業の経験から，一方向的な講義だけによる授業にすることを避け，学生同士でわからない点について助け合える機会を作った方が，学生が集中力を保ち，授業内容を深く理解できると考えられたためである．本授業でのグループワークでは学生がピア・リーディング（舘岡, 2005）として助け合いながら対話を通して問題解決を行い，自分一人では取り組むことが難しい課題について理解を深めることを目指した．しかし，英文読解の課題を解決するために必要となる英語の知識・技能をメンバー達が活用した場面は決して多くはなかった．

グループで相談してもわからない課題が多く，グループワークが停滞してしまう時間が多かったのである．そのような局面で「わからない」という表示をきっかけにグループワークが進展する様相が第4節で示される．

2.2 グループワーク活動

この授業では，学生は各自で補助プリントの設問に解答した上で授業に臨むことになっている．設問は英文の内容理解を問う真偽判定問題，下線部和訳，文構造の理解を問う問題などである．90分の授業内に25分程度設けられるグループワークの時間でこれらの解答についてグループで相談し，グループとして1つの解答を出す．グループワークの時点では英文の内容について教員からは解説がなされておらず，メンバーは基本的に自分達の力により設問に取り組む．ただし，教員が随時巡視するので質問はできるし，教員から助言を与えることもある．各グループの解答が出揃った後に教員が英文の内容についてクラス全体に対して解説を行う．

グループの解答は，グループに1本配られる「アノト方式デジタルペン」[1)] によってメンバーが専用解答紙に記入する．記入された解答は筆跡情報としてリアルタイムで教員のコンピューターに転送される．グループワークの時間が終わって教員の解説に移る際には，各グループの解答がプロジェクターで表示される．

2.3 グループワークにおける参与・関与の構造

本章の分析対象となるのは図1のメンバーからなる5人グループである．

永原と播磨が男性で，残りのメンバーが女性である．
丸川はカメラのフレーム外だが声は収録されており，手も時折フレーム内に入ってくる．

図1　グループメンバーの配置

同じ教室の中には他の5グループと教員1人がいるが，このグループで行うグループワークのメンバーは図1の5人である．しかし城田はワーク中にスマートフォンでパズルロールプレイングゲーム「パズル＆ドラゴンズ」（以下パズドラ）をしており，英文読解グループワークをしていない時間が長い[2]．また，城田が隣の播磨とパズドラの話をすることもある．すなわち，城田と播磨は英文読解グループワークの「承認された参与者」(Goffman, 1981)でありながら，パズドラに関わる別の活動に関与して英文読解グループワークに関与していないことがあるのである．その際にはグループが英文読解グループワークに関与しているメンバーとパズドラの話に関与している城田・播磨の2つの集団に分裂する．

また，この場の支配的関与(Goffman, 1963)である英文読解グループワークにも2つの水準があることに注意したい．設問についてグループとして1つの解答を出すためには，メンバーはもちろん話し合って合意を形成する必要がある．しかし，解答の見当がつかない場合には合意の基になる案をメンバーが出すことができず，話し合っても合意の形成にはつながらない．こうした場合には，メンバーは各自で教科書や辞書を見て考え込む．このように各自がしばしば黙って一人で行う活動は「グループワーク」という活動の名前にはなじまないように思われるが，グループで話し合いを行う前段階として各自が解答の手がかりをつかむために行われており，やはりグループワークとしてこの場の支配的関与であるととらえるべきである．このように，英文読解グループワークの中には各自が個別に行為を行う個人的水準と，グループで話し合うように，他者と関わりながら行為を行う公的水準の2つがあると言える[3]．

2.4 「わからない」という理解状態の表示

本項では，本章で論じる「『わからない』という理解状態の表示」について具体的に述べる．本データのメンバー達はグループワークの中で「わからない」，あるいはその変形の「わからん」や近畿方言の「わからへん」という発話をする．本章が分析対象とするのは，これらの発話および「読めない」「（解答を）書けない」など，知識の不足により課題を解決することが困難であることを表示する発話である．

これらの発話は「わかる？」などと質問された際の応答としても現れるが，

本章ではこのような応答発話は扱わない．本章では，各自が考え込んでいるなど沈黙しており，他のメンバーに話しかけられていない時に「『わからない』という理解状態を表示する発話」がなされる場合を分析の対象とする．言い換えると，メンバーが個人的水準でグループワークに関与しており，ワークへの関与が公的水準ではなされていない時に発話される「『わからない』という理解状態の表示」がグループワークの中で果たしている役割を論じる．

3. 先行研究：理解状態を表示することの相互行為的はたらき
3.1 会話分析
　本章の分析は会話分析の手法に依拠している．会話分析はSacksらにより創始された研究枠組みで(Sacks, 1992)，人々の実際の相互行為そのものに依拠して分析を組み立て，会話の参与者がその場で行っている行為を記述するところにその特色がある．この分析姿勢は，参与者自身にその場で利用可能な資源のみを分析に用いるという点で，参与者へのインタビューや質問紙調査などにより事後的に参与者の指向を明らかにするアプローチや，扱う現象の生起頻度に注目する量的分析とは異なるものである．「会話」分析という名は実際の相互行為の記録手段がカセットテープであった時代のもので(Sacks, 1984)，実際には，参与者が行っている行為に精確な記述を与えるために身ぶり，視線等の非言語情報や呼気・吸気，発話の間隙，発話の音韻情報などの微細な要素をも分析の資源としている．
　また人々の行為はその個人に帰属するものとしてではなく，その個人を取り巻く社会的秩序の表れであり，同時に社会的秩序を作り出しているものとしてとらえられる．この秩序とは明示的にその場の規則として教示されるものには限られず，人々がその時々に自身が置かれた状況に感応して相互行為の中で組み立てていくものである．会話分析の研究においても，相互行為の場における参与者達の微細なふるまいがその場面の社会的構造ないしは制度性を形作っていることが示されてきた(ten Have & Psathas, 1995)．

3.2 理解状態を表示することの相互行為的はたらき
　Goodwin(1987)では語り手が人名や数値を思い出せない例を取り上げ，何かを思い出せないことを表示することが社会的現象であると論じている．つまり，この現象を語り手個人の言語運用能力の低さやフロイト的無意識の表

れとして位置づけるのではなく，この現象をきっかけに語り手と受け手の相互行為の構造に変化がもたらされるという点に注目している．本章の分析と特に関わる点としては，人名を思い出せない際に語り手が視線を受け手に向けた場合は，受け手がその人名を語り手に教えることを語り手が要求しているととらえられるが，視線を受け手からそらして考え込んだ表情をする場合には語り手が自分で思い出すものととらえられるという指摘がある．このように，視線のはたらきによりその場でなされる活動への参与枠組みが変わることが示されている．

　Mori & Hasegawa（2009）では日本語学習者によるピア活動場面で参与者が適切な単語を探す方法を記述している．（1）はその一例で，「探す」という語を *sagosh* として Brown が発話した後の会話断片である[4]．

（1）[Mori & Hasegawa, 2009: 79(3)]
01　Brown: what's sugu- what's I'm looking for [(.) that's uh (.) sagosu?
02　Hill: [he he he
03　　　　　(1.5)
04　Brown: [>I'm gonna look this up.<
05　Hill:　 [(°saga°)
06　Brown: is it sagashi? okay. [(.) yeah.sa [gasu.
07　Hill: [it's   [sagasu.

（1）の直前の部分で Hill の顔を見るが視線を合わせられなかった Brown は，1 行目で教科書のページをめくり始める．1 行目で Brown は「適切な単語を探している」という自身の認知過程を言葉に出している．ただし 1〜4 行目の間 Brown の視線は教科書に向けられており，その間の発話は，宛先が Brown 自身なのか Hill なのかはっきりわからないようになっている．適切な単語を探していることをこのような方法で言葉に出すことは，共に単語を探すことに Hill を積極的には巻き込まず，しかし Hill が単語探しに加わる可能性を残す効果的な方法となっている．

　秋谷他（2013）では，科学・技術に対するニーズの抽出を試みるために企画されたグループインタビューにおいて，参加者の一人がインタビューの冒頭で質問をした例を取り上げている．この参加者は，再生医療について質問

を行うことで「再生医療について知識を持たない」という風に自身の知識状態を他の参加者に認識可能な形で提示し，しかもそれをインタビューの冒頭というタイミングで行うことで，自身の知識状態の提示を誰よりも先んじて行っている．このように参加者達は折にふれて自身の知識の状態を様々なやり方で場に投じている．参加者達はこうしたやり取りの中で誰がどの程度知識を有しているかということを学習し，それを資源として自らの行為を組み立てているのである．

4．分析：関与枠組みの変更とグループワークの進展

では以下で事例を見ていきたい．（2）は，本文の内容を基に *Winchester is famous for its churches.* という英文の真偽を判定する問題に取り組んでいる場面である[5]．しかし，話者名が斜体で示されている発話はパズドラについてのものである．

（2）[Data 1_0717-0744]
01　城田：　.hh ［さい：やくや
02　播磨：　　　［°(だ:)°
03　　　　　　(.)
04　城田：　.hh ［魔法石1個使ってやったのに負けた(み)た
　　　　　　((城田が4行目冒頭で播磨の方を見た後机に突っ伏す))
05　播磨：　　　［どうしたの？
06　　　　　　(1.6)
07　城田：　［あれやねん使えば.］
　　　　　　((手に持ったスマートフォンの画面を見ながら))
08→鎌田：　［え↓：：　　　］：っと：
09→　　　　う：↑う：［↓う：　　］ん(.)＞わからへ*ん＜　［°で°：
10　城田：　　　　　　［*(つよすま)］　　　　　　　　　［え今(.)あれ＝
　　　　　　　　　　　*城田が机上の紙を　　　　*城田が紙を見る
　　　　　　　　　　　　手元に引き寄せる
11　播磨：　　　　　　　　　　　　　　　　　　　　　　［ん:.
12　城田：　＝なんなん:¿
13　　　　　　(0.3)((永原が城田を見る))

```
14    城田：   リーダーどれなん．
15            (2.1)((机上の補助プリントをのぞき込んでいた鎌田が上体を
                   起こし，城田を見る．その際永原は城田から鎌田に視
                   線を移してから机上の補助プリントに視線を移す))
16    播磨：   リー*ダー(0.2)ゴブリンにした
                 *鎌田が城田から手に持った補助プリントに視線を移す
17            (.)
18    城田：   (あれ)ゴブリン[(も)
19 ⇒ 永原：                [↑(ほ):ウィンチェスターは(0.8)あった
20 ⇒         けど．=
21    鎌田：   =そや[ね°ん°．
22 ⇒ 永原：       [もう1個がどこにあるか．
23            (0.3)
24    丸川：   °ん::°=
25    鎌田：   =バツちゃうん=
26    城田：   =これ?=((手に持ったスマートフォンを播磨に見せながら))
27    永原：   =ない(ん)かな？
```

　1～7行目の間，城田と播磨はパズドラの話をしており，英文読解グループワークには関与していない．鎌田と永原はそれぞれ自分の補助プリントを見ており，個人的水準で英文読解グループワークに関与している．したがって，この間はどのメンバーも公的水準では英文読解グループワークに関与していない．

　その後8～9行目で鎌田が「え↓::っと:う:↑う:↓う:ん＞わからへん＜°で°:」と発話し，考え込んでいる様子を示すことで，設問の解答がわからないことを表示する．この鎌田の発話は「わからない」という鎌田自身の理解状態を述べたものであり，質問や依頼のように，発話を宛てられた者に応答するように働きかけるものではない．また，鎌田はこの発話の間ずっと机上の補助プリントを見ているので，この発話は発話の宛先がわかるように提示されていない．しかしこの発話を受けて永原が「↑(ほ):ウィンチェスターは(0.8)あったけど．」「もう1個がどこにあるか．」(19～22行目)と発

話する．これは，真偽を判定すべき文 *Winchester is famous for its churches.* に含まれている名詞のうち *Winchester* は本文中にあるがもう 1 つの名詞 *churches* は本文中に見つからないということを言っていると考えられる．（実際，本文中にあるのは *Winchester* だけであり，*churches* はない．）この発話は，永原に何がわかっていて何がわかっていないかを示しているという点で鎌田の発話と同様に話者自身の理解状態を表示している．それと同時に，「わからない」としか述べていない鎌田の発話とは違い，部分的にでもわかっていることを述べているので，設問に解答するというグループワークの目的の達成に寄与する発話である．

鎌田は，この発話に「そやね°ん°」と応答することで（21行目），鎌田自身が言わなかったものの考えていたことを言い当てたものとしてこの発話を扱い（串田，2002），その後丸川も永原の発話を受け取っている（24行目）．この時点で，鎌田が考えていた解答する上での問題点と解答するための道筋が，鎌田の考えの中に留まらず他のメンバーに利用できる形で共有され，グループでの話し合いが行われている．すなわち，鎌田の「わからない」という理解状態の表示から始まったやり取りを通じて，それまでそれぞれ個人的水準でグループワークに関与していたメンバーが公的水準でグループワークに関与することが可能になったのである．

19〜20行目の永原の発話についてもう少し論じておく．この発話は時間的には鎌田の 8 〜 9 行目の発話よりずいぶん後になされているので，この発話が 8 〜 9 行目の鎌田の発話を受けたものであるという主張には若干の説明が必要であろう．永原の受け取り発話が 9 行目のすぐ後でなされていないのは，9 行目の発話に反応しうる連鎖位置で城田が発話した（10行目）ことの影響であると考えられる．この城田の発話は反応を示すトークン「え」(Hayashi, 2009) で始まっており，9 行目の鎌田の発話への反応であるとも聞きうるものである．永原が13行目で城田を見ることも，このような理解可能性の反映だともとらえうる．しかし14行目で，城田の10行目の発話はその直前で話されていない事柄に関する質問を始めており，パズドラに関するものであったことが遡及的にわかる．この時点（15行目）で永原は手元の補助プリントに視線を戻し，グループワークに復帰する．つまり，城田の発話によって10〜14行目の間は永原はグループワークを中断しており，グループワークに復帰した後で 9 行目に反応する発話をしたのが19行目だったと

とらえられるのである.

「わからない」という理解状態の表示は非言語的手段によっても行われる. (3)は(2)の直前の断片で, やはり *Winchester is famous for its churches.* という英文の真偽を判定する問題に取り組んでいる場面であり, 鎌田が *Winchester* を電子辞書で引いている.

(3) [Data 1_0648-0715]
```
01    鎌田：  パブリックスクール
02            (3.8)((永原が身を乗り出し, 鎌田の辞書の画面を覗き込む))
03    永原：  どっかの地名？
04            (.)
05    丸川：  <だい↑聖>堂=
06    鎌田：  =大聖堂.
07            (.)
08    永原：  大↑せ°い堂°
09            (4.3)
10    鎌田：  °(・・・・・・・・)¿°
11  →        (1.6)((鎌田が電子辞書を操作していた右手を手元に引き,
      →            目を細め眉をひそめて唇をへの字に閉じる.))
12    播磨：  ん¿
13  →        (1.7)((鎌田が首をかしげて横に振り, 肩をすくめる. 首振り
                  は15行目の「な」まで繰り返され, 肩をすくめる動作
                  もその時点まで保持される.))
14 ⇒ 播磨：  わか[らへんみんな.
15    鎌田：      [°(わ)°か↑な：い：です
16            (0.2)
17    播磨：  ふ：ん.
18            (0.3)
19    教員：  あと10分ぐらいで::((クラス全体に))
20 ⇒ 丸川：  (のと)のが出てこうへん
```

1行目と6行目は辞書の画面を見つめながら発話されており, 辞書の

Winchester の項目の説明記載を読み上げていると考えられる[6]．ただしこれらの情報が設問に解答するのに活用されるには至らず，メンバーは各自で考え込む（9行目の長い沈黙）．10行目でも鎌田は電子辞書の画面を見つめており，辞書の記載を読み上げているようであるが，その声は普段よりかなり小さく，発話内容を他のメンバーに聞かせることに指向しているとは考えにくい．この時点では各メンバーのグループワークへの関与は個人的水準にあると言える．

　11行目の右手の動きは辞書を引くという行為の中断である．表情の変化は，上記のようにグループワークが停滞局面にあることとも併せて何らかの困難の存在を窺わせる．播磨が「ん¿」と発話している（12行目）が，播磨が右腕しか画面に映っていないので，この発話が何に反応したものかは明らかではない．この後鎌田は異なる身ぶりを用いる（13行目）．この身ぶりは，無力感をより強く伝えるものである．播磨がこれに反応して「わからへんみんな．」と発話している（14行目）ことから，播磨がこの身ぶりを鎌田の「わからない」という理解状態の表示だと理解したことがわかる．この理解は13行目の身ぶりに引き続いて発話された鎌田の発話内容（15行目）とも合致しており，鎌田の身ぶりにより「わからない」という理解状態が表示されたということがこの場の共通理解となっていると考えられる．

　（3）では（2）と違い，13行目以降で部分的にでもわかっている内容を提示するメンバーはいない[7]．しかし14行目で播磨が他者の理解状態を照会している[8]ことによって，グループワークに取り組むメンバーの理解状態が互いに確認可能になる．20行目の丸川の発話は，遅れてはいるが14行目への応答として聞くことができる．「出てこうへん（出てこない）」とは，この状況では辞書などを調べても何らかの情報が見つけられないことを指していると考えられるので，この発話は丸川にこの時点で何がわかっていないかという理解状態を表示している．こうして各メンバーが理解状態を他のメンバーと共有することは，グループで合意を形成する話し合いの一環であり，公的水準でのグループワークへの関与である．このように（3）でも，鎌田の「わからない」という理解状態の表示を契機としてメンバーが公的水準でグループワークに関与することが可能になっている．

　（4）では，*The list of places to visit in London alone is extensive.* という英文を日本語に訳すという課題に取り組んでいる[9]．

（4）[Data 1_1849-1923]
01　城田：　>虹の番人<［持ってんで　　　　　］
02　鎌田：　　　　　　　［°(・・)°(しん)ロ］[ンドン:¿
03　播磨：　　　　　　　　　　　　　　　　　　［うっそ：
04　　　　　(.)
05　丸川：　°ロンドン°.
((16.5秒略．この間，鎌田と丸川が小声で会話している可能性があるが，鎌田は電子辞書を操作しており，鎌田の視線は終始辞書に向けられている．丸川は右手しか画面に映っていない．永原は無言で，隣のグループを見やった後，自分の教科書を見ている．播磨と城田はパズドラの話をしており，英文読解には関与していない．))
22　播磨：　羨ましすぎる[わ
23　城田：　　　　　　　[友情[ガチャに虹の番人出て来てだってばり]=
24　鎌田：　　　　　　　　　　［°(・・・・・・・・)°　　　　　］
　→　　　　　　　　((鎌田が丸川の方を向いて，両手で顔を覆う))
25　城田：　=アツいな思た(のに)
26　　　　　(0.7)
27→鎌田：　*ね(.).hhh*書けない*です.
　　　　　　*1　　　　*2　　　　*3
28　　　　　(0.9)
29⇒丸川：　.hh や わからない hh
　　　　　((29行目冒頭で城田が上体を乗り出して机上の鎌田の前のあたりを見る．そこには鎌田と丸川の教科書・補助プリントとグループワークの解答を記入する解答紙がある．))
30　　　　　(0.9)
31⇒播磨：　わからへん¿
32　　　　　(0.7)
33　城田：　(いな[↑おか.)((机上の教科書が載っているあたりを見て))
34→鎌田：　　　　[>わからへん<し(0.2)うまいことまとまら[ん
35⇒城田：　　　　　　　　　　　　　　　　　　　　　　　　[リストは広い
36⇒　　　　的な感じな(ん)¿

22行目までの間は，トランスクリプト内に注記しているように各メンバーは基本的に別々の行為を行っており，個人的水準でグループワークに関与しているか，パズドラの話をしてグループワークに関与していないかである．

鎌田は24行目の4.6秒前に首をかしげ，24行目では両手で頭を覆い，その後両手を下に移行させて顔を覆っている．これらの身体動作から，鎌田が英文読解に取り組む中で何らかの困難に直面していることが見て取れる．27行目の*1の時点で鎌田は両手を顔から外し，グループの解答を解答紙に記入するデジタルペンに手を伸ばす．この後*2の時点で鎌田はペンを手に取り，播磨に視線を向ける．この後鎌田はペンを手元に引きながら体を後退させ，*3の時点ではいすの背もたれにもたれている．これらの身体動作は一続きで行われている．このように体を後退させていることは，鎌田がグループワークへの関与に困難を感じ，お手上げの状態であることを表示している．

また「書けないです」という発話も，ここでは筆記という行為の困難さを表示しているのではなく，「解答を書けない」，すなわち「解答が出せない，わからない」ということを表示していると考えられる．デジタルペンで解答紙に文字を書く行為自体は通常のペンで通常の紙に文字を書く感覚とほとんど変わらず，特に難しいことではない．この日以前の授業でもメンバー達は何の困難もなくデジタルペンで解答紙に文字を書いているし，24～27行目の間の鎌田の身ぶりはインク切れなど筆記の上での困難を表示しているわけではなく，理解の上での困難を表示しているように見える．また，デジタルペンを手に取りながら「書けない」と発話しているのでこの発話が「デジタルペンで書くことができない」という言明として理解されることにも注意すべきである．デジタルペンはグループとして1つの解答を出した後にその解答を書くのに用いられる道具なので，「デジタルペンで書くことができない」という発話は「グループとして解答を出すことができない」と理解可能である．こうした点から27行目の「書けないです」という発話は，（2），（3）と同じように「わからない」という理解状態の表示だととらえられる[10]．

この「わからない」という理解状態の表示に最初に丸川が反応し，自分の理解状態を表示する（29行目）．このようにメンバーが自分の理解状態を表示して他のメンバーと共有することは，（3）と同様に公的水準でのグループワークへの関与である．また，パズドラの話をしてグループワークに関与していなかった城田も，この時点で上体を乗り出してグループワークに関与

の姿勢を示している．31行目の播磨の確認要求を受けて，鎌田はもう１度「わからない」という理解状態の表示を１度目よりも強い形で，すなわち「わからへん」，「まとまらん」と理解の不足による解答上の困難を２つ重ねて述べる(34行目)．この２度目の表示に対して，城田が課題英文の大意についての自分の理解を提示する(35〜36行目)．

このように「わからない」という理解状態の表示をきっかけに，他のメンバーが反応して各メンバーの理解状態や部分的にでもわかっている内容が共有されることで，メンバーのグループワークへの関与が個人的水準から公的水準に変わり，グループワークが進展している様子が本節で取り上げた３つの断片のいずれからも示された．特に(４)は，直前の連鎖でパズドラの話をしていてグループワークに関与していなかった城田までが鎌田の「わからない」という理解状態の表示をきっかけに英文読解に関与し，解答を導くことに寄与している例である．グループワークに関与していなかったメンバーが「わからない」という理解状態の表示を契機として関与するようになったこの例は，関与枠組みの変更をいっそう明確に示している．

5．まとめ

本章では，英文読解グループワークにおいて，あるメンバーが「わからない」という理解状態を表示することを契機として他のメンバーも自分の理解状態を表示し，各メンバーが公的水準でグループワークに関与することが可能になっているということを論じた．あるメンバーの「わからない」という理解状態が他のメンバーに開かれることで，他のメンバーはそれに対して関与することが可能になる．すなわち，理解状態自体は個人に属する事柄かもしれないが，それが他のメンバーの前で表示されることは，話者がそのように意図するかしないかにかかわらず，公的ないし社会的な事象となるということである．このように自身の理解状態を表示することが他者の関与の機会を作りうるという点は，Goodwin(1987)やMori & Hasegawa(2009)で論じられた相互行為上の手続きと共通している．

Goodwin(1987)の手続きや本章(５)の場合は視線を相手に向けて働きかけているが，Mori & Hasegawa(2009)や本章(３)(４)で論じた手続きでは明確に他者に働きかけて関与を求めているわけではない．発話の統語形式や発話時の視線は，発話を他者に宛てているかどうかが明確にわからないように

なっている．したがって他者がこの表示に反応しないことも十分に可能である．Mori & Hasegawa (2009) で論じられているように，こうした手続きは他者の関与を積極的に促すわけではなく，他者が関与する「可能性を残す」程度のものであろう．

　しかし，それにもかかわらず「わからない」という理解状態の表示が公的水準の関与の契機としてはたらいている背景には，グループワークの参与枠組みにメンバー達が指向している影響が認められる．グループワーク終了時にはグループで解答を出さなければならない．それならば，1人が「わからない」のであれば他のメンバーが解答を導かなければならない[11]．このように，自分がグループワークに取り組むメンバーであり，話し合ってグループとして課題を解決しなければならないという参与枠組みにメンバー達は指向していると考えられる．

　最後に，本章で論じた「わからない」という理解状態の表示が相互行為上の手続きとして特徴的である点について論じる．その点とは，この手続きが英文読解グループワークを直接的に進展させられる英語の知識・技能に乏しいメンバーでも用いうるものだということである．Mori & Hasegawa (2009) からの断片である (1) で Brown は「探す」という単語を正確には知らなかったが，sagosu などの類似した語形で候補を提示できる程度の知識は持っていた．しかし本章で論じた「わからない」という理解状態の表示は，そうした知識さえ持たないメンバーでも用いることができる手続きである．相手の発話を何も聞き取れなかったときに，聞き取りの候補を挙げずに「何？」などの形で修復を開始できるのと同様に，英語の知識・技能といった問題解決の資源に乏しいメンバーでもグループワークを進展させる手続きとして用いうるのである．秋谷他 (2013) では，再生医療について自身が知識を持たないことを提示した参加者が「どなたかもおっしゃってましたけど」「例えばAさんのご主人みたいに」というように先行発言を参照し，自身の経験と先行発言を比較することで再生医療について懸念を表明できている例が示されている．このように，知識が乏しい場合でも人々がその場の活動に即した関与をすることは可能である．本章で示したのも，そのような関与を可能にする手続きの1つである．

6. 補論：残された課題と教育面の意義

　本節では，ここまでの記述で十分論じられていない2つの点について補足的に論じる[12]．まず，本章で論じた相互行為的手続きが「わからない」という理解状態の表示に特有のものかどうかという点がある．「わからない」という理解状態の表示と対照をなすのは「わかる」という理解状態の表示であるが，メンバー達が（部分的にでも）わかる事柄に言及すれば，それはすなわち「わかる」理解状態を表示していることになる．したがって「わかる」という理解状態の表示には極めて多様な性質のものが含まれ，それに対するメンバーの反応もまた多様になる．このように多様な発話や行為の中に相互行為秩序を見出すことは今後の課題として残されているが，本章ではさしあたり特徴的な手続きとして「わからない」理解状態の表示を契機とする関与枠組みの変更について論じた．

　次に，授業内でのグループワーク場面を取り上げた本章の議論が教育面でどういう意義を持つかという点がある．本章は教育実践の改善を主眼としたものではなく，教育面で実用的な結論が出せているとは言い難いが，教育実践の改善につなげうる点に少しふれておく．各断片でみてきたように，「わからない」という理解状態の表示がなされるときにはその表示者自身がグループワークの課題を解決することは難しい．ただし第5節で論じたように，あるメンバーの「わからない」という理解状態が他のメンバーに開かれることで，他のメンバーがそれに対して関与することが可能になる．したがって，「わからなくても黙り込まずに何かを言う」という意識を学生が持つように予め教員が働きかけることはできるだろう．断片(2)，(4)のように部分的にでもわかっている他のメンバーが課題解決を進展させてくれるかもしれないし，例え「わからない」の一言であってもメンバーが発話する限り，同じ課題に関与するという枠組みが維持され，誰かが関与せず孤立してしまうということにはならない．全てのメンバーが発話することをグループワークの決まりとする方法もありうる．

　他方，断片(3)のように他のメンバーからも「わかっている」内容が表示されない場合には，「わからない」という理解状態の表示によって各メンバーの理解状態は確認できても課題の解決は難しい．この点については，「わからない」ですませる癖を学生につけさせず，「小さなことでも，あまり自信がなくても，そうかなと思っていることは言う」という意識を持つよう

教員が日頃から働きかけることが重要だろう．例えささいな内容でも，このような「(部分的にでも)わかっている」内容の表示は「わからない」という内容の表示以上にグループワークを進展させ，メンバーの理解を促進しうる．また，このような意識付けに加えて，学生が難しいと思っている課題を「単語の意味調べ」「代名詞の指示内容」などの小さな下位の課題に分割して取り組ませるなど，部分的な理解を導くために具体的な方策をとることも有効であろう．加えて，理解状態の表示に限らず授業中の学生の相互行為を分析することで，教員が学生の状態をよく理解できるようになり，教育実践の改善につなげることができるという可能性を最後に指摘しておきたい[13]．

謝辞

本章のデータをイカロ研究会，北星学園大学HokCii研究会，京都大学談話・語用論研究会で検討していただき，有益なコメントをいただいた．ここに記して感謝する．もちろん本章の不備は著者の責任である．また，本章は平成26～28年度科学研究費補助金基盤研究(B)「発話連鎖アノテーションに基づく対話過程のモデル化」(課題番号26284055，研究代表者：伝康晴)により行った研究である．

注

1) 授業支援ツール「OpenNOTE」(大日本印刷株式会社)を使用した．

2) 授業中のスマートフォンの取り扱いについては明示的な指示はなされておらず，必要に応じて教員が注意を与えていた．

3) 活動が全て明確にどちらかの水準に分類されるとは限らない．例えば3.2節の断片(1)では，1行目や4行目の発話はどちらの水準の活動をしているのかわからないような構成になっており，そのことによって他者への働きかけの強さが調整されていると言えるだろう．また，ある活動がどちらの水準にあるかということは予め定まっていることではなく，具体的な局面ごとにメンバーの指向に基づいて定められていく．なお，ここで「公的」とは「他者に開かれており，他者が関与することが可能である」ことを指しており，活動のあり方として「公認」された規範的なものだという含意はない．

4) 本章で用いたトランスクリプト記号は以下の通りである．基本的にはJefferson (2004)に依拠している．
    =   間を置かない発話順番の移行，または同一話者による発話の継続
    [発話の重なりの開始点

]	発話の重なりの終了点
:	音の引き延ばし(: が多いほど長い)
言葉 -	言いさし
(数)	沈黙(数は秒単位で長さを表す)
(.)	マイクロポーズ(0.2秒未満の沈黙)
h	呼気または笑い(h が多いほど長い)
.h	吸気(h が多いほど長い)
言葉	強勢
↑言葉	上昇音調
↓言葉	下降音調
言葉?	発話末尾の上昇音調(疑問符ではない)
言葉¿	発話末尾の上昇音調(? より上昇幅が小さい)
言葉.	発話末尾の下降音調
>言葉<	速い発話
°言葉°	小さな声の発話
(言葉)	聞き取りが不確かな言葉
(・・)	聞き取れない言葉(・の数がモーラ数を表す)
((言葉))	筆者による注釈
→, ⇒	分析対象となる現象を含む行

5)「やねん」(7行目),「わからへんで」(9行目),「〜なん」(12, 14行目),「そやねん」(21行目),「ちゃうん」(25行目)はいずれも近畿方言で,それぞれ「なんだ」「わからないよ」「〜なの」「そうなんだ」「違うの(〜じゃないの)」という意味だと考えてよい.

6) 鎌田の辞書については確認できないが,著者の電子辞書の *Winchester* の項目には「大聖堂と英国最古のパブリックスクール Winchester College で有名」との記載がある.丸川の顔は映っていないので,5行目が辞書を見ながらの発話かどうかは確認できない.

7) 丸川の20行目の発話冒頭は「のとの」と聞こえるが,「も1個の」のような韻律で発話されている.もし「も1個の」と発話されているとするとこの発話は(2)の19〜20行目の永原の発話と同旨だと考えられ,(2)と同じ議論が当てはまる.

8) 播磨はこのとき右腕しか映っていないので,視線を向けている方向は映像から確認できない.

9) 1行目の「で」は近畿方言で,「よ」に相当する終助詞である.23行目の「ばり」は西日本方言で,「とても」という意味である.

10) この発話が敬体で発話されていることも相互行為的に重要な特徴であるが，その点についての議論は本章では行わない．

11) 教員の解説時に全グループの解答が表示されることの影響か，この授業のグループワークでは学生が解答紙を白紙のままにしておくことはほとんどなく，「わからない」と言いながらもほとんどの場合は何らかの解答を記入していた．

12) 本節で挙げる論点は本書編者から指摘されたものである．ここに記して感謝する．

13) 教育場面の相互行為を分析した研究は既に多くある(Gardner, 2013)．分析結果を教育実践の改善につなげる取り組みについては中井他(近刊)を参照されたい．

参考文献

秋谷直矩・水町衣里・高梨克也・加納圭 (2013). 知識の状態を提示すること—再生医療にかんするグループインタビューにおける参与構造の分析— 科学技術コミュニケーション, 13, 17–30.

Gardner, Rod (2013). Conversation analysis in the classroom. In Sidnell, Jack, & Stivers, Tanya (Eds.), *The handbook of conversation analysis*, pp. 395–414. Chichester: Blackwell Publishing Ltd.

Goffman, Erving (1963). *Behavior in public places*. New York: The Free Press.

Goffman, Erving (1981). *Forms of talk*. Philadelphia: University of Pennsylvania Press.

Goodwin, Charles (1987). Forgetfulness as an interactive resource. *Social Psychology Quarterly*, 50(2), 115–131.

Hayashi, Makoto (2009). Marking a 'noticing in departure' in talk: *Eh*-prefaced turns in Japanese conversation. *Journal of Pragmatics*, 41, 2100–2129.

Jefferson, Gail (2004). Glossary of transcript symbols with an introduction. In Lerner, Gene (Ed.), *Conversation analysis: Studies from the first generation*, pp. 13–31. Amsterdam/Philadelphia: John Benjamins.

串田秀也 (2002). 会話の中の「うん」と「そう」—話者性の交渉との関わりで— 定延利之 (編) 「うん」と「そう」の言語学, pp. 5–46. ひつじ書房

Mori, Junko, & Hasegawa, Atsushi (2009). Doing being a foreign language learner in a classroom: Embodiment of cognitive states as social events. *International Review of Applied Linguistics in Language Teaching*, 47, 65–94.

中井陽子 (編著)・大場美和子・寅丸真澄・増田将伸・宮﨑七湖・尹智鉉 (近刊). 文献・インタビュー調査で学ぶ会話データ分析ハンドブック—研究から実践まで—(仮題) ナカニシヤ出版

Sacks, Harvey (1984). Notes on methodology. In Atkinson, J. Maxwell, & Heritage, John (Eds.), *Structures of social action: Studies in conversation analysis*, pp. 21–27.

Cambridge : Cambridge University Press.
Sacks, Harvey (1992). *Lectures on conversation*. 2 vols. Oxford: Blackwell Publishing.
舘岡洋子 (2005). ひとりで読むことからピア・リーディングへ―日本語学習者の読解過程と対話的協働学習―　東海大学出版会
ten Have, Paul, & Psathas, George (Eds.) (1995). *Situated order: Studies in the organization of talk and embodied activities*. Maryland: University Press of America.

第3章

大学英語授業でのスピーキング活動における「非話し手」の振る舞いと参加の組織化

横森大輔

1. はじめに

　ある話し手が発話を行っている際，その場で起きていることとして最も私達の目につくのは，発話やそれに伴う身振りなど，話し手の振る舞いであると言えるだろう．事実，数多くの言語研究やコミュニケーション研究は，話し手の産出する言語表現や非言語行動の記述を中心に行われてきている．しかし，誰かが何かを話している時，その場にいる話し手以外の人々（以下「非話し手」と呼ぶ）は，何もしていないわけではない[1]．むしろ，これまで相互行為研究者たちが論じてきたように，非話し手もまた，様々な言語的・非言語的な振る舞いによってその場の活動を話し手と共同構築している（Goodwin, 1981; Heath, 1984）．さらに，そういった非話し手による言語的・非言語的な振る舞いとそれによる活動の構築のあり方は，その場に関わる制度や環境によって制約・影響を受ける．本章は，その一事例として，大学英語授業内で実施されたスピーキング活動の録画データを検討する．

　本章における議論の骨子は次の通り．分析対象のスピーキング活動において，非話し手はしばしば，頷く・視線を合わせる・相槌を打つ等のいわゆる「聞き手行動」を欠き，なおかつその場の活動を問題なく成立・進行させている．これは，非話し手がこの活動の制度的・環境的な条件に適応して振る舞った結果として理解できる．すなわち，この活動における話し手の発話が，その場にいる非話し手に向けられたものというより，語学のパフォーマンスないしエクササイズとして行われており，その一方で非話し手は発話を受け止める聞き手ではなく，発話に対するレビューアーとして参与している，という特徴が関わっている．このことを示すのが本章の狙いである．

2. 非話し手の振る舞いと参与役割

相互行為における非話し手の振る舞いとしては，例えば，「聞き手行動」と呼ばれる一群の存在が知られている(植野, 2012)．すなわち，先行発話に対する反応的発話(いわゆる相槌など)を産出したり(Gardner, 2001)，頷いたり(Stivers, 2008)，視線を向けたり(Goodwin, 1981)することで，自らが発話を聞いているということをディスプレイすることができる．逆に言えば，非話し手は，そのようなディスプレイが無ければ，発話の「聞き手」という役割を相互行為の中で身にまとうことは難しい．相互行為において「聞き手」として参与するためには，単に発話音声が聞こえている(聴覚器官によって受信している)だけでは不十分であり[2]，何らかの方法を通じてそのことを他者から観察可能な形で呈示する必要があるのだ[3]．

なお，非話し手の参与役割の問題は，一見すると相互行為の中の周縁的ないし付随的な事象，すなわち相互行為の"中心"である話し手の発話行動に対して大きな影響を及ぼすものではないように思われるかもしれない．しかし，非話し手がどのような参与役割を身にまとうかということは，多くの場面において，その場の相互行為の成立の根幹に関わる事象である可能性がある．Goodwin(1981)は，「聞き手」役割を担う参与者の存在が担保されるまで，話し手は自らの発話を産出できないという有様を鮮やかに描いている．

加えて，非話し手による参与のあり方は，「聞き手」になるかどうかという二元的なものではない．よく知られているように，Goffman(1981)やClark(1996)は，発言を直接向けられている人(addressee)，同じ会話の中にいるものの直接的には発言を向けられていない人(side participant)，同じ空間の中にいて話が聞こえているものの会話には参加していない人(overhearer)，話が聞こえているもののその事実が話し手に気付かれていない人(eavesdropper)など，参与役割の多彩な区分を提唱している．さらに，Goodwin(1986)は，ある発話の複数の聞き手達の間で認識に関する地位(epistemic status)が多様でありうることを論じている[4]．

こういったきめ細かい参与役割の違いもまた，非話し手の微細な振る舞いによってディスプレイされると考えられる[5]．すなわち，既に「聞き手行動」として挙げた反応的発話・頷き・視線はもちろん，身体の配置や方向，顔の表情，そして同時進行する別の活動やタスクへの関与など，さまざまな要素によって，自分がいまどのような立場でその場の相互行為に参与しているか，

そして話し手の発話を自分がどのように受け取ったかといった点に関する当人のスタンスが呈示されている．また，このような非話し手による参与役割の呈示のあり方は，その相互行為を埋め込む制度・環境による制約や影響を受けることもしばしばである．

　本章では，そのような営みに関する一つのケーススタディとして，大学英語授業内で実施されたスピーキング活動の録画データを検討する．特に，このデータにおける非話し手がしばしば，いわゆる「聞き手行動」を欠きながらも，その場の活動を問題なく成立・進行させている点に着目し，授業活動という制度的な制約や教室および道具という環境的な制約の中で，参与者である学生達が彼らの参与地位をいかに巧みに調整しているかを示したい．

3. 分析対象データとその制度的・環境的特徴

3.1 スピーキング活動の概要

　本章が分析対象とするのは，2012年度後期に開講された，国立 X 大学における英語授業内でのグループワーク（スピーキング活動）の録画データである．この授業は1年生向け必修科目で，学生は各学部のクラス単位で指定された授業を履修する．この活動の実施と収録を行ったのは法学部の1クラスで，32名の学生が履修していた．同年度前期にも同じ担当教員による同じクラス対象の英語授業があり，実質的に通年で一貫した授業活動が行われていた．こういった背景により，学生達は，この英語授業はもちろん他の授業や日常の大学生活の中で一定の相互交流を行っている間柄である．

　当該のスピーキング活動は，早稲田大学の原田康也氏により2002年頃から開発・実践されているものであり（原田, 2003; 原田ほか, 2006），ほぼ同じ設計で X 大学の授業にも導入された．この活動は90分の授業時間のうち20～30分ほど費やされるもので，前後期を通じて毎回の授業で実施されていた．したがって，本章の分析データにおいて，学生達はこの活動の進め方に関して十分慣れている．

　この活動のグループは3人1組で構成され，各グループのメンバーは「質問者」「回答者」「タイムキーパー」の役割に分かれる．グループの組み合わせは毎回ランダムに変わり，授業開始時に教員によって発表される．各グループには，質問カード（10枚），相互評価用紙（A4用紙を1人に1枚），ストップウォッチが配布される．10枚の質問カードには，TOEFL-iBT の

Writingセクションにおけるindependent taskと同様の形式の質問が印字されている．すなわち，回答者の経験や意見を問い，まとまった長さでの応答を要求するものである．したがって，例えば「現在のアメリカ合衆国の大統領は誰か」のような，正解が端的に決まるような質問ではない．1セットとなっている10枚のカードの内容は，緩やかに関連しあっている[6]．具体的な手順は次の通り．質問者がカードの質問を2回読み上げ，タイムキーパーがインターバルの10秒間を計測してから回答開始の合図として「スタート」と言う．回答者はそこから45秒間で回答することになっており，45秒が経過するとタイムキーパーが「ストップ」と言う．その後，質問者とタイムキーパーが相互評価用紙に，その回答者の回答について評価を記入する[7]．1つの質問回答が終わると，役割を入れ替えて，次の質問カードへ進む．これを10回行う．なお，人数の都合で2名1組のグループができた場合は，質問者とタイムキーパーを同じ学生が兼任する．このように，本活動は，英文産出やその評価プロセスなどの点において，グループ内の学生同士が関わり合い，インタラクティブに進行するものとして設計されている（この点は，TOEFLのライティング課題に各個人で取り組ませる場合と比較すると明らかである）．ただし，本活動の目的はあくまで一定の分量の英文を組み立てる訓練であって，英語によるインタラクションの練習（英会話の練習）ではないという点には注意が必要である．

　なお，こういった制度上の特徴に加え，環境上の特徴として，この活動は一般教室ではなくCALL教室で行われているという特殊性が指摘できる[8]．質問および回答の発話は，CALL教室の端末PCと，そこにインストールされている録音ソフトMovieTelecoを利用して録音される．質問者および回答者は，自身が話す際に端末PCに付属のヘッドセットのマイク部分に音声を吹き込む（以下のトランスクリプトには各時点の静止画を添えているが，これらをよく見るとマイクの使用が確認できるだろう）．この物理的環境の特異な点の一つは，各端末のディスプレイに，録音されている音声の波形がリアルタイムで表示されているという点である（図1）．本章では，以上のような形で実施されるスピーキング活動を収録したデータのうち，回答者が発話を行うフェイズにおける2人の非話し手（質問者とタイムキーパー）の振る舞いに焦点をあてて分析を行う．

図1　録音ソフトMovieTelecoのウィンドウ部分のスクリーンショット

3.2　分析の出発点：このデータの何が面白いのか

　このスピーキング活動は，誰がいつ話すべきかが授業のルールとして規定されている，すなわち相互行為の外的要因による制約・影響を受けているという意味で，いわゆる制度的相互行為の一つと言える．回答者が回答を行っている間，非話し手である残りの2人(質問者とタイムキーパー)の参与のあり方は，日常会話における「聞き手」よりも制約されていると言えるだろう．例えば，日常会話における「聞き手」と異なり，回答の45秒が経過する前にターンを取って話し始めることは活動のルール上望ましくない．またタイムキーパーの学生に関しては，時間管理をするというタスクに対して関与を適切に配分することが求められている(詳細は5節で論じる)．

　ここで重要なのは，このように制度的な制約のある場面であっても，非話し手たちは何もしていない無色透明な存在というわけではない，ということである．Goffman(1963)による「儀礼的無関心」の議論が端的に照射しているように，例えばその場の他の参与者に対する関与を積極的に示さないということさえも，その場の相互行為秩序を反映し，かつ構成する振る舞いである．本章が分析する授業活動における非話し手は，上述のようにその参与のあり方が制度によって制約されている一方で，回答の間，何もせずにただその場に居合わせていればよいというものではなく，なんらかのやり方で共同活動(joint activity: Clark, 1996)を成立させなければならないのだ．

　そして，どのようなやり方でその場を共同活動として成立させるかということは，当人たちがその都度その場で対処している課題である．学生が教員

の指示に従っていなかったり,教員が指示していないことをやったりすることは多分にあるが,これは必ずしもネガティブに捉えられるべき事象ではなく,むしろ学生達がその場の相互行為秩序をどのように志向しているのかを明らかにしてくれる.例えば,この活動の実施時には教員から学生に対して「現実の会話に近づけられるように,質問者・回答者は相手の目を見ながら話す」「タイムキーパーも含め,聞き手の側も質問者・回答者に目を向けて聞いてあげる」という教示があった[9].しかし,本章の分析が示すように,実際にはこのような振る舞いはほとんど起こらなかった.

　以上を踏まえ,本章の分析の出発点として,具体的な例を見たい.次の例は「今年の夏休みに外国あるいは国内で旅行に行ったか」という趣旨の質問に対する回答を,グループの中の1人(細川)が産出している場面である.ここでは,この直前に質問を読み上げ,この場に非話し手として参与する高井の振る舞いに着目する.タイムキーパーはもう1人の学生(上杉)がつとめている[10].

【事例1】1018_R5

01　細川：［え:,回答者ホソカワです.(0.4)え:,
　　高井：［((手元に視線))—>

02　細川：［During summer, I didn't, go to, foreign countries a:nd,
　　高井：［((自身の左前空間に視線))—>

03　細川：［(0.9)I,(0.1)didn't,(0.4)go to,
　　高井：［((右前空間に視線))—>

04　細川：［somewhere,(0.6)I have never,［(0.2)been to. before.
　　高井：［((右後空間に視線))—>　　　　　　　［((右前空間に視線))

05　細川：［(0.7)Because,え:,(1.0)え:, in,
　　高井：［((手元に視線))—>

```
06  細川： [in my hometown, (0.6) えー I have to,
    高井： [((右前空間に視線；12行目まで持続))—>
```

```
07  細川： (1.0) え: work part time job? (0.3) (Or) (0.4) I, (0.6) I wanted to,
08         (0.5) practice, (0.4) running. (0.7) So, (0.2) え:, (0.6) I didn't,
09         (0.8) go, somewhere, (0.4) え:, (1.5) during the summer.
10         (0.8) え::, (1.1) え:, (0.5) in this semester, (0.3) I want to,
11         (0.4) go, somewhere (0.4) I, (0.4) have never:, been to. (0.2) before.

12  細川  [Thank you.
    高井  [((右前空間に視線；6行目より持続))—>

13  高井  ((カードに視線を落とし，
             微笑みながら次の質問者に手渡す))
```

このトランスクリプトに表されているように，非話し手である高井は，話し手の発話を「聞いて」いる間，一度も話し手に視線を合わせず，頷きも相槌も打っていない．すなわち，聞き手行動らしきものを全く行っていない．しかし，この場においてこの非話し手の振る舞いは大きな問題として取り扱われてはいない．はたして，これはいったいどういう参与のあり方なのだろうか．それは，日常会話とは異なる制度（授業活動など）や環境（CALL教室設備など）からの制約や影響とどう関わっているのだろうか．

4. 非話し手による参与のあり方：具体例

このデータの観察から，非話し手による参与のあり方として，「非音声的反応への偏り」「受け手性を敢えて示さない傾向」という2点が見出せる．

4.1 非音声的反応への偏り

一つ目の傾向は，この活動においても非話し手が発話に対して何らかの反応を産出することはあり得るが，その際，相槌のような音声チャネルによる反応ではなく，視線配布や頷きのような非音声チャンネルによる反応に偏る

というものである．次の事例は，「人間の暮らしに最も影響のあった科学技術の発明は何か」という趣旨の質問への回答である．

【事例2】1220b_R6

```
01  深田    ：   [回答者フカダコウヘイです．あ:,
    竹下_gaze：  [((深田に視線))-->

02  深田    ：   [(0.8)あ:, falling atomic bombs, あ:,
    竹下_gaze：  [((深田に視線))-->

03  深田    ：   [(0.8)wa:s affec-(0.5)ん？(0.6)なんやったっけ
    竹下_gaze：  [((深田に視線))-->

04  深田    ：   [(0.3)influential o- on,(0.5)our Japane:[se,=
    竹下_gaze：  [((深田に視線))-->
    竹下_nod ：                                         [((nod))

05  深田    ：   [(0.6)pe- Japanese [people.
    竹下_gaze：  [((深田に視線))-->
    竹下_nod ：                    [((nod*2))

06  深田    ：   [あ: this is becau::se,  [(0.5)あ by falling atomic bombs
    竹下_gaze：  [((ストップウォッチに視線)) [((深田に視線))-->

07  深田    ：   [(0.6)あ:(1.3)I ha:ve,(1.0)あ:,
    竹下_gaze：  [((深田に視線))-->

08  深田    ：   [(0.5)sad fee[lings(0.4)あ,(0.6)abo:ut,(.)my,
    竹下_gaze：  [((深田に視線))-->
    竹下_nod ：               [((small nods))-->
    竹下_face：              [((悲しげな表情))-->
```

```
09  深田：       [(0.7)parents? [and grandparents?(0.8)uh(0.3)being
    竹下_gaze:  [((深田に視線))-->
    竹下_nod:              [((nod))

10  深田：       [(0.4)s- suffering fro:m(0.4)] these atomic(.)bombs.
    竹下_gaze:  [((深田に視線))-->
    竹下_nod:   [((nod*4))            ]
    竹下_face:  [((かすかな微笑))-->

11  深田：       [(0.7)yeah.    ]
    竹下_nod:   [((small nods))]

12  深田：       [(1.8)終わり！
    竹下_gaze:  [((深田に視線))-->
    竹下_nod:   [((nod))-->
    竹下_face:  [((かすかな微笑))-->
```

　この事例では，非話し手である竹下が，深田の発話に対して一貫して「自分は聞いている」というシグナルを出している．例えば，竹下は深田の発話中，06行目前半にストップウォッチを一瞥した際を除いて，視線を深田に向け続けている．また，04行目以降，発話の展開に応じて何度も頷きを行っている．そして，07行目で深田が"I have sad feeling"と日本に落とされた原子爆弾についての感情的スタンスを明示すると，それに理解・共感を示しているように顔の表情を変化させている．このように，極めて積極的に聞き手性を表示している竹下であるが，相槌等の音声的反応は一切行っていない．

　次の事例は，後期の最終週の授業で収録されたもので，「4月の時点に比べて，エッセイ執筆のスピードが速くなったか」という趣旨の質問に対して，石田という学生が回答を産出しているところの後半部分である．この断片の直前までに，石田は「自分は4月の時点では1つのエッセイを仕上げるのに3時間かかっていた」という趣旨の回答をしている．

【事例3】0124b_R1

```
01  石田    :    but now (0.3) えっと (0.2) I can write ぉー (0.5) it (0.7) in

02  石田    :    (0.4) two hour [s            at ぉー (0.3) mos [t
    村上_nod:              [((nod*2))                  [((nod*2))

03  石田    :    (0.4) so I can (0.3) [wri [te ぉ
    石田_ges:                    [((パンチをするようなジェスチャー))
    村上_face:                        [((笑顔))-->
```

```
04  石田    :    [(0.3) faster (0.8) Thank you.
    村上_face:   [((笑顔))-->

05  村上    :    hh は(h):い(h)オ(h)ーケ(h)ー

06  山川    :    オッケオッケ.

07  村上    :    .h [(め(h)ちゃ(h)く(h)ちゃ(h)x(h)x(h)x(h)x(h)).h
    村上_ges:     [((石田のしていたジェスチャーを再生))
```

08 山川   :   アクションがめっ [ちゃかわいい

09 村上   :   [め(h)ちゃ(h)(お(h)も(h)し(h)ろ(h)い(h))

10 村上   :   .h やばい. かわいすぎる.

ここでは，回答を行っている石田が03行目に産出したジェスチャーと，その後の村上の振る舞いに着目したい．03行目のジェスチャーは，（エッセイ執筆について述べているときに）パンチをするように，拳を握った左腕を前方に何度も突き出すという運動であり，極めて目に付くものである．それを見た村上が笑顔になることが観察されるが，笑い声は上げていない．ところが04行目末で石田が"Thank you."と言い，彼女の回答が完了したことが示された途端，村上は大きなボリュームの笑い声混じりの発話を行う（05行目）．さらに村上は，やはり笑い声混じりの発話を続ける（07行目）が，ここでは語句が不明確になるほど笑い声が大きい．この07行目では，村上は石田の03行目のジェスチャーを再生しながら発話と笑い声を産出しており，このジェスチャーこそが自身の大笑いを引き起こしたものであることを明示している．村上は引き続き，「め(h)ちゃ(h)(お(h)も(h)し(h)ろ(h)い(h))」(09行目)，「やばい．かわいすぎる．」(10行目) と発話しており，03行目の石田の振る舞いが非常に強い感情的反応を引き起こしていることを示している．

笑いという反応は，特別な事情が無い限り「可笑しいこと」の発生直後に起こるものであり，逆に特別なシグナルがなければ笑っている人は直前に生じた何かに対して笑っているものとして理解されるものである．しかしながら事例3では，「可笑しいこと」の直後に村上は笑顔になっているものの，笑い声は時間差を置いてからあがっている．これは，この活動およびこの場における規範として，回答者の発話が完了されるまでは音声的反応が控えられるべきであるという村上の理解が反映された振る舞いであると考えられる．

4.2　受け手性を敢えて示さない傾向

このデータにおける非話し手の振る舞いとして見出された二つ目の特徴は，受け手性を敢えて示さない傾向があるという点である．

その端的な例として，冒頭に紹介した事例1について改めて確認しよう．既に述べたように，ここでは非話し手である高井が，話し手に対して視線を向けることも，頷くことも，相槌を打つことも，そして顔の表情を変化させることもしていない．その意味で，高井は受け手性を示す振る舞いを何一つしていない．その一方，高井はこの場の相互行為に参与していないわけではない．例えば，回答者である細川が"Thank you"と述べ，回答が完了に至ったことが示されると，その直後のタイミングで高井は視線を手元の質問カー

ドに移し，笑顔を浮かべながら他のグループメンバーに質問カードの束を手渡すという行動を淀みなくとっている．このような振る舞いから，高井は細川の回答をきちんとモニタリングしており，その場の相互行為が円滑に進行していることがわかる．

　本章の分析対象のデータでは，非話し手が話し手に視線を向けず，特定の参与者や物体ではなく，空間上の一点を見つめているというケースが頻繁に生じている．次の事例は，事例3と同じ日の同じグループのデータで，「4月の時点と比べてスピーキングは成長したか」という趣旨の質問への回答を村上が行っているところである．ここでは特に石田に着目する．

【事例4】0124b_R3

```
01  村上：      ［回答者ムラカミチエコです(0.3)あ：I think uhm
    石田_gaze： ［((自分の前方空間に視線))-->
               *村上は石田の右やや後方に位置

02  村上：      ［(0.4)now I feel m-(0.1)more(0.4)comfortable .hあ：when I
    石田_gaze： ［((自分の前方空間に視線))-->

03  村上：      ［speakingあ：ちゃう, exchange idea［s with my frien［ds than I did
    石田_gaze： ［((村上を一瞥してから右前の空間に視線))-->
    石田_nod：                                   ［((nod))    ［((nod))

04  村上：      ［.h in April(0.7)uhm for example(0.3)ん：this se［mester .hあ：
    石田_gaze： ［((前空間に視線；14行目まで持続))-->
    石田_nod：                                                  ［((nod))

05  村上：      (0.9)we-ん, あ::あ we tried(0.3)あ：more(0.2)difficul［t?
    石田_nod：                                                       ［((nod))

06  村上：      (0.3)あ：topic［s(0.5)um tha:n
    石田_nod：               ［((nod))
```

07	村上：	(0.1)we di[d え we ha- we had [in April
	石田_nod:	[((nod)) [((nod))
08	石田_nod:	((nod))
09	村上：	and あ::, (0.6)but(0.3)ん: I think ん:(0.4)we can(0.8)uhm
10	村上：	(0.5)ん::(0.3)good? good at(0.3)whe- we can(0.4)ん we
11	村上：	(0.4)we can be good a:[t it
	石田_nod:	[((nod))
12	村上：	(0.4)uh:m 同じ、あ, as same [as in April
	石田_nod:	[((nod))

13	石田_nod:	((nod))
14	村上：	[S(h)o(h),.hwe-あ(h)あ(h)(すいません)[あ(h)いありがとう
	石田_gaze:	[((前方空間に視線)) [((村上側を向く))
15	山川：	(1.1)ようしゃべるなあ
16	石田：	( )しゃべんなあ

非話し手である石田は，たびたび頷いており，回答を聞いているものとして周囲からは理解可能である．しかし，視線は話し手の方に向けられていない状態が一貫して続いている．事例1の高井と同じく，石田は回答者が発話している間，敢えて発話者から視線を外し続けている．

5. 考察：制度・環境による参与のあり方への制約・影響

前節では，このスピーキング活動における参与のあり方の特徴について，具体事例に基づいた検討を行った．では，そのような参与のあり方の特徴（特に日常会話における参与のあり方との違い）は，このスピーキング活動を取り囲む制度や環境のどのような側面からの制約・影響として理解することができるだろうか．

5.1 この活動における「質問」の性格

ここまで，質問への回答発話が産出されている際の非話し手の振る舞いを検討してきた．ここで，これらの回答に先立つ「質問」がどのような性格のものかという点を論じておきたい．

この活動の中で回答者役の学生に向けられる質問は，教員が用意して質問カードに印刷したものである．したがって，産出フォーマット（Goffman, 1981）の観点から言えば，質問者役の学生は，発声者（animator）としての性格のみが前景化することになる．すなわち，この活動（およびこれに類似した外国語学習活動一般）における質問者役の学生は，単に用意された言葉を口に出すという役割を担っているだけであり，当人が尋ねたいことや知りたいことについて尋ねているわけではない．むしろ，ここでの質問にとっての著作者（author）や責任主体（principal）は授業担当教員であると学生達は暗黙のうちに理解しているだろう[11]．

その意味で，この活動における質問は，日常会話における質問とは対照的である．日常会話では，質問を発した人は，発声者であると同時に著作者でありかつ責任主体であることが普通であり，質問は質問者が尋ねたいことや知りたいことがあって発されたものとして理解される．

5.2 この活動における「回答」の性格：話し手がしていること

前節の論点を踏まえ，この活動における「回答」の性格，すなわち本章の各事例において「話し手」達がしていたことの性質に光を当てよう．

日常会話で質問がなされた場合，それは普通質問を発した本人が尋ねたいことや知りたいことがあって発されたものと理解されるため，質問に回答する参与者は，質問者が尋ねたいことや知りたいことが何なのかということに志向して自分の回答発話を組み立てる．すなわち，日常会話で質問に対して

回答を行う場合，前のターンで質問を発した参与者を「宛先」と定めて発話が行われることになる．対照的に，この活動で回答者役の学生がしていることは，なされた質問に答えるような発話を産出することではあっても，質問者役の認識上のニーズ（どういう情報を欲しているかということ）を満足させるために回答を行うことではない．したがって，回答発話は，質問者役の学生に向ける形で組み立てられるわけではないのである．同じ質問・回答のペアという形態を取っていても，日常会話におけるそれらとは質的に大きく異なるということに注意しなければならない．

加えて，この授業活動場面では，CALL 教室の設備（各グループの座席に設置されている端末 PC，そこにインストールされている録音ソフトウェア MovieTeleco，端末 PC のモニター，そして端末 PC に接続されているヘッドセットのマイク部分）を用いた録音というタスク（3.1 節参照）に関与しながら発話産出を行わなければならない．具体的には，発話する際の口元は何よりもマイクに向けられることが優先される．目の前の PC モニターには自分の発声と連動した音声波形がリアルタイムで現れているため（図 1），常にそこに目を向けている訳ではないにせよ，極めて目立つものとしてその場に存在しており，そこに一定の注意が向けられる傾向にある．

以上の制度的・環境的な条件により，この活動における「回答」は，グループ内で発話を聞く「非話し手」に向けられた発話としては産出されにくい性格を有していると言える．そのかわり，英語授業の授業内タスクとして，あるいは語学のエクササイズとして理に適った振る舞いとなるように，学生達はある種モノローグ的な性格も帯びた産出の仕方を志向していると言えるだろう．これは，質問発話が授業担当教員によって用意されたものであること，そして録音されている音声が教員からの成績評価の材料として提出を求められていることとも整合的である[12]．

5.3 回答が産出されている際の非話し手の参与

前節で述べたように，この活動における「回答」は，グループ内の非話し手に向けられたものと言うよりは，教員によって設定された授業課題へのモノローグ的取り組みとしての性格を帯びている．そのため，回答発話を聞く立場にある「非話し手」の側の参与の仕方についてもこの制度的・環境的条件に適応した振る舞いとして理解することができる．

日常会話における聞き手の参与の仕方は，直前および直後のターンとの関連において理解することができる．まず，前節でも述べたように，日常会話における「回答」は前ターンで質問を行った参与者に向けられて産出される．そのため，前ターンで質問を行った参与者は，回答ターンの間，単に相手の発話内容を受信するだけの立場ではなく，自分に対して回答を投げ返される立場としてその場に参与することになる．対して，この活動における質問役の学生は発声者としての性格が前景化しているため，そのように特権的な立場で相手の回答を受け止めることはない．

　また，日常会話では，ターン交替が起きる（そのうち自分が喋る番が来る）ため，例えば自分がいつターンを取ることになるのか（相手の言葉がいつ終わりそうか），そのとき自分はどんなことを言うべきなのか，といったことを適切に判断するために，相手の発言を注意深く聞いている（相手が何を言っており，いつ話し終わりそうであり，その時に自分はどんなことを言うべきかといったことに注意を向ける）必要がある（Sacks et al., 1974）．対して，この活動では教員によって指定されたルールとして，45秒間という秒数によって（正確には，そのような秒数を学生がどのように捉えるかによって）ターンが規定されている．つまり日常会話におけるターン交替システムが作動しておらず，その意味で，日常会話における聞き手とは，何のために聞くのか，という動機付けの点で大きく異なっている．

　このスピーキング活動における規範の中で，非話し手の2人がこの場における課題として直面するのは，次のターンを取って会話を展開することではなく，この後に回答者の発話に対する評価を行うということである．したがって，その後に評価を行う立場の人間にふさわしい形で聞いている姿勢を示しておく必要がある[13]．

5.4　まとめ：スピーキング活動における参加フレーム

　本章が分析したスピーキング活動の回答ターンにおいて，話し手はその場の非話し手に向けて発話を行っている訳ではなく，授業課題として語学のパフォーマンスあるいはエクササイズとして発話産出している．非話し手の側はもし前ターンで質問を読み上げたとしても，発声者でしかないため，回答発話を自分自身に向けられたものとして受け止める必要はない．回答ターンの後に非話し手がすることになっているのは，新たなターンを取って会話す

ることではなく，話し手の産出した英文に対する評価を付与することであり，その前段階に相応しい立ち居振る舞いが非話し手には求められる．

以上を総合すると，この活動の「参加フレーム」(西阪, 2009)は，審査員と審査対象あるいは鑑賞者と鑑賞対象という関係性として捉えることができる．すなわち，この活動における非話し手の参与のやり方は日常会話における聞き手のそれとは異なり，語学のパフォーマンスあるいはエクササイズのレビューアーとしてその場に参与している．そのような相互の立ち位置による枠組みのもとでこの場の活動が進行していることは，声を出してはならないであるとか，頷くことはよく行われるけれども相槌は差し控えられる，視線が外されることが頻繁であるなど，様々なところに見て取ることができる．審査員や鑑賞者は，審査や鑑賞の対象に(特別な事情が無い限り)直接的に介入してはいけないのである．

6. おわりに

本章では，大学の英語授業内で実施されたスピーキング活動の録画データを題材とし，教室場面における制度と環境の制約・影響を受けた参与のあり方の一例について検討した．特に，この活動における非話し手がいわゆる聞き手行動を欠く傾向にある点に着目し，日常会話における質問・応答連鎖やターン交替の性質と対比することで，この活動における非話し手の参与のあり方を理解することを試みた．

最後に，本章の英語教育学的な含意を述べておきたい．英語教育学では，長らくグループワークの効能が論じられており(Long, 1977: Long & Porter, 1985)，特にスピーキング技能に関しては，学習者に実践機会を与えられるという点でグループワークの形態が有効であると言われている(加藤, 2014)．しかし，グループワークにおいて「話す」「聞く」という営みが持つ意味合いについては十分な関心が寄せられてこなかった．英語学習におけるグループワークの実態についてはほとんど知見が蓄積されておらず(Erten & Altay, 2009)，データに基づく経験的研究が期待される領域である．グループワークにおける制度・環境によって制約・影響を受けた形での参与のあり方と，そのような制約や影響を受けていないいわゆる「日常」会話における参与のあり方を認識しておくことは，英語教育の活動を設計・実施する教師の側にとっても，学ぶ主体である学習者にとっても，有益であるように思われる．

英語科目に限らず，近年の高等教育においては，アクティブラーニング等の標語のもと学生間グループワークが積極的に導入されている．様々なグループワークの場が，それぞれどのような参与のあり方を学生達に要求しており，また学生達がどのような参与を実践しているのかといった点について，本章で得られたような知見が蓄積していけば，グループワークの利点をより生かした活動の設計が可能になるだろう．本章では，データ分析の知見を踏まえて教育実践をどう改善できるかという点まで論じることができなかったが，今後の研究における展開を期したい．

謝辞

分析のとりまとめにあたり「参与(関与)枠組みの不均衡を考える」ラウンドテーブル参加の皆様から多くの貴重なコメントをいただいた．また編者3名の方々には，本章草稿に対して数多くの有益なご指摘・ご助言をいただくなど，大変お世話になった．本章で分析した英語スピーキング活動は，原田康也氏(早稲田大学)のご厚意により活動のデザインおよびノウハウを共有していただいたことで実施できたものである．トランスクリプトにおける静止画は，古川佳穂さん(九州大学学部生)にビデオ映像をトレースして描いていただいた．以上の方々に感謝したい．もちろん，本章に残る誤りや問題点は，全て筆者の責任である．本研究はJSPS科研費(26284055)の助成を受けている．

注

1) 本章における「非話し手」カテゴリーは，互いの振る舞いが知覚可能な空間に共に存在する人々(Goffman (1963)が「共在」と呼ぶ状況にいる人々)を念頭に置いて用いられている．概念的には，メディア(例えば電話)を介して関与し合う人々についても適用可能であるように思われるが，詳細な検討は本章の射程外である．

2) 本章で扱う授業内活動のデータで言えば，他のグループの声が非常に大きく，明らかに耳に入っているはずであっても反応を示さないということがある．

3) 「聞き手」とは，一般に話し手と対になる概念として想定されがちだが，このように話し手以外の参与者が自動的に「聞き手」になるわけではないため，その存在を自明視することはできない．本章において「非話し手」という用語を用いる一つの理由は，誰かが「聞き手」であるということを自明視せず，何らかの方法を通じて実現される地位である「聞き手」と，「聞き手」を含む話し手以外の参与者一般を指す「非話し手」とを区別するためである．

4) ある発言に関して，そこで言及されている情報を既に知っている人と知らない人の違いや，そこで言及されている情報の領域について，より詳しい人とあまり知らない人の違いといった多様性が存在する．

5) この点に関連するケーススタディとして榎本・伝(2003)がある．

6) この授業デザインにおいて，スピーキング活動はエッセイのライティング活動とともに統合的活動の一部を構成するものとして位置づけられている．各授業の20～30分がこのスピーキング活動に費やされるが，学生達は残りの授業時間の一部を使い，その日のスピーキング活動で読み上げられた質問に関するエッセイ執筆を行う．これは，まずグループワークのリラックスした雰囲気の中で英文産出のエクササイズを経ることで，心理面においても語彙・構文の認知的活性化という面においても，よりスムーズにエッセイ執筆に取り組むことが可能になる，という発想に基づいている．スピーキング活動にTOEFL-iBTのWritingセクションと同様の形式の質問を用いているのは，このような統合的活動としてのデザインのためである．

7) 非話し手の二人による評価は，5～0点の間で付けられる．学生に配られている相互評価用紙には，それぞれの点数評価の目安が以下のように記されている．

5: 与えられた時間を十分に使ってわかりやすく適切な英語で質問に正しく応答していた．
4: 質問に対する回答として，わかりやすく適切な英語だったが，ところどころ何を言っているかはっきりしないところがあった．
3: それなりに質問に応答しようとしていたが，回答が何を言っているか，わかりにくいところがあった．
2: 質問に回答するより，何を言おうか考えている時間の方が長かった．答えは短かったが，言っていることは理解できた．
1: いろいろと発言したが，つながりがはっきりせず，何を言いたいか不明だった．
0: ほとんどずっと黙っていた．

---

8) 本章のトランスクリプトにおける静止画には，CALL教室の端末PCやモニターが写っていないが，これは分析上必要な部分だけをトリミングした結果である．

9) この活動は英語のインタラクションの練習ではないにも関わらずこのような指示があったのは，教員の側が活動の位置づけを十分に整理していなかったのが一因である．

10) 本章における転記法は，会話分析の標準的な記法(Jefferson, 2004)を基本としつつ，モンダダによるマルチモーダルデータの転記法(例えばMondada, 2009)を参考に独自の記法を導入している．なお，各事例において，分析上の焦点以外の非言語

的要素は捨象されている．また，学生の氏名は全て仮名である．転記記号は次の通り．

参与者名_gaze:	視線についての転記	(( ))	注釈
参与者名_nod:	頷きについての転記	(0.2)	ポーズ長
参与者名_ges:	ジェスチャーの転記	hh	呼気音
[	重複位置	___	音のボリュームが大きい
:	音の引き伸ばし	-->	行末または同じ行内に別の事象が現れるまでその事象が継続

　なお，マルチモーダルデータの転記に関して注意しなければならないのは，視線等の非言語的振る舞いは言語記号に比べ，よりアナログ的な性格を有しているという点である．例えば，ある事物に視線を向けた後に別の事物に視線を向けた場合，視線は必ずその2つの事物の間にある領域を移動している．すなわち，視線方向の変化は離散的ではなく連続的な事象である．そのため，視線や身体の動きなどに関しては，その境界を厳密に確定することが（分析者にとっても参与者にとっても）難しいことがしばしばであり，またそもそもそのような境界を見出すことが有意味ではないという場合もあるだろう．にも関わらず，紙面上に転記する場合，視線や身体の動きの開始時点・終了時点をどこかの位置にマークすることになる．本章では，視線や身体の動きの境界を，回答者が発話した語句やその語句間のポーズの境界に近似的に位置づけることとした．

11) 関連する議論として，Goffman (1981: 226–230) における "aloud reading" およびその関連概念を参照のこと．

12) 本章の査読過程において，「音声の録音が教員からの評価対象になっているがために，音質を確保しようとして非話し手の相槌が差し控えられるという側面があるのでは」という旨のコメントをいただいた．しかし，このスピーキング活動中の教室は各グループの発話音声が入り混じって極めて賑やかな状態になっており，くわえて質問者・回答者はマイクを口元の位置で話すため，非話し手による相槌が録音に影響を与える可能性は低く，学生達自身もそのような意識を持つことは無いように思われる．

13) 加えて，この活動における「非話し手」は，「聞く」以外にやるべきことがある．タイムキーパーはストップウォッチをみて残り時間を確認したり，場合によっては回答者に残り時間を伝えたり，と他に従事すべき活動がある中で，聞くことと他の活動を両立させないといけない．

参考文献

Clark, Herbert H. (1996). *Using language.* Cambridge: Cambridge University Press.
榎本美香・伝康晴 (2003). 3人会話における参与役割の交替に関わる非言語的行動の分析　人工知能学会研究会資料, SIG-SLUD-A301, 25-30.
Erten, İsmail Hakkı, & Altay, Meryem (2009). The effects of task-based group activities on students' collaborative behaviors in EFL speaking classes. *Journal of Theory and Practice in Education,* 5, 33-52.
Gardner, Rod (2001). *When listeners talk: Response tokens and listener stance.* Amsterdam & Philadelphia: John Benjamins.
Goffman, Erving (1963). *Behavior in public places: Notes on the social organization of gatherings.* New York: The Free Press.
Goffman, Erving (1981). *Forms of talk.* Pennsylvania: University of Pennsylvania Press.
Goodwin, Charles (1981). *Conversational organization: Interaction between speakers and hearers.* New York: Academic Press.
Goodwin, Charles (1986). Audience diversity, participation and interpretation. *Text,* 6(3), 283-316.
原田康也 (2003). 口頭表現力向上を目指したマルチカードによる英語応答練習　大学英語教育学会第42回全国大会要綱, 49-50.
原田康也・楠元範明・前野譲二・鈴木正紀・鈴木陽一郎 (2006). 大学英語授業でのグループ活動による自律的相互学習の効果検証を目指して　平成18年度大学教育・情報戦略大会抄録, 244-245.
Heath, Christian C. (1984). Talk and recipiency: Sequential organization in speech and body movement. In Atkinson, Maxwell J., & Heritage, John (Eds.), *Structures of social action: Studies in conversation analysis,* pp. 247-266. Cambridge: Cambridge University Press.
Jefferson, Gail (2004). Glossary of Transcript Symbols with an Introduction. In Lerner, Gene H. (Ed.), *Conversation analysis: Studies from the first generation,* pp. 13-23. Amsterdam & Philadelphia: John Benjamins.
加藤由崇 (2014). 協調学習を活用したスピーキング指導　小山俊輔・松永光代・田地野彰(編)平成25年度 英語の授業実践研究— TOEFLのための効果的英語学習法— 2013年度報告書(奈良女子大学国際交流センター), pp. 40-51.
Long, Michael H. (1977). Group work in the teaching and learning of English as a foreign language-problems and potential. *English Language Teaching Journal,* 31(4), 285-292.
Long, Michael H., & Porter, Patricia A. (1985). Group work, interlanguage talk, and second language acquisition. *TESOL Quarterly,* 19(2), 207-228.
Mondada, Lorenza (2009). Emergent focused interactions in public places: A systematic analysis of the multimodal achievement of a common interactional space. *Journal of Pragmatics,* 41(10), 1977-1997.
西阪仰 (2009). 活動の空間的および連鎖的な組織—話し手と聞き手の相互行為再考—

認知科学, 16(1), 65–77.
Sacks, Harvey, Schegloff, Emanuel, & Jefferson, Gail (1974). A simplest systematic for the organization of turn-taking for conversation. *Language*, 50(4), 696–735.
Stivers, Tanya (2008). Stance, alignment and affiliation during story telling: When nodding is a token of preliminary affiliation. *Research on Language in Social Interaction*, 41, 29–55.
植野貴志子 (2012). 聞き手行動の社会言語学的考察―語りに対する聞き手の働きかけ― 日本女子大学紀要文学部, 16, 57–86.

第4章

Webビデオ会議
―関与性を指標する相互行為リソースの一考察―

池田佳子

1. はじめに

　本章では，テクノロジーを介した会話を構築する多様な環境要因を掘り下げて考察しながら，対面コミュニケーションにおける複数参加者の相互行為との異なりを考えていく．具体的には，我々の現代社会においてユビキタスに利用可能な，バーチャルなコミュニケーションツールであるウェブ会議の会話場面を調査対象とする．ウェブ会議の活用が日常茶飯事となった昨今では，我々がウェブ会議に参加し会話を行う場合，「バーチャルな会話であること」は自明であり，対面での会話と全く同様のコミュニケーションを行えるとは考えにくい．しかし，2003年にSkypeなどのツールが普及し始め[1]，さらに技術は発展し動画を付随しての会話が2010年に可能となった．急速な情報コミュニケーション技術（ICT）とは裏腹に，それらを活用する側である我々の多くは一歩出遅れつつも，ようやく近年になり一般人の日常の一場面となり，そこに秩序が構築されつつある．本章では，このウェブ会議ツールを用いたコミュニケーションの秩序の一端をとらえるべく，エスノメソドロジーの視点から実際の談話場面の断片を考察する．

　エスノメソドロジーは，ガーフィンケルを父とし，社会の成員（人間を含むすべての成員）が日常の様々な生活場面を構成していく際に用いる方法（エスノ・メソッド）を研究する社会学の一派であるが，このアプローチの中で，「見る・観る」という行為に焦点化した研究が数多くなされてきている（Garfinkel, 1981）．例えばLynch（1985）では，研究所での実験作業中になされる「観察行為」について，またLynch（2006）は野鳥観察の様子を捉え，見る対象となる場面の何に視程（visibility）を見出し，どのように物事を切り

出し解釈していくのか，その手続きを野鳥観察者のエスノ・メソッドとして考察している．より現代的な日常の場面にも，Macbeth(1999)が「見るという行為の人間行動学」(praxeology of seeing)と呼ぶこのアプローチは応用されている．また Broth(2008)は，テレビの中継番組の制作室の作業現場を考察している．番組ディレクターやカメラマンが同時に複数のカメラから収録される情報を駆使し，実際の TV 画面には人物に焦点を当てる映像のショットと，物や背景などのイメージのショットを交互にスイッチしながら定時する手続きの秩序が描かれている．Mondada(2003, 2014)は，外科手術に用いられる内視鏡カメラの映像を用いた外科医達の行動を詳細に分析し，発話やメスやピンチなどの物を用いたポインティングなどの行為を行いながら，焦点化して顕すべき手続きについて扱っている．ビデオ画像であれ，実際の現場であれ，その膨大な情報の中から何を重要である(つまり「見る(べき)」だ)と捉え，その選択された情報をどう解釈するのかという一連の実践を明らかにすることが，エスノメソドロジーの要となる．また，この実践が社会的組織の活動として組み込まれている以上，そこには秩序が形成される．

　この視点は，ウェブ会議ツールを用いたコミュニケーションを考える上で大きなヒントとなる．スカイプ会話に参加した時の自分自身の経験を頭の中でできるだけリアルに思い描いてほしい．PC などの端末を介して，バーチャルな画像と音声のみで他者と対峙して会話する．この画像と音声といった情報のどれをきっかけとして次の行動が決まるのか．この実践の理解を本章では取り扱う．ウェブ会議会話では，異文化による摩擦やコミュニケーション・ブレークダウンといった問題も，対面における会話場面とは異なった要因がそれらを助長するような可能性もあるだろう．本章のような研究は，このようなケースにも還元できる可能性を持つ．

2. Web 2.0がもたらした「バーチャルなグループ会話」という社会現象

　インターネット黎明期は1960年代だと言われている(橋元, 2008)．1969年ごろに，「ネットワークのネットワーク」としてインターネットは構築された．次の創生期，つまりまだ普及しておらず限定的に使用がなされていた時代は1980年代である．1990年代に入り，時代は一気にインターネット全盛期へと進み，我々の生活に革命的な影響をもたらした．World Wide Web の登場が，その要因である．URL(Uniform Resource Locator)をタグ付けるだ

けで，個人が作成したページに相互に接続することができるようになった．これに伴い，新たなマスメディアとしてのコミュニケーションツールが誕生したのである．2000年代以降は，現代のわれわれの生活の一部として，このツールが日常に存在する．

　グローバル化が急激に進むビジネスシーンでは，海外拠点や国内地方支社と社内会議，国内外あらゆる場所に散在する連携企業・業者との会議，または本社と支社の打ち合わせなど，これまで海を渡り電車や飛行機を乗り継ぎ対面で行っていた会議を，ウェブで安価に活用できるグループ会議ツールを用いて現場にいながら実現させてしまう．このような会議形態の選択は，大手の企業だけではなく，むしろコストを抑えたいベンチャー企業などで積極的な活用がすすんでいる．まさに「Web 2.0 ビジネス時代」の到来である[2]．

　教育の現場においても，この潮流は押し寄せている．文部科学省教育審議会において学校教育の ICT 化は，近年重要な課題として取り扱われ，義務教育レベルでのタブレット端末やスマートボード（電子黒板）の活用の奨励が全国的に展開している．高等教育レベルでも，講義動画を自宅やノマド・スタイルで課外時間に学習させる反転教育（Flipped Classroom）や，Google Apps for Education などのクラウド型 ICT を活用した能動的学習（Active Learning）の取り組みなどが盛んになりつつある（中央教育審議会，2012）．著者が関与する国際教育の分野でも，留学前後，または準備学習として海外と日本の大学の授業をバーチャルなグループ会議ツールを用いて繋ぎ交流するといった試み[3]が近年国外から始まり国内の教育機関においても活用され始めている（池田，2016）．国内の高等教育機関ではここ10数年の間に「グローバル人材育成」を趣旨とする外国語教育カリキュラムやプログラムが多く設置され，後発の新設プログラムも後を絶たない．しかし一方で，教育の現場において「英語の運用能力」がなかなか高まらないという現状の報告が多々散見される．現存のカリキュラムでは TOEIC や英検などの「英語テストスコア重視」の傾向が色濃く，日本人学生のみが集まるため，日本語を指導言語として用いながら学習対象である英語を教えるといった形態となりがちである（杉野，2014）．外国語（英語）を用いて意思疎通・意味交渉を行い，異文化間接触の場で確実に活躍することのできるコミュニケーション能力の涵養を目指す上で，海外と気軽に国内に居ながら繋がることができるため，ウェブ会議ツールを援用した教育は今後大いに期待がかかる（Rubin & Gath, 2014）．

このように，バーチャルな空間を用いたコミュニケーションは，ビジネスシーンの必要に迫られた活用施策としても，教育上の効果を狙ったアクションとしても積極的に取り入れられている．また，海外勤務や単身赴任家族が遠距離を隔てて生活するといった流動的な現代社会に，この新しいコミュニケーションツールは大活躍している．まさに，現代の社会現象の一つとして捉えることができるだろう．この社会現象の理解を進める上で，本章のような実際の相互行為場面の考察は一助となる．

3. コミュニケーションとしてのウェブ会議会話の先行研究

コンピューターを介したコミュニケーション（CMC）の研究の一路線として，オーラルコミュニケーションを CMC の観点から考察した先行研究（時に CMSI /Computer Mediated Spoken Interaction とも呼ばれる）が存在する．しかし，特定の言語形態がどのように使用されているかを定量的に調査するなどの分析路線が主流であり，現時点においてその内実は未だ開拓半ばであるとの批判もある（Brandt & Jenks, 2013）．同じく CMC や CMSI を取り扱ってきたコミュニケーション学，HCI（Human Computer Interaction）や CSCW（Computer Supported Cooperative Work）などの研究分野でも，パラ言語的なリソースの使用や音声的な質の異なり，身体の動きなどの情報などがその分析に反映されていないことが多く，ウェブ会議ツールを介した「相互行為の秩序の解明」という動きは遅れをとってきたと言えるだろう．

会話分析の応用が，ようやく CMC の研究分野の一派として認知され始めたのは近年のことである．「CA for CALL/CMC」（CALL/CMC のための会話分析）と言われるこの一派では，CMC を第二言語習得・教育の観点から考察し，言語学習に生かす上で重要な関心事，例えば対面の対話との異なりがどのように学習者の外国語能力を伸長させるか，そして具体的にはどの側面（語彙・文法・談話能力・発音など）の伸長が期待できるのかといった研究課題を探求することを最終目的としている（Gonzales-Lloret, 2011）．したがって，これらの研究で扱う CMS 場面は，言語学習者が発話者である談話が分析の主流となっている．

Computer Supported Cooperative Work（CSCW）の分野では，会話分析の手法が同期型のチャット（CMC）や TV 会議形式のコミュニケーションの分析に活用されている．例えば，Ruhleder & Jordan（2001）は，動画配信を用いた

会議ツールに起こりがちな音声や動画情報の遅延が会話構成にどのような影響をもたらすのかを考察している．CSCW の中には，オンラインゲームなどにおける同期型対話の考察を行うような研究もあり，その対象は多岐にわたる (Moore, Ducheneaut & Nickell, 2006)．本研究と同じくウェブ会議上の会話の先行研究には，Licoppe & Morel (2012) がある．そこでは約10名のスカイプ電話の使用者の協力の下，おおよそ100のビデオ電話談話資料（1対1）をコーパスとして分析がなされている．そのほとんどの会話は，「トーキング・ヘッド態勢」(Talking-heads configuration) と呼ばれる，自身の肩から上（特に顔）をビデオ画像配信可能な枠内いっぱいに提示する態勢から始まることを観察している．この態勢パターンが，バーチャル会話の基本スタンスとして会話参加者に認識されており，話者の周りの環境（話者の居場所や，周囲にある物など）を提示するなどといった行動をとらない場合，この態勢に戻るという作業を繰り返すと述べている[4]．これらの先行研究は，会話分析を手法とし，発話交替の秩序の解明や，複数参加者が参加する際の相互モニタリングなどの手続きにおいて言語的および非言語的資源がどのように応用されるのかといった考察がなされており，本章とも非常に関連が深い．

4. 本研究の考察

本章が報告する研究プロジェクトでは，2013年から2016年現在に至るまでに収録したウェブ会議ツール (Skype と Zoom)[5] 上の複数参加者の会話を分析している．上記の指摘にあるように，どちらのツールにも「画面共有」や「テキストチャット」などの機能が付随しており，これらのツールを複数活用して対話を継続する場合も多くみられる．この複数モダリティを駆使した相互行為についての考察も，本研究プロジェクトでは稿を改めて報告する予定であるが，本章では対象とせず，ビデオ会議機能のみを使用した場合の会話資料に特化して考察を行った．

本章の考察は2部構成となっている．1部 (4.1.1-4.1.3) ではウェブ会議ツールが参加者に提示する相互行為のための環境条件について，実際のデータに基づいて解説する．2部 (4.2.1-4.2.2) では，会話場面の断片を分析し，参与者らが1部で述べた環境条件をリソースとして活用し，相互行為における自らの関与性 (participation) を相互提示し会話を進行させている様子を解説する．

4.1 ウェブ会議ツールがもたらす会話のための環境条件
4.1.1 PC画面を通した視程(Visibility)

　まず，参与者の行動の「何」が「どれぐらい」相手に見えているのかという「視程」，または視野範囲のアフォーダンスが，会話参与者らにとっては重要な相互行為における資源となることは明らかだろう．Skypeなどのウェブ会議設定は，PC端末に付属したビデオカメラを通じて，動画として参加者が互いの様子を閲覧することができる．しかし，この場合でも，日常の生活におけるFTF(Face-to-Face／対面の相互行為)の場にはない，いくつかの特殊な環境設定が強制的に付加される．

　例えば，以下の図1は本章で分析対象とするSkypeグループ会議の中で参加者A・B・Cが先述の「顔を寄せ合って話し合うモード」の態勢でコミュニケーションに参加をしている場面である[6]．それぞれの参加者にとってPCカメラと身体の距離の設置が異なるため，他者に見える身体箇所が同一の状態ではない．参加者AとBは上半身の体幹部が視程内であるのに比べ，Cはカメラの位置が非常に近く，顔部と頭部の一部のみが他者に見える形での参加になっている．

図1-1　ウェブ会議における各参加者の身体の視程(Skype)

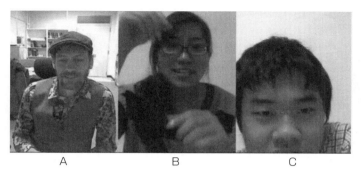

図1-2　ウェブ会議における各参加者の身体リソースの活用と視程の差異

　この場合，図1-2にあるように，Bがジェスチャーを共起させた発話（ここではBはマナーについて話しており，「箸を上下逆さにして使うこと」を示すためにジェスチャーを行っている）を行い，Cが顔の表情にて「聞き手としての反応」を示すことができるといった，同じビデオ会議に参加している者同士の中でも視程の差が生じることは頻繁にある．この差の原因は多種考えられるが，その一つに，端末の環境設定があるだろう．図2-1〜図2-2に，一般的な端末のカメラの設置位置を示す画像を提示した．上記図1-2の例では，AとBはデスクトップPCを利用，CはiPhoneを使っている．画面の大きさやカメラの位置などの異なりのため，参加者のとるポジションに多様性が出る．ここで誤解のないように述べておくと，本章では「iPhoneだからこの姿勢となる」といった因果関係の公式を主張しているのではなく，多様な機器があり，インターネットを用いて繋がることがウェブ会議ツールの利点である以上，このような物理的な外的要因から生み出される相互行為環境の多様性は，その特徴であるとして認識し，会話を考察する上でその要因がどのように活用されているのかを考察していくべきであると提案しているのである．これは，本章の根幹にある論点でもある．

図2-1 ノートPCに装着したカメラ　　図2-2 スマートフォンのカメラ

4.1.2 視線(Eye Gaze)

　対面のインタラクションで発話交替や次の発話者の決定を交渉する手続きの中で，視線は重要な役割を果たす．FTFでは，参加者同士の視線の「相互注視」(mutual eye engagement)が，会話への関与性を強く指標する(Goodwin, 1981他)が，ウェブ会議設定では，その構造上，FTFと同様の相互注視の形は不可能である．ウェブ会議における相互注視は，図3のような形でそれを代替する現象として参加者らに認識され，活用される．ここで取り扱う「画面注視」の行為は，参加者らが端末機器のカメラが捉えた「画面を見る」という行為である．たとえば，この会話の中で一方が画面を注視する行為をいったん中断したとしたら，もう一方から「聞こえてる？」といった発言や，「○○さん」といった声掛けや，参加を再確認するような言動がなされるなど，会話への関与性の変化の指標として利用されることになる(本章4.2参照).

図3　ウェブ会議の複数参加者らによる「相互注視」行為(Skype)

断片 1
1　Don:　Ah. Hiroshi was a young boy, who wanted to?
2　　　　(3.0)

　図3は，2者間ではなく複数参加者間のウェブ会議場面の様子である．図3の画像と共起している会話の断片1（1行目の発話の間の様子が図3）を見てみると，この時点において発話をしているのはDonであり，残りのDak・Lin・Michiはその発話の受け手として画面を注視していることがわかる．対面会話場面で複数の参加者がいる場合，発話者が共同注視を行う作業を参加者らと同時に行うのではなく，参加者らを見回しながら順番に聞き手に注視するなどといった作業が展開することが多い．
　ウェブ会議では，図3に見られるように，全員の画像が横並びに一斉に提示され，それぞれの画面を注視する行為が，「聞き手」としての関与性を強く指標する．そのため，発話者はそれぞれ個々の参加者と相互注視行為を行うことなく，いわば複数参加者らと一斉に「相互注視」の作業を行い，聞き手と話し手の関与性の指標と認識が行われる．
　図3のように，参加者全員がほぼ同様の身体とカメラの位置を共有し，相似する視程範囲を示している場合においては，「相互注視」行為の認識は理解し易いだろう．先述した，端末に付随するカメラの位置によっても，この「注視」行為の顕れ方はさまざまである．図4-1と4-2は，タブレット端末(iPad)やPC端末を用いた参加者の画面注視場面を示したものである．タブレット端末はモバイル性が高く，またカメラの位置が上部にあるため，使用者が比較的自由にタブレットを手持ちする位置を会話中に変化させることができる．この移動により，カメラ位置と対話相手が投射されるスクリーンの位置が異なる場合がある．また，会議ツールと同時に他のアプリを起動していると，他者画面が図4-2のように位置がさらに大きくずれてしまう．この状況下では，視線の位置も当然のことながら下方や上方にずれ，物理的な視線注視が起こらない．図4-1に観察できるように，参加者が下方にあるiPadを注視している様子が，オンライン上の相手には見て取れる．図3のようなTalking Headsの体制ではなくとも，図4における発話中の相互による「画面注視のディスプレイ」が，FTFの「相互注視」の行為に代わるものとして認識される．身体的な「相互注視」の成立の見栄えがずいぶん異なり

はするが，ウェブ会議に参加する者同士が会話と共起する注視行為であるとして扱うことで，ウェブ会話参加者らはそれぞれの「聞き手」または「話し手」としての関与性の認識が成立する．

図4-1　iPad を使用した場面での画面注視(Zoom)

図4-2　PC を用いた場面でのウェブカメラと他者画面の位置(Skype)

　以上，ウェブ会議ツールを介していることによる顕著な特徴について論じてきた．ここからは，この環境設定の会話場面だからこそ産出される視程や，画面に表示される視線の特性を相互行為のリソースと捉え，会話の参加者らがこれらをどのようにエスノ・メソッドとして活用し互いにそれぞれの会話の展開への関与性を指標しているか，考察を進めていく．

4.2 ウェブ会議ツールを介した相互行為場面の考察
4.2.1 視線移動による関与性行為の指標

　断片 2 は，合計 5 名の参加者(出身 / 名前：日本 /Chika，スペイン /Mar，ロシア /Adr，韓国 /Pak，オーストラリア /Don)がスカイプにて会話をしている場面である．Don がまず全員に対し「大勢の人が集まる機会に持ち寄る物や料理は何？」と質問を投げかける(1-6 行目)．質問は合間にポーズを挟みながら，参加者の様子を観察しながらゆっくりと提示されている．これを受け，3 秒ほどのポーズ(7 行目)があり，Mar が口火を切り(8 行目)「私ならいつもこれを持っていく」と発話を始める．

断片 2
```
1   Don:   What would you bring (.) or if you heh heh want to you can
2          cook something. But what would you bring for the- for the
3          group meal?
4          (9.0)
5          And you can bring anything or cook anything, but what would
6          you like to bring.
7          (3.0)
```

図5-1　(3.0)のポーズ(7 行目)

```
8   Mar:   |Well. I think I would bring what I always bring
9          (.)
10  Don:   Heh heh
```

図5-2　Mar: Well.（8行目）

```
11  Mar:    HEH heh. Which- It's a Spanish dish which is cheap and easy to
12          make and usually people love it's our favorite (.) food for many
13          people. Which is a (.) Spanish torteja it's kind of like an
14          omelet, but with potatoes and onion, and (.) even if I explain
15          as an omelet has nothing to do with an omelet. [..続く..]
```

　7行目の3秒の間の参加者らの行動を図5-1に示す．ChikaとMarはウェブカメラから視線を外し，やや大げさなほど画面枠外を見やるという行為を示している．Adrは視線を下方に向けることで視線を外し，Pakは画面を注視しつつも，首をかしげた姿勢を表示する．Donは上半身の体幹を横へひねらせ，視線も端末以外の方向を注視している．この「身体ねじり」(body torque)は，ある行動を一旦中座するとともに，その行動へ戻る準備もあることを同時に示す身体行動である(Schegloff, 1998)．それぞれの参加者らが，互いに見えるように，この3秒間のポーズを「思考中(対話の一旦中座)」として取り扱いながらも，質問に返答すべき当事者という対応をし，相互行為への関与性を指標している．Donの身体行為が他の4名と異なり身体ねじりであることは，質問者であるという発話交替の秩序と展開しているインタラクションへの関与性を反映している．

4.2.2　参加者の聞き手としての関与性行為の指標としての「笑い」

　次の断片3では，会話参加者ら4名(オーストラリア/Don，オーストラリア/Dak，デンマーク/Lin，日本/Haj)がそれぞれの母語を用いて自分の背丈

をお互いに伝えあい，背の高い順を決定するという半ばゲームのような活動をしようとしている際のやり取りの一部である．例えばデンマーク語の場合，発話の中身が参加者にとって外国語であるため，発話内容について反応したり，言語的な評価を提示したり(Pomeranz, 1984)といった対話者間の受け手反応行動を行うことは，この状況下では難しい．話者の発話ターン(Haj)の終了を受け，残る3名は聞き手としてターンの認識表示を何等かのメソッドにて表示しなければならない．

断片3

1　Dak:　Hajime?
2　Haj:　Ah so what should I say in Ja (h) pane (h) se?
3　Dak:　HEH! Hah hah
4　Don:　Heh heh
5　Dak:　>But we gotta try it<　　No English.
6　　　　　How tall are you? >But you gotta speak in Japanese. <
7　Haj:　Ah >okay okay. < ah:: .hh *Boku wa (.) hyaku hachi ju senchi desu.*
8　Dak:　Can you say that slower?. Sorry.
9　Haj:　Yeah.
10　　　 (3.0)
11　Don:　Heh [heh heh heh.

図6　参加者らの笑い(12行目)

12→Lin:　　　[ah HEH heh heh [heh heh
13→Dak:　　　　　　　　　　　　　　[Ah I dunno. I can't- HA hah

```
14  Haj:    Heh. .hh Heh heh.
15          (3.0)
16  Dak:    Wait. Ah- (0.4) Line are you taller than 170 centimetres.
17          (0.2)
18  Haj:    Ah:: one hundred and eighty.
19  Lin:    (Shaking head) [ (Naj.)
20  Don:                   [That sounds like- that sounds like English.
```

　7行目で，Haj が日本語で「僕(の身長)は180センチです」と発言し，それを受け Dak が「Can you say that slower?」と依頼する(8行目)。Haj は9行目で「Yeah」と返答をするが，自身の発話を繰り返すのではなく，そこで発話をいったん終了させてしまう。3.0秒のポーズが生じ(10行目)，その間を受け，Don が笑いを呈示し，それに呼応するように Lin，Dak も笑いを重なり発話として発している。この時の画面の様子が図6である。非言語的リソースとしての「笑い」と，視程内に表示される参加者らの「笑み」の表情が共起した形で，Haj の話し手としての参加行動(7行目)が聞き手によって引き取られている。この後，14行目で Haj は再度発話のチャンスを得るが，Haj も笑いの提示をする。この Haj の笑いとその直後の3秒間のポーズが再度起こった後，Dak が話し手に転じ，今度は Haj ではなく Lin に質問を投げかけるという行動を選択することで全体の会話を進めている。

　複数の会話参加者らが発話交替の交渉場面で「笑い」をリソースとすることは，対面の談話場面においても多々観察がなされている。笑いが聞き手の役割として利用される場合，多くのケースでは話し手との相互注視を解除し，下方向を見るといった身体行動を伴う笑いの提示がなされることが多い(Ikeda & Bysouth, 2013)が，ウェブ会議ツールを介した場合では，上記図6にみられるように，トーキング・ヘッド態勢と端末画面の注視行動を維持したままで，「笑い」を表情や音声で表現している。会議画面枠内にどのように自分自身が投射されているかを互いがモニタリングし，また他者の様子も同時に細やかに観察しながらこのようなリソースが相互行為に活用されていることが，この事例からわかるだろう。

4.2.3 「不参加表示」を示す身体行為

　断片4では，参加者にむけて Don（オーストラリア）が「タブーまたはとても恥ずかしいと思うだろう行動」を複数参加者間で考えてほしい，というリクエストを全員に提案する（1-3行目）．参加者の中で，Ind（オーストラリア）が10行目で「Probably if we were naked」と回答候補を提示し，Ale（カザフスタン）と Don が笑いで反応を示す（13-15行目）．Don の「Okay」という最小限の受け取り反応に応じるように，Ind が自身の回答候補の状況をさらに補足する（18-20行目）も，Don は次の発話で参加者全員で合意を得てもらいたいという依頼を再度繰り返す（21-23行目）．この2度目の依頼の後，本断片にて着目したい5秒間のポーズが起こる．

断片 4

1	Don:	Speaking about em- taboo or embarrassing topics, what I want
2		you to do now is heh heh heh I want you to see if you ca::n:: u:m:
3		I want to see if you can ah agree
4	Ind:	Heh heh
5	Don:	agree on an object or objects that (.) you think that people would
6		find to be very embarrassing (0.5) in your culture (.) so:: eh heh
7		heh. hh something that for example you know someone came
8		into your- your house or apartment you would be very very
9		embarrassed (.) [(that they saw it　　　)
10	Ind:	[Probably if they were naked.
11		(.)
12	Ind:	[.hhh heh heh heh
13	Ale:	[Heh [
14	Don:	[Heh heh=
15	Ale:	=Heh heh
16	Ind:	Heh heh heh .hh heh heh .hh
17	Don:	Okay.
18	Indi:	Just, y'know, casually. Yeah it would be kinda weird.
19		And would have to say something like "this isn't where I parked
20		my car" and run off in Australia right?

21　Don:　We can see if we can get some agreement between three
22　　　　different countries | Something that everyone would consider to
23　　　　be embarrassing.

図7-1　Don: "something that everyone would consider"(22行目)

24　　　　(5.0)

図7-2　(5.0)のポーズ直後(24行目)

25　Don:　And- I don't wanna make it easy for you, so I'm not gonna
26　　　　suggest anything. I can think of hundreds of things that would
27　　　　embarrass me heh heh

　5秒間のポーズの直前のDonの発話の間では，参加者らは画面注視の様子を呈示していることが図7-1のように観察することができる．しかし，「全員が恥ずかしいと思うこと」という依頼を受けた5秒間のポーズでは，ま

ず Ale が後ろのめりに体を反らし，端末画面から距離をあけた姿勢を示すという様子がうかがえる（図7-2）．Ind についても，両肘をつき，両手を自身の口元の前で合わせるようなしぐさを行い，そのままの態勢を維持しているのがわかる．これらの体勢の変化という身体行動によって，参加者らが次の発話の権限取得を回避し，それを他者に明示している．これを受け，5秒間の「待ち」の後，Don が「I don't wanna make it easy for you. I'm not gonna suggest anything」（25行目）と発言し，依頼の変更を行わず，残り2名の参加者らの発言を待つことを示唆する．この発話からも，24行目の参加者らの「発話交替への不参加」という関与性表示は，視程というリソースを介して相互行為上認識されたことがわかる．この断片は，何が他者に見えているのか，ウェブ会議ツールを介した相互行為における視程をうまく用いた関与性表示の事例であるといえるだろう．

5. おわりに

ウェブ会議ツールは，昨今の IT 技術の発展のおかげで安価・無料アプリケーションから Adobe Connect のような有料のものまで多種多様なタイプが存在する．また，それぞれのアプリが特徴を変えているため，本章で主に取り扱った Skype や Zoom とは異なる画面の見え方がなされるものも多くある．
　このような多様性を考慮すると，それぞれが提供する条件は変化に富んでおり，「ウェブ会議ツールを介した相互行為」を一般化するのではなく，それぞれの場合を具体的に調査する必要があるだろう．同時に，どのような設定の変化があろうとも，相互行為をスムーズに成立させる上で必要な「参加者としての関与性の表示」，さらに詳細には，発話ターン交替における順番取りの秩序構成がなされることは共通しているため，それがどのようなリソースを用いて実現されるのかを解明することで，ICT（情報通信技術）と共に現代社会に生きる我々のコミュニケーションをより深く理解することにつながるだろう．ウェブ会議会話は，21世紀の「パーソナルコミュニケーション」の手段として，既に多くの日常の場面において不可欠になりつつある．場所を選ばない利便性から，国境を越え，文化背景の異なる参加者らが意思疎通を行う場面も，ますます増えている．このようなインタラクションの場における参与の均衡・不均衡について掘り下げて考察することで，ツールを使用する者の参与の在り方を現実的に捉え，よりスムーズなコミュニケー

ションにつながるヒントを使用者に提示することも重要となってくるだろう．本章における考察がその一助となれば幸いである．

謝辞

本研究の一部は，文部科学省科学研究費基盤研究 C「言語的・非言語的「不均衡」から見る社会的実践の諸相」(研究番号25370499 代表片岡邦好)と挑戦的萌芽「グローバル人材養成につながる ICT を活用した国際連携交流型教育モデルの検証」(研究番号15K12908代表バイサウス・ドン)の助成を受けている．本研究では，後者科研プロジェクトの共同研究者であるバイサウス氏にデータ収集及び調査過程において多大な協力をいただいた．本章の執筆においては，編者2名(片岡邦好氏・秦かおり氏)をはじめ「参与(関与)枠組みの不均衡を考える」ラウンドテーブル参加者からの多くのコメントを参考にさせていただいた．ここに感謝を記したい．

注

1) 2003年8月に Niklas Zennstrom と Janus Friis によって Skype が設立された．
2) Web 2.0 とは，2004年頃から登場し始めた新しい発想に基づく Web 関連の技術や Web サイト・サービスなどの総称である．「2.0」という表現はソフトウェアの大幅なバージョンアップを意味し，1990年代半ば頃から普及した従来型の延長と捉えることができない，質的な変化が起きているという認識を込めた言い方である．
3) COIL (Collaborative Online International Learning/ オンライン国際交流学習)は，ICT を用いて海外と日本の大学のクラスが共修する新しい国際教育の実践である．
4) この調査では，参加者は，スカイプ対話を利用することが比較的不慣れな者である(スカイプ会議機能が一般に利用可能になったのは2010年ごろで，本研究の談話資料も同年ごろに収集されている)．また，1対1の会話でのスカイプ会話であることも，会話の展開の要因にもなっていると考えられる．複数の参加者らが参加する場合にも同様の特徴が観察できるかどうかは今後の検討であり，本章で取り扱うデータの分析の結果はこの点において貢献することができる．
5) 本研究では複数のウェブ会議ツールを活用している．最も普及している Skype をはじめ，無料の会議ソフト Zoom (zoom.us)，そして Adobe Connect の3種類である．断片ごとに，どのツール使用でのデータ資料であるのかは随時明記している．
6) 本研究のために，参加者 A の PC 画面において閲覧できる画像をスクリーン動画キャプチャソフトを用いて記録した．本章の談話資料はすべてこの手法にて収集さ

れたデータを書き起こしたものである．端末によっては，本データでの全参加者の画像がその通りに提示されず，例えば縦一列や，端末画面に分散して投射される場合もある．本章でその多様性については取り扱うことはできなかった．今後の検討として考慮していきたい．

参考文献

Brandt, Adam, & Jenks, Chris (2013). Computer-mediated spoken interaction: Aspects of trouble in multi-party chat rooms. *Language@Internet*, 10(5). 〈http://www.languageatinternet.org/articles/2013/Brandt〉(October 10, 2016)

Broth, Mathis (2008). The studio interaction as a contextual resource for TV-production. *Journal of Pragmatics*, 40(5), 904–926.

中央教育審議会(2012). 新たな未来を築くための大学教育の質的転換に向けて―生涯学び続け，主体的に考える力を育成する大学へ―(答申)

Garfinkel, Harold, Lynch, Michael, & Livingston, Eric (1981). The work of discovering science construed with 1058 materials from the optically discovered pulsar. *Philosophy of the Social Sciences*, 11, 131–158.

González-Lloret, Marta (2011). Conversation analysis of computer-mediated communication. *CALICO Journal* 28(2), 308–325.

Goodwin, Charles (1981). *Conversational organization: interaction between speakers and hearers*. New York: Academic Press.

橋元良明(2008). メディア・コミュニケーション学　大修館書店

Ikeda, Keiko, & Bysouth, Don (2013). Laughter and turn-taking: Warranting next speakership in multiparty interaction. In Glenn, Philip, & Holt, Elizabeth (Eds.), *Studies of laughter in interaction*, pp. 39-64. London, UK: Bloomsbury Academic.

池田佳子(2016)「バーチャル型国際教育」は有効か―日本でCOILを遂行した場合―留学交流, 10月号, 1-11.

Jenks, Christopher, & Firth, Alan (2012). Interaction in synchronous voice-based computer-mediated communication. 〈http://www.academia.edu/2921720/〉(October 10, 2016)

Licoppe, Christian, & Morel, Julien (2012). Video-in-Interaction: "Talking heads" and the multimodal organization of mobile and skype video calls. *Research on Language and Social Interaction*, 45(4), 399-429.

Lynch, Michael (1985). *Art and artifact in laboratory science: A study of shop work and shop talk in a research laboratory*. London Boston: Routledge & Kegan Paul.

Lynch, Michael (2006). The origins of ethnomethodology. in Turner, Stephen P., & Risjord, Mark W. (Eds.), *Philosophy of anthropology and sociology*, pp. 485-515. London: North Holland.

Macbeth, Douglas (1999). Glances, trances, and their relevance for a visual sociology. In Jalbert, Paul L.(Ed.), *Media studies: Ethnomethodological approaches,* pp.135–170.

Lanham, MD: University Press of America.

Mondada, Lorenza (2003). Working with video: How surgeons produce video records of their actions. *Visual Studies*, 18(1), 58–72.

Mondada, Lorenza (2014). Instructions in the operating room: How the surgeon directs their assistant's hands. *Discourse Studies*, 16(2), 131–161.

Moore, Robert J., Ducheneaut, Nicolas, & Nickell, Eric (2006). Doing virtually nothing: Awareness and accountability in massively multiplayer online worlds. *Computer supported cooperative work* (Online), 16(3), 265–303.

Pomeranz, Anita (1984). Pursuing a response. In Atkinson, Maxwell J. & Heritage, John. (Eds.), *Structures of social action: Studies in conversation analysis*, pp.152–163. Cambridge, UK: Cambridge University Press.

Rubin, Jon & Gath, Sarah (2014). Collaborative online international learning: An emerging format for internationalization curricula. In Moore, Alexandra S. & Simon, Sunka (Eds.), *Globally networked teaching in the humanities: Theories and practices,* pp.15–27. New York: Routledge.

Ruhleder, Karen & Jordan, Brigitte (2001). Managing complex, distributed environments: Remote meeting technologies at the "Chaotic Fringe." First Monday, 6(5-7). http://firstmonday.org/ojs/index.php/fm/article/view/857/766 (最終アクセス2016年12月27日)

Schegloff, Emanuel (1998). Body torque. *Social Research*, 65, 535–596.

第 **2** 部

親睦・家族団らんの場面における参与・関与

第5章

空間をまたいだ家族のコミュニケーション
―スカイプ・ビデオ会話を事例に―

砂川千穂

1. はじめに

　昨今のIT技術の発展により，私たちのコミュニケーションの可能性は対面場面のみならず，物理的に離れた場面へと広がりを見せている．直接対面できない遠方にいる者同士でも，スマートフォンやウェブカメラを用いれば，即時に顔を見ながら会話できるようになった．本章は，日本とアメリカに離れて住む日本人家族同士がスカイプ・ビデオ会話を通じて家族の古い写真を鑑賞する場面を分析する．特に，物理的距離や視野の限度といったスカイプ・ビデオの特性が参与構造にもたらす不均衡を，参与者がどのような手続きで解消していくのかを明らかにする．また，なかなか会えない家族・親族がどのように家族としての結びつきを生み出しているのかを議論する．

2. 分析の枠組：テクノソーシャルな遠隔地間会話

　スカイプ・ビデオ会話やテキストメッセージのような，インターネットを介したコミュニケーションは，「リアル」と切り離された「バーチャル」なものであると捉えられる傾向にある．特に遠隔地間会話の従来の研究では，対面場面を基軸とし，遠隔地間会話に足りない側面を明らかにし，コミュニケーション上の問題解消を試みるような研究が多く見られる．例えば，空間を超えた指差しの実践，身体位置情報といった三次元的要素は，テレビやコンピュータモニターのような二次元画面では削ぎ落とされてしまう場合が多い(大塚ほか, 2013)．また，画面や音声の途切れ，発話音声到達の遅延といった技術的問題がコミュニケーション齟齬を引き起こすことも指摘されている(Keating & Mirus, 2003; Jarvenpaa & Keating, 2011)．問題指摘を目的と

したこれらの研究は，技術開発への貢献度は大きいものの，実際の参与者が相互行為の最中に，どのような方法で問題を解決しているのかを明らかにするには至っていない．これは，その場に物理的に居ない相手は従来，相互行為研究の分析対象でなかったことに起因する．たとえばGoffmanによれば，社会的状況(social situation)は「相互観察の可能性」(mutual monitoring possibilities)があるところに生じるとしている(Goffman, 1963)．すなわち，参与者同士がお互いの視界に入っており，互いに見られることが感じられるほど近いところにいることが前提となった場合に，社会的な状況をうみだすことができるのである．本章で問題とするのは，スカイプによる遠隔地間会話は，この「近いところにいる」意味が対面場面と異なる点である．ウェブカメラを通じて視覚的な相互観察の可能性を維持している点で，対面場面と類似した近さがあるが，参与者同士が物理的に遠い，別の場所にいる事実は変わらない．このように，近接性と遠隔性を持ち合わせたスカイプ・ビデオ会話を，日常的家族コミュニケーションの一形態と位置付けて理解するためには，遠隔地間会話を，リアルに対するバーチャル会話の一例と捉えるのではなく，対面場面の自然発話とは異なるものの，その特徴も備えたものとして捉える必要がある．

本章では，伊藤・岡部(2006)によるケータイ・メールのエスノグラフィー研究の知見に基づき，スカイプ・ビデオによる家族会話を，テクノロジー利用を通じて社会的実践(practice)が可能な，「テクノソーシャル」な状況にあると考える．伊藤らによれば，テクノソーシャルな状況とは，コミュニケーション・テクノロジーがもたらす技術的な構造と，社会的な実践が複層的に構築される場のことであるという．例えば，人と待ち合わせて会うという行為を見てみよう．特に若者同士が待ち合わせる時は，事前に大体の日時と場所を決めるのみで，あとは当日待ち合わせの時間までに，5通から15通のメールのやり取りをして，徐々に待ち合わせの詳細を決めていく．実際に顔を合わせる直前はメールを送り合う頻度も増えるという．つまり，ケータイ・メールの空間に繰り広げられるコミュニケーションの場と，メールを送り合う参与者が実際に移動している実空間が密接な相関関係にあり，待ち合わせるという社会的実践を可能にしている．このように，伊藤らのテクノソーシャルな場とは，バーチャル空間を実空間に状況付けて考えるために有益な枠組みである．

3. 分析の枠組：テクノソーシャルな状況下における会話の重心

　伊藤らの研究で明らかになったのは，テクノソーシャルな状況下では，これまでの社会的秩序や境界線が崩壊し，新しく構築される点である．ケータイ・メールのやり取りは，例えば前述したようにこれまでの待ち合わせのやり方を著しく変えた．すなわち明確に時間を決めなくても待ち合わせることができるという点で，ケータイ・メールのやり取りは時間的境界線を曖昧にしている．一方スカイプ・ビデオ会話は，空間的境界線を曖昧にしていると考えられる．ケータイ・メールでは，視覚的情報のやりとりを前提とせず，話者の相互行為の中心はあくまで外界とは切り離されたケータイの中に位置する．スカイプ・ビデオ会話の場合は，お互いの物理的な居場所がウェブカメラをつないだ時点で，自動的に画面に映し出される．本章で扱う遠隔地間の家族会話は多人数会話であるため，必ず少なくともどちらかの空間に複数の参与者がいる．すなわち，参与者が直接属する実空間内でのやりとりと，スカイプを通じた超空間のやりとりを同時に考慮する必要がある．こちら側の会話に，スカイプ越しに映る参与者を巻き込んだり，向こう側に繰り広げられる会話に参加するなど，その過程は複雑である．参与者はこの複雑なコミュニケーション達成の過程において，コミュニケーション上の齟齬を回避しながら相互理解を達成させるため，さまざまな言語的・非言語的資源を使用する．この調整作業で達成される作業を本章では，「会話の重心の調整」と呼ぶ．実空間と超空間が視覚的に重なるスカイプ・ビデオ会話のような場では，参与者が継続的に会話の重心を確認しあう必要があると考える．スカイプ・ビデオ会話は遠隔地間にいる者同士を音声的，視覚的に結ぶものであるが，ビデオで映し出される視野には限度があるために，実空間で相互行為を行うような手続きをそのまま利用できない．スカイプ・ビデオのような技術を通して社会的実践を行うためには，参与者はこのずれを解消していく必要がある．のちの分析で，会話の重心調整はこのずれを解消するために有効な相互行為の手続きであることを明らかにしていく．

　社会的状況を維持するために参与者がどのような言語的・非言語的手続きをとるかは，これまでの相互行為研究でも明らかにされてきた．例えば，複数人の参与者が集まって会話する場合は円形の「会話場」(conversational place)を作る(Goffman, 1963)．参与者は，それぞれの「操作領域」(transactional space)を調節し，会話場に入ったり出たりして「F陣形」(F-formation)を作る

(Kendon, 1990).これらの研究では参与者が同一空間にいることが前提であるが，スカイプ・ビデオ会話では，ウェブカメラによる視野に限度があるために，実空間にいる参与者と別空間にいる参与者の操作領域の認識が必ずしも同じではない．本研究では，こうしたテクノソーシャルな場面における技術的特性がおよぼす参与者間のずれを解消する手続きとして，会話の重心性という概念を提案し，参与者がどのように社会的実践を達成するのかを明らかにする．

4. データ収集と分析方法

本章で分析対象とするデータは，日本とアメリカに離れて暮らす日本人7家族に対し，2007年から2012年までの約5年間にわたって行ったフィールドワークの一部である．表1は例1から例4の参与者を整理したものである．

表1 参与者とその家族関係

例1	
アメリカ	翔子(姉)
日本	咲子(妹)，沙知(咲子の娘，8歳)
例2－例4	
アメリカ	里美，涼介，ユウキ(里美と涼介の息子，生後一週間)，涼介母
日本	里美父，里美母

調査期間中にビデオ収録された異世代間，異世帯間のスカイプ・ビデオ会話を詳細に分析し，フィールドワーク中に得られたエスノグラフィー的知見をあわせて議論の対象とする．

スカイプ・ビデオ会話の収録には，主に2台のビデオカメラを使用した．筆者が日本あるいはアメリカの家族宅に出向き，室内全体が撮影できるようカメラを1台設置し，もう1台は画面上の情報収集のためにコンピュータ近くに設置した(図1，2参照)．書き起こしは，実空間の世帯ごと(日本とアメリカ)に欄をわけて行う．言語人類学の手法を用い(Ochs, 1979)会話の言語的なやりとりのみに着目するのではなく，ウェブカメラの動き，身体の

動き，声の大きさなど，多様なコミュニケーション資源をどのように，どのようなタイミングで利用しているのかを分析の対象とする．

5. 事例分析：家族写真鑑賞のアクティビティ

　遠隔地間の家族が家族としての結びつきを強め，家族の関係性を構築するための手段は多種多様であるが，本章では，写真鑑賞の相互行為に焦点を当てる．人類学的研究では，家族の写真を持ち歩いたり，見せ合ったり，古い写真をながめる行為は，家族間で起きたことを語りあう機会を喚起し，その結果家族の繋がりを維持する役割があることが議論されてきた(Embree, 1937)．こうした，いわば以前からある家族コミュニケーションの習慣は，スカイプ・ビデオ会話という新しい環境ではどのように達成されるのだろうか．参与者は，写真をウェブカメラに近づけ，さらに自分が見せている写真が相手にどのように映るのかをスクリーン上で確認しながら写真のフォーカスを合わせている．スカイプを介した写真鑑賞は，このような技術的操作と，写真の感想を述べるというコミュニケーションの側面が密接に関わる．見せたい写真は，どちらか片方の空間にあり，相手の空間に写真が物理的に移動することはない．言い換えれば，対面場面では，その場にいる参与者は比較的自由に自らの身体的所作によってそこにある写真に近づき見ることができるが，スカイプでは，遠方の参与者は自分では写真にアクセスできないので，写真を所有している側の参与者が，ウェブカメラに写真を近づけて，相手の画面に写真を映す必要がある．以下の分析では，①参与者がどのような言語的・非言語的資源を利用して，スカイプ越しに写真を共有し，②見せられた写真の感想を述べ合うというコミュニケーションに志向していくのかを明らかにする．

5.1　写真を共有する：写真のピント合わせ

　例1は，アメリカ在住の翔子が日本の実家とスカイプでつながり，妹の咲子とその娘の沙知と会話をしている場面である．妹家族は実家には住んでいないものの，近隣在住のために頻繁に実家に訪れて，その度に時差が許す限り翔子とスカイプ越しに会話をする習慣がある．会話収録時，咲子とその娘たちは実家の両親と買い物に出かける予定であり，外出前に翔子と会話している．会話は，アメリカの翔子宅に2台のカメラを設置して収録された

(図1). 一台は翔子のスカイプ画面をクローズアップして撮影し(カメラ①),もう一台は翔子がどのような状況でスカイプ会話に参加しているのかわかるよう,家のなか全体が映るような位置に設置した(カメラ②). 点線は各カメラが視覚的にとらえる空間の範囲を大まかに記したものである.

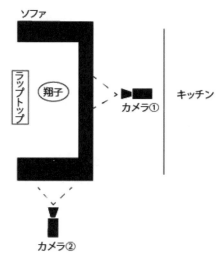

図1 スカイプ・ビデオ会話中の録画レイアウト(翔子宅, アメリカ)

例1では,咲子と沙知が実家で見つけた昔の写真を画面越しに翔子に見せようとしている. 咲子は,ウェブカメラに写真を近づけながら「これ写真,わかるけ?」と聞く(1行目). ところが,翔子が「あか::ん, みえ::ん」というのを受けて写真を遠ざけ,再び「これ」と写真を提示しなおしながら再度ウェブカメラに写真を近づける(3行目). この試みにもかかわらず「いつの写真?」と翔子が質問していることから,翔子には写真の詳細は見えていないことがわかる. 写真を見る側の翔子も, 咲子の「これ写真, わかるけ?」(1行目)という発話を受けて身を乗り出し,写真をじっくりと見ようという身体的志向を示している. この写真が何であるかという情報は,5行目の咲子の「翔ちゃんの成人式」という答えをもって共有される.

例1　家族写真鑑賞(翔子)[1]

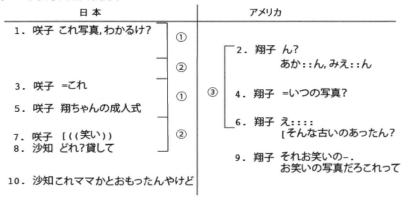

① 話者が写真をウェブカメラに近づける
② 話者が写真をウェブカメラから遠ざける
③ 画面に身を乗り出す

　例1では，写真のイメージの鮮明度は相互行為上重要な要素ではなかったが，画像がはっきり見えることが会話を進めていく上で必須になることもある．例えば写真を利用して，家族の誰と誰が似ているというような議論をするような場合である．次の例は，アメリカ在住の里美が，出産直後に日本の実家の両親とスカイプ・ビデオで会話している時のものである．里美の母が，里美の乳幼児期の写真と生後間もない赤ん坊のユウキを比べ，二人が似ていると指摘する．表1で示したように，会話には，スカイプ越しに里美の両親，里美と夫の涼介，涼介の母が参加しているが，この会話の数日前のスカイプ・ビデオ会話で，涼介以外の参与者はすでに該当する写真をみており，その時に写真の里美とユウキが似ているという評価を共有していた．このことから，参与者たちはとりわけこの日初めて写真を見る涼介を受け手として扱う．
　データ収録はアメリカの里美宅で行われた(図2)．里美宅では，ラップトップを部屋の左端に設置し，ラップトップのモニターを居間の中央にある大型テレビモニターに接続して使用している．データ収録には，カメラを二台用意し，一台は大型画面を(カメラ②)，もう一台は部屋全体を撮影した(カメラ①)．

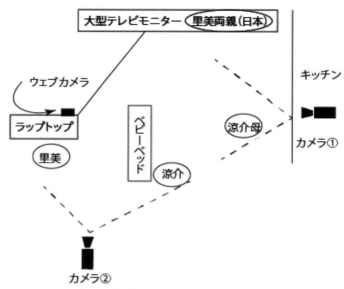

図2 スカイプ・ビデオ会話中の録画レイアウト(里美宅,アメリカ)

例2でも,例1同様,写真を所有する里美の母が,写真をウェブカメラの間の距離を調節しながら写真のピントを合わせようとしている.例1と異なる点は,写真を見る側の里美がピント合わせの行動に指示を与えている点である.里美の母は,79行目で写真を見せはじめてから,継続的に写真の位置を調節している.里美の母が写真をウェブカメラに近づけると,里美が「もうちょっと上」と指示を出す(84行目).里美の母はすぐさま写真を少し上に動かすが,それでも里美側には十分ではなく,87行目で「反射してよくわからん」と報告をする.これを受けて里美の母は写真を前後に動かすが,里美からの確認がないことから,再び写真を近づけたり離したりして自らのピント合わせ行為を修復しようと試みる.92行目で里美は「ほら見てごらん」と行為の受け手である涼介の注意を促しながら,「待って :: それで」と写真の位置を固定するような指示を出す.このように,一見単純なコンピュータ操作と思われるような,スカイプ越しに写真を見せるという行為も,参与者同士が自分と相手の行動をモニターしながら相互行為の中で達成させている.

例2　家族写真鑑賞（里美）

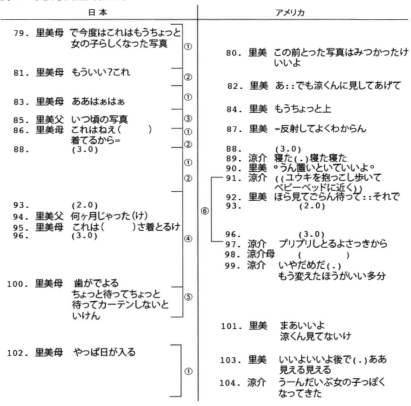

前述したように，スカイプ越しの写真鑑賞の場合，見せたい写真は，どちらか片方の空間にあり，相手の空間に写真が移動することはない．しかしながら，写真を物理的に共有することがなくても，スクリーンショットの機能を使って写真のイメージを保存して共有することができる．例3では，里

美がスカイプ・ビデオでみせてくれた写真のイメージを，コンピュータ上で保存しようと試みている場面である．

例3　写真の写真をとる（里美）

日本		アメリカ
39. 里美母　=い::い？	①	40. 里美　　ん？う::ん
		41. 涼介母　ちょっと抱いとかんといけん
42. 里美母　はい=		
		43. 里美　　=ちょっとまって
		((哺乳瓶をデスクに置く))
		44. 涼介　　まってよ
45. 里美父　[何をとるん？		46. 里美　　[これを-．ん？写真とるんじゃけど
		どこに保存されるのかわからんの
		よね((画面を操作))
		47. 涼介　　((赤ん坊を抱きかかえゲップさせる))
		48. 涼介母　そうそうそう
		49. 　　　　ねえ　ほらほら
		50. 里美　　これを
		51. 涼介　　っていうか里美に似とるよね　今の
		里美にね
		52. 里美　　今の私？
53. 　　　　(2.0)		53. 　　　　　　(2.0)
		54. 里美　　これをどうやって保存するんだろう
		((画面のイメージをラップトップと
		大型テレビモニターの間で移動))
		55. 里美　　あ，ここにある=
56. 里美母　=[いい？		
		57. 里美　　[アプリケーションデータ
		58. 　　　　ああいいよいいよ
59. 里美母　うん		

① 話者が写真をウェブカメラに近づけて，焦点があったところで手を止め，下のイメージのように写真の位置を固定する

里美の母が42行目で写真を映し出すと，里美は哺乳瓶をもっていた手をとめ（43行目），里美の父の「何をとるん？」（45行目）の問いに，「これを-．ん？写真とるんじゃけどどこに保存されるのかわからんのよね」と，コ系指示詞をつかって答えながら，コンピュータを操作する．すなわち，実際には里美の母が手にしている写真が，里美の側のコンピュータ画面に映し出されている間は，実際に目の前に写真があることで一時的にこちら側の領域にも写真があると感じることができる．この認識が，コ系指示詞の使用を可能にし，46行目の「これを-．ん？写真とるんじゃけど」のような，あたかも実際に写真を手にとってカメラでその写真をとる時のような発話を可能にしている．42行目から59行目までのイメージ図が示すように，里美の母は，里美が「ああいいよいいよ」（58行目）というまで，写真をウェブカメラの前にかかげてその状態を保持し続ける．この間に里美はコンピュータのスクリーンショット機能を利用し，コンピュータ内で「写真の写真」をとり，その保存場所を探し当て，ラップトップから大型スクリーンに移動させて里美側の参与者で，ラップトップから遠くにいる人にも見えるように工夫している（54行目）．

　物理的な写真としては目の前になくても，こうして画像を遠隔地間で同時に扱うことができるということは，参与者同士の近さの認識に影響を与えると考えられる．実際に物として写真が目の前という近距離になくともスカイプ・ビデオ会話を可能にする技術的特性により，目の前にあるような認識を生み出し，コ系指示詞の使用を可能にしている．対面場面を前提としたGoffmanの社会的状況は，お互いを近くに観察・認識することが必要であった．この例が示すのは，この近さの認識が対面場面に限らないことを示唆していると言える．

5.2　写真を共有する：家族写真の感想を述べる

　ここまでの例で，参与者は写真とウェブカメラの距離や，写真の映る位置を相互行為の中で調節しながら別空間にいる相手に写真を見せていた．この過程で共通するのは，写真を見る側と写真を見せる側が，技術的な協働作業を通じて写真の感想を述べることに照準を合わせている点である．例1の翔子の成人式の写真を鑑賞する場面を振り返ってみよう．翔子側の画面上では，写真のイメージは鮮明に映されていないにもかかわらず，写真に関する

感想を述べ合っていた．写真が翔子の成人式のものであることが告げられると，翔子は前屈姿勢をもとに戻す．そして，「え::」「そんな古いのあったん？」という写真に関する感想や笑いが続く（6，7行目）．姪の沙知が，「どれ？貸して」（8行目）とリクエストしてからは，写真は咲子から沙知の手に渡り，翔子の画面からは消える．注目すべきは，画面から写真のイメージが消えている9行目で，翔子が写真を指示するのに「それ」から「これ」へと指示詞を修復している点である．翔子は「それお笑いの-.」と言い始めてすぐに，「お笑いの写真だろこれって」と主述を倒置させ，コ系指示詞を利用して自己修復している．すなわち，9行目で写真は翔子のコンピュータ画面から消えて，聴き手領域に戻ってしまったにもかかわらず，コ系指示詞に言い直すことで，写真の共有が継続され，写真を評価する会話に翔子が依然として積極的に参与していることが見て取れる．これは参与者が，写真をしっかり見ることよりも，翔子の成人式という過去の事柄について感想を述べること，また，古い写真を見つけることができたという，現在の事柄を共有することに志向していることを示唆する．

例2でも同じようなことが考察できる．ここでは，赤ちゃん時の写真を鮮明に映しだそうとする協働作業は，行為の受け手である涼介が写真の評価に同意し，感想を述べるまで続いている．79行目で里美の母が「で今度はもうちょっと女の子らしくなった写真」と言いながら写真を画面に映し始めるが，涼介が104行目で「うーんだいぶ女の子っぽくなってきた」と同じ感想を言うまで，参与者は協力して写真を鮮明に映しだそうと試みる．101行目で里美が「まあいいよ涼くん見てないけ」といって，写真が画面から消えても良いことを伝えるが，里美の母はそれでもなおカーテンを閉めて写真をより鮮明に映そうとしている．104行目で涼介が「女の子っぽくなってきた」と同意すると，写真はようやく画面から消える．

写真を見る・見せる行為は，技術的協働作業によって達成されるが，その過程で志向するのは，写真を題材とした記憶や感想の喚起・共有である．家族の過去のイベントが写真を通じて現在のコミュニケーションの材料となるのである．

6．事例分析：視野的不均衡の解消

これまでの事例から家族の写真を見せて感想を言うという一見ありふれた

アクティビティも，参与者がスカイプ・ビデオのさまざまな特性を利用して，対面場面における写真鑑賞とは異なる方法で協働的に達成されていることがわかった．対面場面と大きく異なるのは空間を超えた参与者のウェブカメラから得られる視野には限度があることである．スカイプ・ビデオ会話は，通常ではありえない場所をリアルタイムで見ることができるという面では参与者に新しいコミュニケーションの可能性をもたらすが，相手をコンピュータ画面上で見ることしか出来ず，対面場面のようにとらえることができないという点で，マイナスの要素をもたらす．このような視覚的情報の勾配が前提となるスカイプ・ビデオ会話を参与枠組みの観点から考察する．

例3を振り返ってみよう．ここでは写真の写真をいつ撮り終えたのかが見えないことを会話の中で解決している．里美が，コンピュータ画面のスクリーンショットを撮ろうとしているが，里美の母には，里美のラップトップの状況が見えないため，いつ写真を撮り終えたのかはわからない．里美の母は42行目から写真の位置を固定させているが，里美の母から見える画像には，里美の顔しか映っておらず，里美が手元のコンピュータでどのような作業をしているのかが見えない．従って，里美の母は，写真を持つ手をいつウェブカメラから下ろしていいのか判断できないのである．そこで「いい？」とたずね(56行目)，里美が「ああいいよいいよ」(58行目)と許可を与えることで，写真を撮り終えたかどうかを確認している．

こうした視野情報の欠如は，参与構造にどのような影響を与えるのだろう．例4は，里美の母が，写真を家の別の場所まで取りに行っているため，画面の前から姿を消してしまう場面からの抜粋である．33行目で里美の母が写真を持って戻り，画面に再び現れ，元の位置に座り直した時は，ちょうど涼介が里美と涼介の母からミルクのあげ方について注意されているところであった．赤ちゃんをベビーベッドにおいたまま，仰向けに寝かせてミルクをあげる涼介に，里美と涼介の母が赤ちゃんの上体を起こさなければいけないことを注意している．

例4　視覚情報の欠如による会話の齟齬と会話の重心調節

日本		アメリカ	
33. 里美母	((画面に現れる))	34. 里美	そこで?=
35.	[((座り直す))	35. 涼介母	[=そ,そこでやっちゃだめよ.あの,気管にはいる
		36. 涼介	あ,ぶって.((里美に視線))
		37.	ぶりって [いつた
		38. 涼介母	[だめだめだめ=
39. 里美母	=い::い?	40. 里美	ん?う::ん
		41. 涼介母	ちょっと抱いとかんといけん
42. 里美母	はい((写真を画面に写す))	43. 里美	ちょっと待って((哺乳瓶を置く))

　35行目から38行目の間，涼介の母は，「そ，そこでやっちゃだめよ．あの，気管に(ミルクが)はいる」(35行目)，「だめだめだめ」(38行目)と涼介を注意している．涼介母による涼介への授乳指導が終了していないにもかかわらず，席に戻った里美の母が「い::い？」(39行目)，「はい」(42行目)と写真を画面に映す．すなわち，里美の母は写真を取りに戻るときは「写真をみせて」というリクエストの受け手(addressee)であったが，戻ってきた時にはアメリカ側に会話の重心が移動し，授乳にまつわる会話が前景化され，そこにおける傍参与者(side-participant)に変わっていた．ところが，参与者間の視覚的情報の欠如によってその変化への認識が瞬時には行われなかったといえる．図3に示されるように，ウェブカメラはアメリカ側にいる里美のラップトップの淵にクリップでとめてあり，この位置が日本側にいる里美の母のスカイプ上の視野を決定する．34行目で里美の母が写真を手に画面に戻ってきてから，39行目に「い::い？」というまでの間，この位置からウェブカメラは移動していない．そのためこの間に里美の母が得られる視覚情報は，図3の点線で示す範囲のみである．例えば，34行目の里美の「そこで？」が指し示すのがベビーベッドで，授乳にまつわる会話はこのベビーベッド周辺で行われているが，点線の示す視野の範囲外であるため，何が起きているのかを瞬時に把握するのは困難であると考えられる．

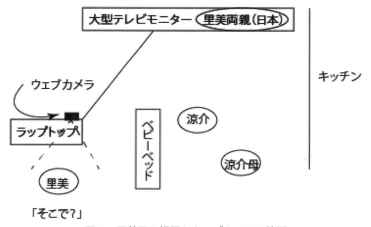

図3　里美母の視界とウェブカメラの位置

　こうしたスカイプ・ビデオにおける視野の限界がもたらす参与構造の揺らぎは，会話の中で調整されている．例4の場合は，里美が授乳の会話から抜けて哺乳瓶を置き，写真を見る会話に戻ることで，会話の重心を里美の母をも巻き込んだ写真鑑賞の会話に徐々に戻していく．

　本章で分析した例では，参与者は会話の進行にあわせてウェブカメラを操作し，写真のフォーカスを合わせ，お互いの状況を言語化して確認することで，進行している会話の重心位置を継続的に確認しあっていた．このような重心調整による参与構造の再編成は，スカイプ・ビデオ会話を家族実践の一つとして位置付けるために重要である．遠隔地間の参与者が家族成員として，積極的に相手の空間に入り込み，そこで起きる相互行為に継続的に関与することで家族イベントを共有し，家族としてのつながりを深めていくことができると考えられる．

7．考察：空間をまたいだ家族実践

　現代日本人家族は，親族が必ずしも近くにいるわけではない．とりわけアメリカと日本といった遠隔地に住む親族間では，物理的に距離が離れているせいで互いの家庭を頻繁に訪ねあったり，イベントを実時間で共有するといった家族実践が不可能に近い．このような家族・親族にとって，視覚的に

遠隔地間を結び，定期的に会話することは，声が聞こえて顔がみられるところにいるという認識をうみだし，家族実践に積極的に関与する機会となる．言い換えれば，頻繁に会うことのできない物理的距離があるものの，スカイプ・ビデオ会話を利用してお互いの家族がいつでもそこにいて認識しあうことができるような環境を保持しようとすることで，場の共有感を維持していると考えられる．この点をふまえて，社会的状況の基礎をになう，Goffmanの相互観察の可能性の定義を振り返ってみよう．Goffmanによれば，参与者同士が目で確認しあえるほど近くにいることが社会的状況を構築し，相互行為をうみだす基盤になるという (Goffman, 1963)．しかしこの近接性はテクノソーシャルな状況では，あらかじめ物理的条件によって定まっているわけではなく，会話の参与者同士がやりとりの中で定義づけていくものと考えられる．

　日本とアメリカのように物理的距離がある地に住む家族間では，その距離の遠さを認識しつつ，定期的にスカイプ・ビデオ会話の機会をもち会話を行うことで，お互いの姿だけでなく，お互いの空間の相互観察の可能性を調整・維持しようとしているといえる．

8. おわりに

　本章では，テクノソーシャルな状況における家族実践の一例として，スカイプ・ビデオ会話を通じた家族写真の鑑賞の相互行為を分析した．写真を見せる・見るといった一見単純に見える行為は，スカイプ越しに言葉や身体，コンピュータ操作を調節し，協働的に達成されていた．こうした技術的構造を整備することと，相互行為を遂行していくことは，密接な相関関係にある．例えば，翔子の成人式の写真を鑑賞する例でも，里美の赤ちゃんの頃の写真を鑑賞する例でも，コンピュータの画面上に写真のイメージを鮮明に映す段階で技術的な問題があった．どちらの場合も，参与者が相互行為の中でその技術的問題を解決しようと試みていたが，その解決方法は参与者が相互行為のどのような側面に志向するかによって異なっていた．翔子の例では，画面上で鮮明な写真を映すことはそれほど重要ではなく，参与者はそれよりも写真の感想を述べることに志向していた．一方里美の例では，生まれたばかりの里美の息子，ユウキが里美の赤ちゃんの頃と似ているという評価を涼介と共有するために，写真を鮮明に見せる必要があった．そのため，参与者は協

力して写真を適切な位置に動かしイメージの焦点を合わせていた．写真が常に一方の空間にのみ存在し，スカイプから得られる視野に限りがあることなど，スカイプ・ビデオ会話の技術的特性によって生じた遠隔地間の参与構造のずれや視覚的情報の勾配は，参与者が相互行為の重心を必要に応じて調整し協働的に解消されていた．

本来，家族アルバムの鑑賞は，家族や親戚が誰かの家に集うような場合に行われるであろう．スカイプ・ビデオ会話でこのアクティビティを行うことで，同一空間にいるかのような近さを生み出す．Goffman の社会的状況の前提である相互観察の可能性は，参与者が視野に入りお互いを近くに認識することであった．コ系指示詞の分析では，遠方にいる聞き手領域にある写真を，こちら側の領域にあたかもあるような認識を生み出している例であろう．写真がコンピュータスクリーンに映し出されることで，向こう側の写真がこちら側にも同時に現れるような状況では，参与者間の近さへの認識も変わっていく．

本章で取り上げたようなテクノソーシャルな状況下における家族実践を理解することは，これからの家族のあり方を考える上でも重要である．日本とアメリカに離れて住むためにほとんど会えない家族同士では，写真を見て感想を述べ，感想を述べている時の会話にスカイプを通じて引き込まれていくことで，家族としての繋がりや共有感を構築することが可能である．テクノロジーがさらに発展していく中で，家族コミュニケーションの研究を家の中に留めるのではなく，物理的な境界線を超えたバーチャルな空間に広げて考えていくことが重要である．

謝辞
本研究に参加してくださったアメリカ・日本在住の方々，2015年2月に開催された「参与(関与)枠組みの不均衡を考える」ラウンドテーブルにてコメントを下さった方々，特に片岡邦好氏，池田佳子氏，秦かおり氏に心から謝意を表します．なお本研究は科学研究費基盤(C)(15K03907)，特別研究員奨励費(15J12513)より助成を受けています．

注

1) 書き起こし記号
    ?　　上昇イントネーション　　　：　音の引き伸ばし
    [　　発話の重複部分開始　　　　＝　ラッチング
    (( ))　著者コメント
    ①②など　参与者のコンピュータ画面に対する行動

参考文献

Embree, John (1937). *Suye mura: A changing economic order*. Chicago: The University of Chicago.

Goffman, Erving (1963). *Behavior in public places: Notes on the social organization of gatherings*. New York: The Free Press.

伊藤瑞子・岡部大輔 (2006). テクノソーシャルな状況　松田美佐・伊藤瑞子・岡部大輔 (編)　ケータイのある風景―テクノロジーの日常化を考える―, pp.221–237. 北大路書房

Jarvenpaa, Sirkka L. & Keating, Elizabeth (2011). Hallowed grounds: The role of cultural values, practices, and institutions in TMS in an offshored complex engineering services project. *IEEE Transactions on Engineering Management*, 58(4), 786–798.

Keating, Elizabeth, & Mirus, Gene (2003). American Sign Language in virtual space: Interactions between deaf users of computer-mediated video communication and the impact of technology on language practices. *Language in Society,* 32, 693–714.

Kendon, Adam (1990). *Conducting interaction: Patterns of behavior in focused encounters*. Cambridge: Cambridge University Press.

Mey, Jacob L. (2009). Adaptability in human-computer interaction. In *Concise encyclopedia of pragmatics (2nd ed.)*, pp.7–13. Oxford: Elsevier.

Ochs, Elinor (1979). Transcription as theory. In Ochs, Elinor, & Schieffelin, Bambi (Eds.), *Developmental pragmatics*, pp. 43–72. New York: Academic Press.

大塚和弘・古山宣洋・坊農真弓 (2013). (対談記事) 遠隔地間でも自然な会話を実現する，本来の井戸端会議とは　*NII Today*, 62, 607.

第6章

日本語会話における聞き手の
フッティングと積極的な関与

難波彩子

1. はじめに

　従来の談話研究では話し手に焦点が置かれた研究が主流であったが，近年話し手だけではなく聞き手の行為にも焦点を置いた研究が行われてきている(Goffman, 1981; Tannen, 1989; Gardner, 2001; Goodwin, 1986; Yamada, 1997; 水谷, 1993; Kita & Ide, 2007)．Tannen (1989: 100)は，聞き手の「聞く」，そして相手の発言に対する「理解を示す」行動は受動的ではなく，むしろ積極的なものであると捉えている．

　特に日本語会話では聞き手の積極的な関与が円滑な会話の促進に欠かせない．Hinds (1987)は日英語におけるコミュニケーションの成否について着目し，英語では話し手の方に重い責任があるが，日本語ではコミュニケーションの責任は聴衆側にあることを指摘している．従って，英語では話し手は聞き手が誤解を与えないように言葉を尽くすことになるが，日本語では話し手が自分の考えや意図を言語化しなくても，話し手は聞き手の方がそれを察するように期待する．このような日本語会話における聞き手の積極的な関与状況を踏まえ，日本語会話は「リスナートーク」(listener talk: Yamada, 1997: 38)とも名付けられている．また，水谷(1993)は，日本語会話における聞き手の頻繁なあいづちの使用状況から，聞き手が会話に積極的に関わりながら話し手と一緒に会話を紡いでいく様を「共話」と特徴づけている．日本語会話における主な聞き手行動では，終助詞，うなずきの使用(Kita & Ide, 2007)，聞き手による問いかけ(植野, 2014)，あいづち，繰り返し，反応表現，協力的な完結といった「リアクティブ・トークン」(reactive token: Clancy et al., 1996)や，「リスナーシップ」(listenership)としての笑い(Namba, 2011)など

の研究が行われており，聞き手による会話への関与は，様々な(非)言語行動によっても示されることがうかがわれる．

これらの積極的な聞き手行動を通じて，一体どのような会話のプロセスがあるのだろうか．また，その中でどのように聞き手の参与形態があらわされ，会話の肯定的で積極的な関与が示されるのだろうか．本章では，相互行為の社会言語学的な視点に立ち，日本人4名で構成される会話データを通して，肯定的で積極的な関与に向けた会話のプロセスの解明を目指すと同時に，それに向けた聞き手の役割を検討する．さらに，この分析から積極的な関与につながる言語及び非言語行動の特徴を特定し，最終的には聞き手の参与形態の柔軟性について議論する．

2. 研究の背景：フレーム・フッティング・関与
2.1 相互関係のフレーム

Bateson(1972)によって提唱された「フレーム」の概念を，Goffman(1974: 11)は「経験の体系化」(the organization of experience)として捉え，より詳細にその概念を発展させた．さらに，Tannen(1993)はやりとりにおける人間関係の構築のあり方に着目し，「相互関係のフレーム」(interactive frame)を提案している．相互関係のフレームとは，どのような行為が行われ，どのように話し手が自身の伝えたいことを意味するのかを示す枠組みである(Tannen & Wallat, 1993: 59–60)．このフレームを通して，会話の参与者は会話のその瞬間に何が起こっているかを適切に解釈することが可能となる．つまり，会話の中で意味は単に情報の内容や個人の言葉のメッセージを通してではなく，他の参与者やその瞬間に示されるメタメッセージ，参与者の態度などを通して伝えられることになる(Tannen, 1993)．従って，フレームは話し手とその他の参与者達が言語または非言語的なシグナルを通して伝えるメタメッセージを特定し，いかに我々がそれらのメタメッセージや参与者の態度を認識しているかを決定づけるために用いるラベルのようなものとして捉えられる[1]．

2.2 フッティング

Goffman(1981: 128)はイベントのフレーム化に基づいた参与者間の調整のことを「フッティング」(footing)と名付けている．フッティングは会話の

中で起こる参与者間のやりとりの調整，姿勢，スタンス，態度などを示し，声のピッチ，ボリューム，リズム，強調や音調の質などを通じて話し手や聞き手のフッティングに変化が起こる．つまり，話し手と聞き手がどのようにお互いの距離感をとり，自分自身や相手の立ち位置を示すのかが，声の調子や強さなどによってあらわされる．Goffman はフッティングが示されるシグナルとして，上述の言語やパラ言語について特に言及しているが，本章ではジェスチャーやうなずき，笑いや笑顔といった非言語もこのシグナルに含める．フッティングは一定したものではなく，会話や参与者間にある人間関係や会話の状況で柔軟に変化していく．さらに，フッティングとフレームの関係は密接で，フッティングの変化はあるイベントに連動してフレームにも変化が生じることを意味する．

2.3 インターアクションにおける関与

コミュニケーションにおける人間関係での「関与」(involvement) に着目することによって，言語及び非言語行動を通してお互いの人間関係を振り返り，創造していくことが可能となる (Tannen, 1989)．参与者同士の関与を示すストラテジーには，ある種のリズム，繰り返しや音，語，畳語的決まり文句，そして語りのような長めの発話にみられる型やスタイルなどが挙げられる．さらに，会話における参与者同士の関与の度合いが高い会話スタイルを，Tannen (1984/2005) は「熱中型」(high-involvement style) と特定し，その特徴として協力的なオーバーラップや会話への参与を示すリスナーシップ，情感的なパラ言語 (リズムや音調) などを挙げている．

参与者同士がやりとりを通じて親密さや親睦，そして共感を深めていくプロセス全体をみていくためには，特に受け手や，会話への参与が承認されているものの，直接的な受け手にはならない傍参与者 (Clark & Carlson, 1982) の両者を含めた聞き手全員が積極的な関与を示す「均衡な」参与形態と，ある聞き手は積極的な関与を示さない「不均衡な」参与形態の両方を明らかにしていく必要がある．また，この積極的な参与形態全体の解明のために，熱中型を構成する言語及び非言語的な特徴の特定も必要とされる．

上述の先行研究を踏まえ，本章ではウチ関係 (クラスメートや同じクラブの仲間など参与者全員が親しい間柄にある関係) の人々で構成される会話の中で，会話への参与を是認された複数の聞き手 (受け手と傍参与者) の非言語

及び言語行動に着目し，親睦を深めていくことにつながるような，肯定的で積極的な会話への参与形態を探ることを目指す．その際，いわゆる熱中型につながるような言語及び非言語的な特徴を抽出することで，マクロな参与形態やプロセスの中に埋め込まれるミクロなレベルでの積極的な関与の示し方を提示する．このようなミクロとマクロにおける均衡と不均衡の両方を考察し，より汎用性のある概念の提案を行う．

3. データ収集

データは2014年8月，大学生同士の友人4名からなる自然会話60分を2セット（合計120分）ずつビデオ収録したものを用いる．データ収集に参加した学生は合計8名である．学生全員が西日本（関西・中国・四国）出身者である．データ収録時は全員が18歳から20歳の大学1年生で，お互いに同じ英語の授業を履修していたクラスメートである．

4. 均衡・不均衡な参与形態の分析

本節では，会話参与者全員が会話に積極的な関与を示す「均衡な」参与形態（2例）を検討し，次に会話参与の積極性にばらつきがみられる「不均衡な」参与形態（3例）を提示する．その中で，参与者間の会話情報の共有状況，話し手と聞き手のフッティング，次に会話に対する積極的な関与の示し方を検討する．均衡な例と不均衡な例の両方を比較することで，両者におけるフッティングや関与の示し方の差異をみていく．均衡な参与形態では，参与者全員が会話情報を共有する場合と共有する相手が1人もいない場合について論じる．一方，不均衡な参与形態では，複数の参与者が会話情報を共有しているが1人だけ共有しない場合（1例）と，2人が情報共有をしているが，共有しない残り2人の中でも参与形態がそれぞれ異なる場合（2例）を検討する．

4.1 均衡な参与

はじめに，参与者全員が会話に対して積極的に関与する形態として，参与者間の会話の共有情報を中心にみていく．次の会話例では，参与者達は夏休みに遊びに行く場所について話をしている．参与者A～Dは岡山出身ではないが，普段の大学生活の基盤は岡山にある[2]．

（1）会話情報の共有
1　D：　大阪すごいけど，あんま遊ぶとこないよな
2　B：　あるよ
3　A：　岡山に比べたらなあ，全然な
4　B：　岡山，どこ行くか，後楽園行くかって [なる
5　A：   [ahaa
6　D：   [huhahahaha
7　C：   [huhahahaha ないな，な
8　D：　岡山カラオケいこか，[しかないな((笑顔でCを見る))
9　C：   [ならんな huhuh((Dを見る))
10　D：　カラオケボーリング [しかない
11　A：   [フェアレーンしかない
　　　　　　　　　　　((ボーリング場の名前))
12　D：　huh

　AとBは大阪と岡山を比べて，遊ぶスポットがないという会話情報を共有していることが分かる（3〜4行目）．Bは，出身地が兵庫県であるため，岡山での観光スポット「後楽園」を引き合いに出し，関西と比べて岡山には遊びに出かける場所が他にないことを皮肉的に述べている（4行目）．このBの発言に対する他の参与者A,C,Dによる同時笑いは，Bの皮肉を楽しく享受していることと同時に，全員兵庫県出身のため関西と比較した時に感じる岡山の状況を共有していることを示している．
　また，他の聞き手全員が「岡山には遊ぶところがない」という先ほどの会話情報の共有を強調しながら，否定表現を用いてBへの同調を示している．例えば，Cは「ないな」「ならんな」（7,9行目），Dは「カラオケいこか，しかないな」「ボーリングしかない」（8,10行目），Aは「フェアレーンしかない」（11行目）というように，参与者全員による否定表現の繰り返しが同調の強化につながる[3]．以上の点から，参与者全員が会話情報を共有し，その共有を基盤にしながらやりとりを重ねていく様子が分かる．
　ただし，参与者全員による会話への関与には，必ずしも会話参与者全員による会話情報の共有が条件になる訳ではない．会話参与者が1人だけの経験話を語るナラティブでは，他の参与者達が会話に参与し，結果的に参与者

全員が会話に積極的に関わるケースも私たちの日常では多くある．ここでは，会話の参与者が，目の前で行われている会話に対してどのように関与するのかについて，参与者のフッティングと聞き手の積極的な関与の示し方を検討する．以下の会話では，参与者DがBに対して，Bがアルバイトをしている塾の様子を聞いたことがきっかけで，Bがその質問に答えながら塾での様子を体験談として語る場面である．

（2）参与者全員による積極的な関与

1　D：　　遅刻せ：へんの？
2　B：　　一回し(h)た((笑顔))
3　D：　　=huhuhuhuhu
4　C：　　え何て？
5　D：　　[遅刻せえへんのって((会話が聞こえなかったCにDが説明))
6　B：　　[めっちゃきれられ[るんよ
7　C：　　　　　　　　　　[AHA((片手で手を抑える))
8　B：　　1回10分くらい遅刻して，
9　D：　　=うん((Dはうなずく))
10　B：　　チャリが，チャリが外(h)れたことにして，((C, Dがうなずく))
11　B：　　わざと手を汚して[いって
12　C：　　　　　　　　　[AHAHAHAHAHAHAhaha((片手を口元にあてる))
13　D：　　　　　　　　　[AHAHAHAHAHAHAhuhahaha((1回手を叩く))
14　A：　　=おるおるおる[おる((笑顔))
15　B：　　　　　　　　[チェーンが，チェーンが::って((右手を挙げる))
16　C：　　[hahahahahahah
17　D：　　[hahahahahahah
18　C：　　これが：(h)証拠：huhaha((右手を出す))
19　B：　　めっちゃ怒られた：いうん
20　D：　　ほら：[huhaha((両手を出す))
21　C：　　　　[huhahaha
22　B：　　こべ，個別指導やねんけど：，
23　D：　　う::ん

まず，話し手と聞き手は特に会話情報を共有していないことが最初の会話のくだり(1～5行目)で暗に確認される．次に，Dの質問(1行目)に対して，Bは授業に遅刻したことがあると笑いながら返答し(2行目)，塾のスタッフとBのやりとりを鮮明に再現していく(6行目以降)．この描写により，フレームが「塾」へとシフトしていることが分かる．Bは塾のスタッフがBの遅刻に対して怒っている様子を描写し，話し手であると同時に，このフレーム内では塾のスタッフと塾講師としての自分という複数の視点を示している(図1上段)．例えば，スタッフの反応を評価的に描写したり(6行目)，右手を上げながら，塾講師としての自分が遅刻してしまった理由をスタッフに申告している様子を(15行目)実演している．

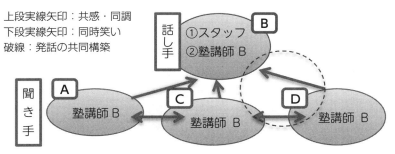

図1　「塾」のフレーム内での参与者のフッティング

　次に，聞き手である他の参与者は，聞き手としての視点と，塾講師としてのBの視点に成り代わった視点の両方を示している(図1：下段)．前者については，あいづちとうなずき(9～10行目)，笑い(7, 12～13, 16～17, 18, 20～21行目)，共感や同調(14行目)，笑顔(14行目)，そして口元に手をあて，手を叩くジェスチャー(12～13行目)により示されている．一方，後者は，CとDによるBの仮想発話の提示及び発話の共同構築(18, 20行目)といった反応に表れている．言語及び非言語行動の両方を通じて，参与者は様々な視点を複雑ながらも柔軟に使い分け，複数のフッティングを示している．これらの参与者による複数のフッティングシフトに付随して，聞き手による会話に対する肯定的で積極的な関与の示し方が浮かび上がってくる．上述のCとDの同時笑い，ジェスチャー，発話の共同構築や，Aによる共感

の繰り返しなどが積極的な関与として位置づけられる．

上記会話例（1）によって，参与者全員による会話の共有情報を資源として会話に対する積極的な関与を提示した．会話例（2）では，共有情報を持たないことが確認された会話において，言語及び非言語行動の特徴に基づきながら，参与者間の複数のフッティングがシフトする会話のプロセスや，聞き手の積極的な関与の示し方が明らかになった．会話者全員による会話情報の共有や，会話参与者が徐々に肯定的で積極的な関与を示していく状況から，参与形態は，会話者全員による「均衡」な参与と位置づけられる．

4.2 不均衡な参与

4.1では「均衡な」参与を検討したが，それが常にみられる訳ではない．むしろ，会話情報の共有状況や会話への参与状況は一定することはなく，常に変化し，柔軟であり，いわば「不均衡」な参与がみられる．本節では，まず2〜3人が会話の情報を共有している状況を検討し，どのような不均衡な参与がみられるかを分析する．次に，4人の中で発話者だけしか会話情報を持たない状況，つまり発話者が個人体験のナラティブを行う状況を観察し，他の参与者がどのように会話に関与し，不均衡から均衡な参与形態に推移するのか，その過程をみていく．各会話例の分析では，（1）会話情報の共有状況，（2）参与者のフッティング，（3）聞き手による会話への積極的な関与の示し方，の順に検討する．

はじめに，多人数の会話で参与者全員がクラスメートでウチの関係にありながら，1人だけ他の参与者と会話への関与のあり方が異なる状況について検討する．次の会話では，参与者全員クラスメートであるが，特にAとCはそれぞれ東校と西校という地元の高校が近所である間柄で，共通の知り合いも多い．また，AとCの会話からDも共通の知り合いがいることが分かり，A，C，Dで話は盛り上がる．一方，Bだけが会話に共通の知人が誰も登場しない状況である．

(3-1)　会話の共有情報の欠如
1　A:　　西もおるで
2　C:　　おる
3　A:　　Kだけ

4	C:	K
5	A:	TK
6	C:	ああ，北xxよな
7	C:	多分英語，一緒[よな
8	A:	[うん
9	D:	K知っ[とるわ
10	C:	[huhaha
11	D:	ごしん((授業のタイプ))一緒やねん
12	C:	あそっか((Dはうなずく))

((このやりとりの間，Bはお茶を飲み続け，腕を組み傍観))

　まず，会話参与者の間で会話情報(ここではKという人物)の共有があるかどうかの確認作業が行われている(1～12行目)．KはAとCの共通の知人であることが確認された後(1～8行目)，Dも実はKと知人であることが分かり(9～12行目)，A, C, Dが会話情報を共有していることを示している．一方，BだけはKという人物との接点がないため，会話を聞いてはいるものの反応することはなく，お茶を飲み続けながら傍参与者として存在している．

　その後，会話から孤立しているBに対して，他の参与者によって会話情報を共有しているか否かの確認が行われるが(3-2：13～16行目)，B本人によって共有情報がないことが確認される(18行目)．

(3-2)

13	D:	ごしん分かる？
14	C:	分かる？((Bを見る))
15	A:	[分かる
16	B:	[ごしん？
17	C:	K
18	B:	[知らん

　そしてAは共通の友人Kと会話した時の様子を振り返り，直接引用を用いながらDをからかいはじめ(図2：上段破線矢印)，フレームは「からか

第6章　日本語会話における聞き手のフッティングと積極的な関与　　117

い」へとシフトする(3-3:19行目).

(3-3)
19　A:　[何か1人言いよった，Kが言いよった「こうしん((ごしん))一緒やったよな言われたけど，誰かわからへん」って((笑顔))
20　C:　[ふはははははは((Dを指さす))
21　D:　[ふははははは((自分の手を3回叩きながら笑う))
22　D:　そ(h)う[ウ(h)チはしゃべりかけたこと[ないもん
23　C:　　　　　[xx
24　C:　　　　　　　　　　　　　　　　　　[haha
25　D:　うるさかったんよ，西校の人うるさいんよ((下を指差す))
26　A:　西と東うるさかったんよ，[こうしんの時
27　C:　　　　　　　　　　　　　[東もなん
28　D:　それで知ってただけhuhu，この人うるさいっていうイメージし(h)かなか(h)ったhh((Cは何回もうなずく))
　　　　(0.3)
29　C:　そうなん東やったん((何度もうなずく))
30　A:　東
31　C:　ああ((何度もうなずく))
32　D:　ついていかれへ(h)ん[な huhuhu((Bを指差す))
33　C:　　　　　　　　　　[ごめんねBくんhuhu
34　B:　うううん　もう((目をつむりながら，「大丈夫」というように横に首を振り笑顔になる))，クッキーついてる((自分の頬を指で触る))

　具体的には，19行目の引用で，AはKの発話(話しかけられたけど，誰か分からなかった)に関わる人物は暗にDであることを示し，存在が知られていないことを微笑みながらからかっている．この直接引用の使用を通じて，Aは会話当時のKの視点を反映させながら，現在の会話状況に立つ自分自身のフッティングをKへとシフトさせている．一方，Dは聞き手としてのフッティングを笑いやジェスチャーによって示し，Aのからかいを楽しみながら享受していることが分かる(21行目，図2：下段DからAへの実線矢

印)．同様に，CもAのからかいを楽しみながら聞き手として享受し，聞き手としてのフッティングを示している(20行目，図2：下段CからAへの実線矢印)．しかしながら，同時にCはAのからかいの対象であるDを認識し，Dに向けて指差しをすることによって，からかいの為手であるAにC自身も加わり，Aのフッティングも示している(20〜21行目，図2：下段破線矢印)．

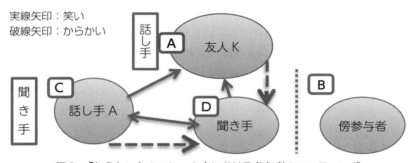

図2 「からかい」のフレーム内における参与者のフッティング

さらに，参与者のフッティングに基づいて，聞き手の肯定的で積極的な関与の示し方をみていく．会話例(2)で，複数の参与者による同時笑いは，積極的な会話への参与の示し方として機能していることを観察した．同様に，この会話でもAの発話を受け，CとDは同時笑いで反応していることから，2人がAのからかいを肯定的に受け止めていることがうかがわれる．また，からかいの対象であるDも，笑いながら手を3回叩いて反応していることから，Aの発話に対して積極的に関与し，会話を楽しんでいると推測できる．

以上のことから，話し手Aに対してCとDは受け手として積極的に関与を示す一方で，Bだけが会話情報を共有しないために，聞き手としてCやDのような反応をすることはなく，傍参与者として孤立していることは明白である．この会話例から，ウチのグループ内での会話でありながら，会話情報の共有状況によって不均衡な会話の参与形態が生じることが分かる．

一方，そのような状況のもとで，最後にDとCがBに対して気遣いを示す場面ではそうした不均衡な状況に参与者が気づき，その修正作業が最終的

に行われていることも興味深い(32〜33行目).A〜Cが笑顔や笑いを伴って共通の知人について会話を続けている間(31行目まで),傍参与者Bは下を向き,笑顔も出ない状況が続いていた.その状況から,Dは突然Bを指しながら会話の中へ引き込む気遣いを示し(32行目),続いてCもこの状況を謝ることで(33行目),Bは初めて笑顔でそれに応じている(34行目).不均衡な会話の状況が参与者間で認識された場合,その調整を参与者同士が行いながら,均衡な参与状況へと導こうとする柔軟な対応が垣間みられる.

次に,参与者4人全員がウチの関係であるが,そのうちの2人が会話情報を共有している場合に着目する.聞き手側にまわる他の2人は,一方は会話へ積極的な関与を示すが,他方は会話当初,会話への関与は消極的である.しかしながら,会話が進むに連れて徐々に関与の示し方は積極的に変化していく.以下の会話例では,期末テストの話をしているところで,BとDがお互いに知っている教員がいることが分かり,2人がテストの時の様子を協働的に描写する.一方,AとCはその教員との面識はなく,共有情報がないため,聞き手にまわっている.しかし,聞き手としての会話への参与の仕方については,AとCでは大きく異なり,Cは積極的な関与をするが,Aは最小限の反応(抜粋4-2における笑い)を示す.

(4-1)　発話の共同構築
1　B:　　xxxM先生っておらん？((他の参与者全員の目を見回す))
2　D:　　一緒((右手を高くあげる))
3　B:　　あの((Dを指差す)), xx
4　D:　　Mやろ？((右手を高くあげる))
5　C:　　[huhuhuhuhuhuhuhuhu
6　D:　　[uhuhuhuhuhuhuhuhu((C, D共に片手を口元に覆いながら笑う))
7　B:　　[そう,あのxxx,異常な程にカンニングの疑いみいひん？
　　　　　((Dを指差す))
8　D:　　[あ(h),わ(h)かる, hahaha((Bに指差し))
9　C:　　[何それ何それ((口元に手をあて,驚いた表情))

はじめに,M先生を知っているかどうかについての会話情報(4-1:1〜9行目)の共有状況が参与者間で確認され,会話のトピックはM先生である

ことが参与者間で確定される．BとDは会話情報の共有があるが，一方A
とCにはないことが分かり，AとCは聞き手側へとまわることが確認される．しかし，この時点でAとCの会話への関わり方を観察すると，Aは全
く会話に加わっていないのに対して，CはDとの同時笑い（5〜6行目）や，
M先生の行動についてより詳細な情報提供を求めて，繰り返しや声量を強
めながら積極的な反応を示しており（9行目，下線部分），AとCの関与の示
し方に大きな差があることがうかがわれる．

　会話情報の共有を確認した後，DはM先生のテストの時に経験したこと
を描写し始める（4-2：10行目以降）．ナラティブ前の会話（1〜9行目）では，
参与者間で会話情報の共有確認が行われたのに対し，ここでは（10行目以降）
M先生の特異な行動が実際にみられた時の様子をDが描写し始めることで，
フレームが「ナラティブ」にシフトしたことが分かる．

(4-2)
10 D: なんか，長袖着とったら：，((腕を出す))
11 B: めくるねん((腕を出す))
12 C: ええ[ええhuhuh((両手を口元にあて，信じられないという表情
           をし，腕を出して，うなずく))
13 A: [aha ha ha
14 C: 腕をhahaha
15 B: おしりにxxxx((右手を上げる))
16 C: =[HUHAHAHAHAHA((Cは両手で顔を覆う))huhaなんで::
17 D: =[HUHAHAHAHA((Dは2回手を叩く))
           ((Aは笑顔))
18 D: 机[の下に手を
19 B: [机の下に　そうそう

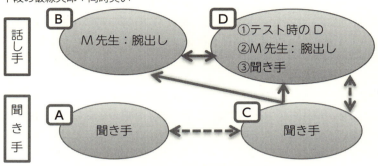

図3 「ナラティブ」のフレーム内における参与者のフッティング

　このフレームシフトを受けて，M先生を知るBとDの2人が話し手となり，複数のフッティングを示しながら協働的な会話を構築していく(図3上段)．Dはテストの際の自分の状況を口頭で描写する．そして同時に，洋服の袖を上げて腕を出すジェスチャーによって，DはM先生の行動を表現しながら先生の立場や視点も示すことによって，テスト時の自分自身の状況を示すフッティングとカンニングをチェックしようとするM先生のフッティングを示している(10行目)．さらに，Bも口頭でM先生がBの服の袖を上げる描写をしながら，Dに倣って腕を出すジェスチャーを行っている(11行目)．このことからBとDは共有する情報を基にして，発話の共同構築を行いながら，複数の人物のフッティングシフトをしていることが分かる．

　次に，会話の当初から聞き手として会話に参与しているCに焦点をあてると(図3下段)，M先生の「学生の服の袖をめくって腕を出す」行動に対して，Cは声を強めながら驚きの表情やジェスチャーで反応し，さらにBとDに倣って腕を出して，BとDへの同調とM先生の視点を示している(12行目)．同時に，聞き手としてのフッティングもうなずきや笑いで示し(12, 14行目)，腕を出すジェスチャーに付随して，今度は口頭でも「腕を」と補足し，理解を強調している(14行目)．一方，会話当初から聞き手として積極的な関与を示していなかったAが(図3：下段)，BとDによるM先生の驚くべき行動の描写に対して，Cに共感しながら笑いで反応し始め，聞

き手としての関与の示し方に変化があらわれる(13行目).さらに,BがM先生の行為を描写しながらM先生のフッティングを示すと同時に,右手を上げるジェスチャーでBがテスト中に袖をまくって腕を上げる描写をし,登場人物への視点の乗り込みも示している(15行目).

このように,聞き手による肯定的で積極的な関与の示し方としては,C,Dによる同時笑い(5〜6行目,16〜17行目),そしてこの笑いに付随した手叩き,口を手で覆ったりするジェスチャー,AとCの同時笑い(12〜14行目),声の音量を強める反応(12,16行目),話し手BとDの腕を出すジェスチャーに同調して聞き手Cが追随するジェスチャー(12行目),口頭での同調(14行目)などが積極的な関与を提示している.上述の通り,聞き手の中でもAとCでは会話への関与の程度に差があることを指摘した.しかし,後半(4-2)での話の盛り上がりに応じてAはCへの同時笑いと微笑で応じていることから,Aの関与の示し方には変化がみられた.このように,最小限ながらも肯定的に会話に関与し,Aの不均衡な参与形態が徐々に均衡な参与形態に推移する状況が観察された.

次の会話例(5)では,CはDの私生活の乱れをからかいながら,Cが夜遊びにふけった時の状況を振り返っている.聞き手側として,DはCにからかわれる当事者で会話状況もよく把握しているが,AとBにとってはその会話状況に対する知識は全くなく初めて接する情報である.AとBは,CとDのやりとりに対してコメントをしたり反応を示したりすることは特にないものの,非言語的な要素を伴ったあいづちなどの最低限の反応を示す.しかし,AとBをさらに比較すると,Bの方がより積極的な反応を示すが,後述する通りAは他の参与者とは異なる参与形態で対応している.

(5-1)　2人の参与者による会話情報の共有
1　B:　いつもちゃんと帰るん?((2本の指を出し,CとDに聞いている))
2　D:　うーん
3　C:　私は電車があるから:,((Bはうなずく))
4　C:　うーん,その時間を見ないといけない,うーん((Bはうなずく))
5　D:　私,
6　C:　お前は,

7	D:	uhu
8	C:	[お前は
9	D:	[uhuhu
10	B:	電車が無い訳じゃ：, え？
11	D:	うう((C に視線を送る))
12	C:	こいつはめっちゃ遊ん[どる UHUHUHUHU((A と B に視線))
13	D:	[huhuhuhuh huhuhuhu
14	B:	[huhu huh ((A は笑顔))

　B による，自宅に帰宅しているのかについての質問（1 行目）を皮切りに（図 4：B から C への実線矢印），C は D の帰宅が遅いことをからかいながら「D の夜遊び」話に突入し，「ナラティブ」のフレームへシフトする（12 行目以降）．

　このフレームシフトのポイントとしては，C が D に対して親しみを込めながら，通常の会話ではあまり女性が用いないとされる「お前」（6，8 行目）や「こいつ」（12 行目）の使用が挙げられる．この使用は C と D の親密さも同時に示している．また，この時点で C と D が現在の会話情報を共有していることが分かり，他の A と B は聞き手側にまわる環境が整えられる．さらに，前述の「お前」という人称詞を使用した時点では，C は D にからかいのフッティングを向ける．人称詞が「こいつ」に移行し，A と B に視線が向けられることで，C は A や B を受け手として，D に関するナラティブを始めようとしていることが分かる．一方，D は話の中心人物であり，C と会話内容を共有しているものの，C のからかい（12 行目）に対して，B と共に笑いながら反応を示しているため（13～14 行目），このフレームでは聞き手として配置される．対照的に A は会話に積極的に参加せず，傍参与者として微笑みながら最小限の関与を示している．

(5-2)

15	C:	「まだ家かえってない」「まじかよ：」みたいな huhuhu HAHAHA ((なぐるジェスチャー))
16	D:	uhuhuhuhuhuhuhuhu ((A は笑顔))

17	D:	昨日はたまたまだよ：
18	C:	ええ，ほんまか：？ huhuhuhuhuhu
19	D:	［う：ん，uhuhuhuhuhuhu
20	B:	［haha
		((A は笑顔))
		(3.0)
21	C:	なんか，うん，カラオケとか朝，朝日のぼるまで行ったとか言うから，「あ，何こいつまじいいなあ」とか huhuhu
22	B:	［huhahahahah
23	A:	［huhahaha
24	D:	［uhuhuhuhuhuhuhu
25	A:	なかなかできんよな
26	C:	全然でき −

　CはDが夜遊びをしていた時の発話とその時のC自身の反応(15, 21行目)を直接引用しながら，感情を強めた表現(「まじかよ：」，「何こいつまじいいなあ」)や殴るジェスチャー，笑いを動員して，そのイベント時におけるCとDの複数のフッティングを示している．一方，聞き手側のDやBは，Cによるからかい(18行目)に対する同時笑い(19〜20行目及び22〜24行目)を提示している(図4：下段BDの破線矢印)．そしてAは笑顔(16, 20行目)のみの反応から，最終的には他の参与者に同調した同時笑い(23行目)や，Cの描写(21行目)に同調した反応表現(25行目)へと移行している．これらの聞き手行動を通して，A, B, Dは聞き手としてのフッティングを強化している．

　聞き手の積極的な関与の示し方では，複数の同時笑い(13〜14行目，19〜20行目，22〜24行目)が大きな役割を果たしていると言える．興味深い点としては，聞き手の参与形態の柔軟性と多様性が挙げられる．Dはからかいの対象者であるためこの会話の中で話し手との会話情報の共有度も高い．Cに対する口頭での反応(17, 19行目)，同時笑い(7, 9, 13, 19, 24行目)を通してDは同調しながらからかいを肯定的に捉え，積極的な関与を示している(図4：下段DからCへの実線矢印とCD破線矢印)．また，Bは会話の始まりで質問を投げかけた人物であるため(1行目)，Dに準じる受け手と

して質問(10行目)や同時笑い(14, 20, 22行目)によって積極的な関与をあらわしている(図4：下段BからCへの実線矢印).

一方，Aの参与形態には変化がみられた．上述の通り，会話の途中までは傍参与者としてほほ笑みによって最小限の関与を示していた(14, 16, 20行目)．しかし，同時笑い(図4：下段ABの破線矢印)やCに同調した反応表現を通して一気に受け手へと転じ，肯定的で積極的な関与へと大きな変化がみられ，最終的には会話参与者全員が積極的に会話に参与した円滑な会話の共同構築へと結びついている(図4：下段AからCへの実線矢印).

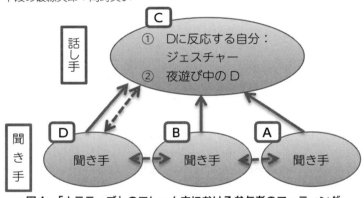

図4　「ナラティブ」のフレーム内における参与者のフッティング

以上の分析から，参与者の間で会話情報の共有状況によって参与形態に差が生じ，「不均衡」な参与形態がみられることが分かった．参与者の中で1人だけ会話情報を共有できない状況や数人による共有により，話し手のイベント描写に対して複数の聞き手が様々な積極的な関与を示すあり方について明らかにした．

5. おわりに

本章では日本人4名の会話参与者による会話から，「均衡」な参与形態と

「不均衡」な参与形態の両方を検討し，親睦を深めていく会話のプロセスを考慮した上で，特に聞き手のフッティングと積極的な関与の示し方を明らかにした．実際の会話例から，聞き手の中でも受け手と傍参与者の間で参与形態に差が生じることがあることや，消極的な傍参与者の参与も会話の流れの中で流動的に，柔軟に変化する様子を検証した．また，不均衡な参与形態が参与者間で認識された場合，均衡な参与形態へと導くような軌道修正が生じるという現象も考察した．さらに，最小限の会話への関与を示す傍参与者が徐々に話の盛り上がりや他の参与者に同調していく様子から，ダイナミックな聞き手の関与のあり方を明らかにした．

　従来の談話研究では，話し手と聞き手の立場や役割はそれぞれ独立した存在であり，かつ聞き手は補助的な存在として話し手が中心に捉えられてきた．このような従来の状況がある中で，会話は話し手から聞き手へと一方向へと流れるという固定した従来の会話の捉え方から，聞き手の役割を多角的に含めた参与枠組み(Goffman, 1981)の分析は，新たな談話研究の方向性を提示するものといえよう．しかしながら，実際の会話では本章でも検討したように，複数の聞き手が会話状況や会話内容，参与者間の関係性など様々な要因によって会話への参与を多様に変化させる．その参与のあり方の詳細についてはまだまだ開拓の余地がある．本章で分析した通り，受け手と傍参与者の動的で柔軟な参与形態とフッティングとの密接な関係性を探ることは重要である．それぞれの参与者は，話し手や聞き手の役割が一元的ではなく複数の役割を実際果たしていることや，現在の会話状況から即座に過去や未来のイベントフレームにシフトしながら，会話上の役割もシフトしていく多元的な役割の交差がみられることが分かってきた．フッティングはこのような入り組んだいくつもの層からなる，会話における参与形態や役割を特定するために有効な手だてと言える．

　今後の課題としては，本章で用いたデータは収集したデータコーパスの一部であるため，さらなるデータを観察していく必要がある．最後に，本研究を通して，参与者同士が会話を一緒に楽しみ，親睦を深めていく過程や不均衡な参与形態が均衡な参与形態に推移する過程には，話し手と協働しながら，聞き手によって紡がれる柔軟でダイナミックな参与形態と関与のあり方が深く反映されていることを強調したい．

謝辞

本章を作成するに当たり，編集の先生方に貴重なコメントを頂いた．先生方の多大なるご尽力に心より感謝申し上げる．本章は平成26〜28年度科学研究費（若手研究(B)）「現代日本社会におけるリスナーシップの役割：世代・ジェンダー・異文化との交差」（課題番号26770142　研究代表者：難波彩子）による研究成果である．

注

1) 主なフレームとして，ジョークやからかいなどが挙げられる（Bateson, 1972; Tannen, 1993）．

2) 会話例で示されるトランスクリプト記号は以下の通りである．

[	発話のオーバーラップが始まる箇所	(h), hh	笑い
,	発話が続くイントネーション	:	音の引き延ばし
<u>下線</u>	声質や音調の上昇によって生じる強調	xxx	発話が聞き取れない箇所
?	上昇調のイントネーション	–	発話の切断
(( ))	著者によるコメントやジェスチャーの記録	=	ラッチング

3) このような繰り返しの現象を，Du Bois (2014) では「共鳴」(resonance) として捉えている．

参考文献

Bateson, Gregory (1972). *Steps to an ecology of mind*. New York: Ballantine.
Clancy, Pataricia, Thompson, Sandra A., Suzuki, Ryoko, & Tao, Hongyin (1996). The conversational use of reactive tokens in English, Japanese and Mandarin. *Journal of Pragmatics*, 26, 355–387.
Clark, Herbert H., & Carlson, Thomas (1982). Hearers and speech acts. *Language*, 58(2), 332–373.
Du Bois, John W. (2014). Towards a dialogic syntax. *Cognitive Linguistics*, 25(3), 359–410.
Gardner, Rod (2001). *When listeners talk*. Amsterdam: John Benjamins.
Goffman, Erving (1974). *Frame analysis*. Massachusetts: Northern University Press.
Goffman, Erving (1981). *Forms of talk*. Philadelphia: University of Pennsylvania Press.
Goodwin, Charles (1986). Between and within: Alternative sequential treatments of continuers and assessments. *Human Studies*, 9, 205–217.
Hinds, John (1987). Reader versus writer responsibility: A new typology. In Conner, Ulla, & Kaplan, Robert B. (Eds.), *Writing across languages: Analysis of L2 text,* pp.141–152. Reading, MA: Addison-Wesley.
Kita, Sotaro, & Ide, Sachiko (2007). Nodding, *aizuchi*, and final particles in Japanese

conversation: How conversation reflects the ideology of communication and social relationships. *Journal of Pragmatics*, 39, 1242–1254.

水谷信子(1993).「共話」から「対話」へ　日本語学, 7(13), 4–10.

Namba, Ayako (2011). *Listenership in Japanese interaction: The contributions of laughter*. Doctoral Dissertation, Department of Linguistics and English Language, The University of Edinburgh, Edinburgh, Scotland.

Tannen, Deborah (1984/2005). *Conversational style: Analyzing talk among friends*. Norwood, New Jersey: Ablex.

Tannen, Deborah (1989). *Talking voices: Repetition, dialogue, and imagery in conversational discourse*. Cambridge: Cambridge University Press.

Tannen, Deborah (Ed.) (1993). *Framing in discourse*. New York: Oxford University Press.

Tannen, Doborah, & Wallat, Cynthia (1993). Interactive frames and knowledge schemas in interaction: Examples from a medical examination/interview. In Tannen, Dobrah (Ed.), *Framing in discourse*, pp.57–76. New York: Oxford University Press.

植野貴志子(2014). 問いかけ発話に見られる日本人と学生の社会的関係―日英語の対照を通して―　井出祥子・藤井洋子(編)　解放的語用論の挑戦―文化・インターアクション・言語―, pp. 91–121. くろしお出版

Yamada, Haru (1997). *Different games, and different players*. Oxford: Oxford University Press.

第 7 章

対立と調和の図式
―録画インタビュー場面における多人数インタラクションの多層性―

秦　かおり

1. はじめに

　本章は，相互行為談話分析として録画インタビューの参与枠組みを観察し，インタビューという名の下に集まったインタビュイー(以下 IE)やインタビュアー(以下 IR)といった参与者の間で，どのような不均衡性がどう生起し，またそれがアイデンティティ表出にどう関わるのかを解明することを目的とする．

　インタビューによる語りの研究は，エスノグラフィーや人類学，心理学，言語学，社会学など，数多くの分野で論じられており，その研究目的によって様々なアプローチがなされてきた．たとえば，言語学の分野においては Labov(1984) はインタビューを量的研究に必要な素材を提供するものと考え，相互行為の産物とは見なさずに IR の存在そのものに研究価値を見出さなかった．また伝統的な言語人類学においては，研究に必要な情報を得るツールの1つとして認識された(Duranti, 1997)．一方，「現実世界は社会的相互作用によって構成される」という社会構築主義の考え(バーガー・ルックマン, 1977)が多くの研究分野に浸透すると，現実は相互行為の中で作られるのだと考えられるようになったことでインタビューに対するアプローチも異なる様相を見せ始める．このような相互行為論の立場を採った場合，インタビューにおいては IE の語りだけでなく，IR との相互行為も分析の対象となる．その結果見えてくるものは，相互行為上編み出された「現実」であり，かつての，情報を運ぶ者／物としての導管的 IE から得られるものとは一線を画すこととなる．そこでは，その「現実」が誰にとっても事実であるか否かではなく，IR と IE という参与者の間でどのようにその「現実」が生成さ

れていくかというプロセスに焦点が当たる．本研究ではこの立場をとり，IR も含めた参与者全員を分析の視野に入れた上で，さらに先ほどまでそこにいた子供，語りの世界に登場する人物といったその場にいない関与者もインタビューでの相互行為に影響を及ぼすものとして分析対象とする．また，近年多くの調査で利用されるビデオ録画では，インタビューの場におけるカメラの存在そのものが，後日それを視聴し観察する者の存在をインタビュー参与者に想起させる．本研究ではこのような「インタビューの場に参与することはないが，後日それを視聴(観察)すると参与者に意識されている者」を「関与観察者」と名付け，考察していく．

2. インタビューの参与枠組みと不均衡性

　参与枠組み(participation framework)における参与地位(participation status)は Goffman(1981)によって提唱され，2者以上の会話を社会的相互行為とみなし参与者間の役割を整理したものである．1人は話し手(speaker)，もう1人は発話が向けられた受け手(recipient)であり，その他はその場にいることを承認された承認参与者(ratified participant)と規定する．対面場面における多人数インタラクションを想定した Goffman の枠組みでは，これらの役割は固定されたものではなく，その場その時でそれぞれの役割は互換可能であり，会話への参与を許されていないがその場にいる者(unratified participant)も含めれば多様な拡がりを見せる．

　これに対して一般的にインタビュー場面では，IR が質問者・聞き手で，IE は話し手であり，その役割は制度的に固定されている．しかしその固定された役割の中で，1980年代にはインタビューにおける話し手のディスコースは単なる「情報の言語」(language of information)によって客観的事実を運んで来るものではなく，今・ここの場の社会的・文化的・制度的コンテクストの中で可変的であり続ける(Briggs, 1986; Bauman & Briggs, 1990)と考えられ始め，そこに調査者(聞き手)と調査協力者(話し手)の相互作用的やりとりが存在すると捉える余地が生まれた．この相互作用の存在の肯定は，大別して2つの方向に振れた．1つは，インタビューに厳格なガイドラインを設けるなど(Fowler & Mangione, 1990)，IR が中立性を保ち，なるべく「受け身」(passive)でいることを重視する従来のインタビュー方法である．もう1つは，どのような方法を使おうと聞き手と話し手の相互作用は厳として

そこに存在するのだから，むしろ調査者からの働きかけや促しや評価を積極的に分析に取り込み調査しようとするアクティブ・インタビュー(Holstein & Gubrium, 1995; 桜井, 2002)である．本研究では，IR を含むインタビュー参与者全員の相互行為によって，どのように参与の(不)均衡性が変容するのかを調査の目的としているため，後者のインタビュー方法を採用する．

　また，このような変化を伴う参与地位の分析は，詳細な立ち位置の分析によって詳らかにされる．話し手の立ち位置とアイデンティティを分析するナラティブ分析[1]のポジショニング理論は，語られた世界の話し手の立ち位置(ポジショニングレベル 1)，今・ここの場で自己をどのように見られたいかという相互行為の場での立ち位置(ポジショニングレベル 2)，その場を離れたとしても持続する社会的文化的な自己の立ち位置(ポジショニングレベル 3)を設定した(Bamberg, 1997; De Fina, 2003; De Fina, Schiffrin, & Bamberg, 2006)．この理論を部分的に援用することで，インタビュー場面で一般的に質問者であり聞き手であるとされてきた IR にも，意見や評価を述べ，自らの体験談などを語ることで相対的な立ち位置を明示し，相互行為の参与者として他者との不均衡を調整する機会があることを示す．

　また，インタビュー参与者たちの立ち位置の調整は，言語行動だけではなく非言語行動も含めた総体としてのメッセージによって示される．したがって，ジェスチャーなどの身体表象を分析するため，Kendon(2004)，McNeill(2005)らによるマルチモーダル分析も援用していく．本調査の録画インタビュー場面は，マルチモーダル分析を行うにあたってその構造を見ると，一見したところ多人数参与者での相互行為場面であり，その布陣は典型的なO 空間を持った F 陣形(F-formation: Kendon, 1990)である．しかし，この布陣を録画インタビューにおける相互行為空間であると規定すると，異なる様相を示すこととなる．この点は考察において詳しく述べることとする．

3. データの特徴と参与者間の立ち位置調整への志向

　本章で扱うデータは，在英邦人 2 名と在英経験がある日本在住の日本人調査者 1 名で構成される 2 対 1 のインタビュー調査の一部である．2014年8 月に撮影された 1 時間59分のデータ中の 1 時間45分からの約 5 分間を書き起こし，録画資料とともにデータとした．本調査の目的は，移民としての在英邦人の出産・育児体験調査であり，4 回目のこの調査時には子供の学

習にまつわる体験と日本との比較を聞くことが目的であった．半構造化インタビューのため，「どうですか，お子さんの学校とか」といった簡単な質問のあとは自由に語ってもらっている．この3人の参与者は2010年から毎夏インタビューを繰り返し，個人的な友人関係と言っても良い間柄でありラポールはすでに構築されている．収録場所はIRのロンドン仮住居で，IEであるゆきとやよい[2]にとっては定期的に訪れる友人宅でもある．

表1　インタビュー参与者の属性情報（インタビュー当時）

	ゆき	やよい	かおり
職業	専業主婦	専業主婦	調査者
第1子	Year 1 （現地校・補習授業校に在籍）	Year 2 （現地校・補習授業校に在籍）	小学5年生
第2子	4歳	3歳	小学2年生
夫	日本語を話す英国人	日本語を話さない英国人	英語を話す日本人
家庭内での言語	日本語	英語	（基本的に）日本語
居住区域	ロンドン郊外（ロンドン南東部より引っ越し）	ロンドン南東部	日本

　調査の時期は，ゆきの第1子が日本でいうところの小学校と，日本語補習授業校（土曜日だけ開校される，現地校に通う日本人子女のための補習授業校）に通い始めたタイミングだったため，そこで話題となった部分を詳細に分析した．その分析部分では，例えばIE2名が「イギリス人の妻」対「在英イギリス人以外の妻」，「補習授業校でのママ友（日本人）」対「現地校でのママ友（主にイギリス人）」といった二項対立的な語りを2人で構築している．その際，その場にいない関与者を引き合いに出すことで，会話の開始部では必ずしも均衡関係になかったゆきとやよいが自分達を同一カテゴリーに分類し，その場の再コンテクスト化（Bauman & Briggs, 1990）を行っている．それにより，「自分達以外」のところに偏在する複数の不均衡軸を言語・非言語行動によって前景化させ，最後にはその場にいる3人の参与者間の不

均衡を矮小化・解消することに成功する．これは，二項対立的な比較を積み重ねることによって，相対的且つ個別のアイデンティティを生起させ，その場の参与者間の調和を保つ例といえるだろう．下記の図1はその5分間に生起した不均衡とその解消の流れである．

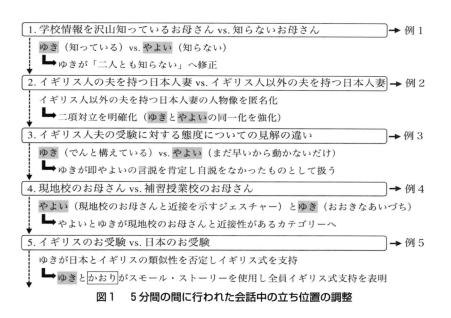

図1　5分間の間に行われた会話中の立ち位置の調整

例えば図1中の1は，本来ゆきが学校の情報を沢山持っているお母さんだったはずが，調整の結果，ゆきとやよいは等しく学校情報を知らないお母さんに修正された例である．それを含め，1から4までがIE同士の不均衡の矮小化・解消の例，5がIRも積極的に関わる不均衡解消の例である．次節では，図1の5場面について分析・考察を試みる．

4．分析：不均衡は如何に矮小化され解消されるのか
4.1　引用表現による不均衡の修正

不均衡の修正には図1で示したように幾つかの方法があるが，以下の例1は，引用表現を使ってイギリスの中学校にあたる学校情報を持っている

か否かという対立軸を修正した例である[3]．ゆきはこの例1の前に，地域の学校情報を非常に詳しく語っている．

例1)学校情報精通者(この場に実在しない者)vs. 非精通者(ゆきとやよい)への修正
1. ゆき：　　っ[ていう
2. やよい：　[そういう情報 [も
3. ゆき：　　　　　　　　　[も
4. やよい：子供が(.) [あんな(.)ちっちゃいぐらいの
5. 　　　　　　　[((自分の左側を右手で指差す))
6. 　　　　　お母£さん£でも
7. 　　　　　すごく詳しかったり[するよ↑ね
8. ゆき：　　　　　　　　　　　[詳しかったりする(.)
9. かおり：　　　　　　　　　　[°う：：ん°
10. ゆき：　　から h(.) [びっくりするよね
11. やよい：　　　　　　[びっくりする
12. 　　　　　(.)
13. ゆき：　　> どえどどど(.)なになになに<みたい°な°
14. 　　　　　<だけど：(1.0)だんなは：
15. 　　　　　[だんなたちは：>
16. 　　　　　[((ゆきとやよいの間を2回指差し往復))
17. 　　　　　結構どっしり構えてな↑い

　上記例1の背景情報として，ゆきはロンドン南東部からロンドン郊外に引っ越しをしているが，そこには数多くのグラマー・スクール[4]がある．しかし，もともと彼女たちが居住していた(そしてやよいが今も居住している)ロンドン南東部のその区域にはグラマー・スクールがなく，やよいにはあまり意味をなさない受験情報も，ゆきにとっては切実な情報であると言える．したがって，ゆきが受験情報の精通者でありやよいが非精通者であったとしても，彼女達が置かれた地域差を前景化させれば，情報保持の不均衡は本来調整する必要はないはずである．しかし，ゆきは自らが保持する受験情報を細かく述べた後に，「っていう」(1行目)と発言し，それらが全て引用であ

り，自分はそれを人から聞いて「びっくり」(10行目)した立場であるということを示す．これは，ポジショニング理論のレベル1における語りの世界の中で，ゆきが非精通者であったことを示し，レベル2の「今・ここ」の世界においてこのような話をしていても，自分は精通者ではなく，やよいと同等の立場であるという立ち位置を明確に宣言するものである．そして，4–7行目のように，やよいはゆきの発話を引き受けてストーリーの協働構築を行っている．さらに，「詳しかったりする」(7，8行目)，「びっくりする」(10，11行目)といった反復(repetition)，「だんなたち」(15行目)に伴うジェスチャー(16行目)によって，ゆきとやよいの親和性は高まり，対立軸はその場にいない学校情報精通者である関与者と，その場にいる参与者との間に移される．また，やよいも，4–6行目で「子供が(.)あんな(.)ちっちゃいぐらいのお母さんでも」と述べ，具体的に，「その場にいない学校情報精通者であるお母さん」像を明確に想定する．「あんな(.)ちっちゃい」(4行目)で指差しをしている先には，インタビューが始まる前まで自分達の子供が遊んでいたソファがある．つまり，「あんなちっちゃい」子供とは，自分の子供と同じくらいの年齢の子供のことであり，学校情報精通者の母親は，幼児の母親であることを示している．このように，当初，ゆきが精通者でありやよいが非精通者であった不均衡は，ゆきが引用表現を使ったことによってまず均衡への扉が開かれ，ゆきとやよいが協働構築を行うことによって「2人とも非精通者」という均衡へと調整されたのである．

4.2 対立相手の集団化による二項対立の明確化

上記の例1では，「すごく詳しいお母さん」という対立相手像が描かれ，それに対して自分たちは対立軸の反対側の「詳しくないお母さん」という同カテゴリーにいるのだという修正を行っていた．しかし，「すごく詳しいお母さん」は数多くおり，特に具体的な誰かを取り上げて対立しているわけではない．対立する相手に具象性を与える行為は，特定の具体的な相手との対立を意味するからだ．以下の例2においては，例1と同じように対立相手を参与者が属しているカテゴリーの外に出すが，そこでは手を尽くして対立相手を集団化し，個人の特定を防ぐ作業が行われている．

例2)「イギリス人の夫を持つ日本人」(ゆきとやよい)
　　　　vs.「イギリス人以外の夫を持つ日本人」(この場に実在しない者)
18. ゆき：　　　イギリス人(.)ではない
19. やよい：　　う：：：ん
20. かおり：　　育ってここで育ってない >°という人 [たち°<
21. ゆき：　　　　　　　　　　　　　　　　　　　　[そう
22.　　　　　　そういう人の方がすごい教育熱心だったりしな↑い
23.　　　　　　(.9)
24. やよい：　　だんなさん↑が=
25. ゆき：　　　=°うん°だんなさんがそういう人の方が°奥さ-°=
26. やよい：　　=あ：：：奥さんが教育熱心てこ↑と=
27. ゆき：　　　=そう
28. やよい：　　あ(.)今 [₁ずらっと頭(.)こう(.)[₂考え
29.　　　　　　　　　　 [₁((右手を額のところで右から左に
30.　　　　　　　　　一直線に2回移動させる))
31. ゆき：　　　　　　　　　　　　　　　　　　　[₂>ずらっと来↑て<
32. やよい：　　そうかも
33. ゆき：　　　**ずらっときたでしょう**
34. やよい：　　°ほんとだね [：°
35. ゆき：　　　　　　　　　[あたし(.)今ここめっちゃあたし
36.　　　　　　あ(.)°ここだって°(.)だいぶ前にね=
37. やよい：　　=気づいた=
38. ゆき：　　　=気づいた
39.　　　　　　(.)
40. やよい：　　でもそうだね：：
41. ゆき：　　　じゃな↑い
42. やよい：　　ほんとだね：：
43. ゆき：　　　°じゃない° [**ずらっずらっときたよずらっと**
44.　　　　　　　　　　　 [((右手を額のところで左から右に
45.　　　　　　　　　一直線に2回移動させる))

　　例2では，先にゆきが提案している「教育熱心だったり」(22行目)する属

性を持つ人々について，やよいは「あ(.)今ずらっと頭(.)こう(.)考え」(28行目)という発話と共に手を一直線に移動させるジェスチャーを行う．

やよい「ずらっと(28, 9行目)」

ゆき「ずらっと(43, 4行目)」

図2 「ずらっと」に伴うやよいとゆきのジェスチャー
（矢印はジェスチャーが行われた方向を示す．
ジェスチャーは肘を基軸として腕と手の平で行われている．）

このことによって，「ずらっと」思い浮かべたものは1人1人の顔というよりはその属性を持った人々が整列している姿であり，自分たち「イギリス人の夫を持つ日本人」とは異なる性質を持つ「イギリス人以外の夫を持つ日本人」を対立軸の向こう側として明示する．さらに「ずらっと」(28, 31, 33, 43行目)を反復することによりカテゴリー内の成員個々の顔はぼかしつつ，2つのカテゴリーの二項対立を強固なものとしていく．

この時，対立相手の匿名化が何故必要だったのだろうか．実はこの後の例では，「○○ちゃんところとかも」と具体的に氏名を挙げて発言している箇所がある．しかしそれはイギリス人の夫をもつ日本人の妻についての話であり，この例2で取り上げたような，「イギリス人以外の夫を持つ日本人の妻」ではない．ここでは，イギリス人の夫を持つ日本人の妻と，イギリス人以外の夫を持つ日本人の妻との間にある違いについて語る時，イギリス人以外の夫を持つ日本人の妻は匿名化しないと語れない理由があるはずである．それは，このIE2名が共にイギリス人の夫を持つ日本人の妻であり，それ以外を区別化する時，その発言が差別的にならないよう細心の注意を払って語っていることを表しているのではないだろうか．例えば，この例の後にイギリス人の夫とイギリス人以外の夫を比較する際，「これ撮られちゃってるからあれだけどさ」という発言があり，「談話の内容として区別化は行いたいが，それを差別的には受け取って欲しくない」という明確な意志が見て取れる．

第7章 対立と調和の図式　139

ここで行われている集団化は，万が一にも，区別した反対側（自分たちとは異なると述べた，対立軸の反対側）にいる人々の一人一人が個別に想起されることがないよう行われた行為であると理解できる[5]．そして，そこで行われた歪みのない一直線のジェスチャーと「ずらっと」は個別化・具体化を防ぎ，匿名化を高める道具立てと考えられる．この手続きによって，個別の顔は消され，対立軸の向こう側は「あちら側」の集団として強化されて，IE同士であるゆきとやよいは，その強化された対立軸の「こちら側」にいることとなった．この時，ゆきとやよいの間に生じていた教育情報の精通度や教育熱心度といった不均衡は矮小化され，「あちら側」に比べれば「瑣末な違い」となったのである．

4.3 同カテゴリー内での調整による同一性の強化

　ここまで2つの例は対立軸を作り上げてそれを強化する例であったが，本項で取り上げる例は，対立軸を作り，その同じカテゴリー内に属したIE2名の中で齟齬が生じた時，それを調整して同一化を交渉する例である．下記の例3の会話の前には，ゆきは「イギリス人以外の夫の場合は，自分が通ってきた道ではないので不安があり情報を集めることに熱心だが，イギリス人の夫は自分が通ってきたからでんと構えている」という趣旨の発言をしている．

例3）同一カテゴリー内での調整
46. ゆき：　　°なんていうの°で::んと構えてるよ↑ね
47. 　　　　　そのイギリスだって(.)たとえばさ
48. 　　　　　○○ちゃんところもさ
49. やよい：［そうだね
50. かおり：［ふ::ん
51. ゆき：　［結構だんなさん構えてるじゃん
52. かおり：そ［れイギリスの［文化なのかも£知んないんだけど£
53. やよい：　　［な°ん°　　　［うん構えているっていうか(.)
54. ゆき：　　°うん°
55. やよい：ま：だ早いんじゃないのみたいな：＝
56. かおり：［₁＝ああ

57. ゆき:　　　[₁= あ>そそそそそ<ま:だ早いんじゃな↑い
58.　　　　　　[₂°みたい°(.)で(.)そこその時にきたら
59. やよい:　　[₂そ:そんなチュー↑ターみたいな
60. ゆき:　　　やっぱり親はプッシュしないといけないとは
61.　　　　　　思うけど:
62. やよい:　　う:ん

　ゆきは，これまでには挙げなかった個人名を挙げた上で，イギリス人の夫は「で::んと構えてる」(46行目)と表現している．それに対して，かおりが52行目で「それイギリスの文化なのかも知んないんだけど」と述べるが，その発言はやよいにオーバーラップされ，「イギリスの文化」案は却下される．これと同時にやよいはゆきの発言に対し，「構えているっていうか」(53行目)，「ま:だ早い」(55行目)とゆきの発言内容を調整している．それに対し，かおりの「文化」発言にはコメントしなかったゆきは「あそそそそそま:だ早いんじゃない」(57行目)と間髪入れずに賛同し，修正を受け入れる．ここでは，実は「自分が通ってきた道だから不安はなくでんと構えている」という経験の問題と，「それはまだ早い」という時間の問題という重大な調整だったのだが，ゆきはやよいに反論しない．その後の会話では，その時がきたらやらせるけど，今はそうではない，今は教養を高める時期であるとイギリス人夫は思っていると，完全に「時期の問題」である，と話がすり変わっていく．

　先の例2では，妻の属性(イギリス人の夫を持っているか否か)が注視されたが，ここではイギリス人の夫とイギリス人以外の夫の態度を前景化させることによって，ゆきとやよいの考え方に違いがあってもそれは調整され，さらにイギリス人の夫を持たないかおりについては提案を受け入れず会話への参与を認めないことで，2人は相変わらず同じカテゴリーに居続けることができるのである．

4.4 ジェスチャーによる立ち位置の明示

　例3で行われた自己の属性の調整中，立ち位置を明示するある種のジェスチャーが提示された．それは，下記の例「こっち」(68行目)という指示詞と同期する，自分の側頭部辺りで2回手首を廻すジェスチャーの反復である．

例4）自己の属性と立ち位置を示すジェスチャー
68. やよい：　＝そうそうだから[₁こっちの現地校(.)のお母さんとも
69. 　　　　　そんなそこまでの(.)
70. 　　　　　　　　　　　　　[₁((右手で右側頭部あたりで2回
71. 　　　　　　　　　　　　手首を廻す))
72. かおり：　ん：：
73. やよい：　話にまだならな↑い
74. ゆき：　　うんうんうんうん
75. やよい：　それよりも(.)[₁あそこのアートスクール
76. 　　　　　よかったわよとか
77. 　　　　　　　　　　　　[₁((右手で右方向を指差す))

やよいが行っている「こっちの現地校のお母さん」(68行目)と同期するジェスチャーは，「こっち」ということばだけを取り上げれば指示詞であり直示的なジェスチャーが出そうな場面である．しかし，やよいはここで，自分の顔のすぐ横で少し丸めた手の平を顔の横で2回廻すことによって動かすというジェスチャーを行っている．これは明らかに，直示的ジェスチャー (deictics: McNeill, 1992) ではなく，より抽象的で概念や情報を描写する隠喩的ジェスチャー (metaphorics: 同上) と考えられる．

（矢印はジェスチャーが行われた方向を示す．ジェスチャーは少し丸めた手の平を顔の横で2回廻して行われている．）

図3　「こっちの現地校のお母さん」に伴うやよいのジェスチャー

やよいはこの後「あそこ」(75行目)という指示詞も使用しているが，その時は人差し指による直示的ジェスチャーを行っている．この時の指差しは，その先に実際に指示対象物があるわけではなく，直示身振りの中でもより抽

象的な，その場に存在しないものを指差す直示身振り (abstract deictics: McNeill, 1992) であった．また，この発言は，「あそこのアートスクールよかったわよ」(75-76行目) という「こっちの現地校のお母さん」の発話を直接引用したものであり，やよいがこのストーリーを今・ここの場の話ではなく，過去の体験談の中の「こっちの現地校のお母さん」の character viewpoint (同上) の視点で語っていることを示している．

　隠喩的ジェスチャーを自分の顔のすぐ横という自分と非常に近接した場所で行い，その後すぐにそれが表す「現地校のお母さん」という類像群の1人と自分の視点を同期させて発語していることは，やよいがこの場面では「現地校のお母さん」側により接近した態度を示していると判断することができるだろう．

　例3と考え合わせると，ゆきとやよいは「日本人妻」であるというよりも，「イギリス人の夫を持つ妻」として現地のイギリス人のお母さん達と同じ立場であるというカテゴリーに属しているという側面を強調するストーリーとなっている．

4.5　二項対立カテゴリー強化のためのスモール・ストーリー

　ここまで，やよいとゆきに関する不均衡の調整を中心に分析してきたが，最後にIRを含む属性の対立調整を分析する．ここで取り扱う事例では，その属性を持つ人間が必ずしもその文化的背景を受容していないという点に着目してスモール・ストーリーによる調整を行い着地点を見出だしている．具体的には，日本に居住しているかおりが日本式の教育よりもイギリス式の教育に共感を示すことで，3人の立ち位置が調整される例である．以下の例5は，イギリス式教育を支持するゆきと，日本の受験を現在進行形で体験しているかおりとのやりとりであり，かおりの質問から始まる．

例5) 対立カテゴリーに属しながらも対立軸を調整する必要がない例
89.　　かおり：　じゃなんかグラマー・スクールに入る子たちも
90.　　　　　　　日本みたいに°なんか°
91.　　　　　　　>小学校四年生ん時から他の習い事全部やめて
92.　　　　　　　がつがつがつってわけでは(.)<ないのかな
93.　　やよい：　ん(.)うう↑ん

第7章　対立と調和の図式　　143

94.	かおり：	ないの
95.	やよい：	う:ん(.)やっぱりイヤーフォーぐらいから
96.		チューターつけないと=
97.	かおり：	[=°あチューターつけないと°
98.	ゆき：	[= でもね:でもね:そうがつがつじゃない
99.		日本みたいにあ夕方から夜まで
100.		がっつりじゃないじゃん
101.	やよい：	そこまでは
102.	ゆき：	しないよ[ね
103.	やよい：	[しないのかな=
104.	かおり：	°う:ん°

```
105. ゆき：   =でhま(.)うちたぶんうちは:たぶ↑ん(.8)なんとなく
106.         もしチューターをつけるとしても:
107.         やらせる時は(.8)集中させて(.)やら[せる
108. かおり：                              [う:ん=
109. ゆき：   =<でも>:(.)ホリデーも行く↑よ(.)
110.         みたいな[感じ
111. かおり：        [うんうん
112. やよい：        [う::ん
113. ゆき：   そこではもう(.)ホリデーの時は忘れなさい
114. かおり： [うんうんうん
115. やよい： [うんうんうん
116. ゆき：   やるときゃやれ[みたいな
```
仮説のスモール・ストーリー

117.	やよい：	[うん
118.	ゆき：	[そうじゃないでしょ[日本て
119.	かおり：	[うん　　　　　　[うん
120.	ゆき：	夏休みは夏休みで塾夏期講習[行ったりしますよね
121.	かおり：	[うん　うん=
122.	やよい：	=あ、

123.	かおり：	だからうち××も夏期講習[行って：	
124.	やよい：	[ん：：	
125.	かおり：	[₁こっちきて：まあ最後何日間か	
126.		行かれなかったんだけど	
127.	やよい：	[₁ん：：	
128.	ゆき：	[°う：：ん°	
129.	かおり：	で[あれですからね	
130.		[((奥の机のテキストの山を指差す))	

裏付けとしてのスモール・ストーリー

131.	ゆき：	いやいいいい　いいいいいい
132.	かおり：	[@@£あれですよ£
133.	やよい：	[@@@@ホリデーだからいい@@@
134.	かおり：	<や：ま：の：よ：う：に>

　この例では，やよいはまず，イギリスも日本と同じように year 4 からチューター(家庭教師：イギリスでは塾産業が発展していない)をつけないといけないと述べ，日本とイギリスの事情は類似していると指摘する．それに対し，98行目でゆきは「でもね：でもね：」と日本とイギリスは異なることを述べ，やよいが指摘した類似性を否定する．そして，103行目で，やよいが「しないのかな」と述べ，賛同することにためらいを示すと，105行目から，仮説のスモール・ストーリーを始める．スモール・ストーリーとは，ここでは大きな話の流れの中でそれを補完したり強化したりするために語られる小さな語りのこと[6]で，ゆきは「もし自分が子供を受験させるとしたら」という「仮説の出来事」(hypothetical event: Georgakopoulou, 2010) を語るスモール・ストーリーを展開し，持論を強化する．それに対して，やよいも何度もあいづちを打つなど賛同を示し，ゆきはやよいを自分と同じカテゴリーに入れることに成功する．
　一方，かおりは，日本に居住する母として子供を受験させている体験を持ち，それを披露していく．「小学校四年生ん時から他の習い事全部やめてがつがつがつ」(91–92行目)，「や：ま：の：よ：う：に」(134行目) ある夏期講習のテキストを「あれですからね」(129行目) と表現し，手放しに賛同していない立場を表明している．この「であれですからね」というかおりの発話は笑いを含んでおらず，さらにここだけ敬体を使用することで，「あれ」

第7章　対立と調和の図式　　145

が(直接的にはテキストの山を指標しているが)間接的に指標している日本の受験体制が自分の側にはないことを暗喩する．それに対し，ゆきは「いやいいいい」(131行目)と，かおりの立場を受容する．このゆきの発言の後，「あれです」は132行目でも繰り返されるが，この時は笑いを含む発語となる．さらに，やよいが笑いながら「ホリデーだからいい」(133行目)とかおりを是認する行為に加わった後は，かおりは「や：ま：の：よ：う：に」(134行目)とわざとふざけた言い方を用いてテキストの山を揶揄し，この会話は終了する．

　まとめると，ここではかおりの疑問—イギリス式の受験と日本式の受験は違うのか—から始まったやり取りにおいて，まず英国在住のIE2人の間で認識の違いが露呈し，その調整が行われた．その後IRは，属性としては日本に居住する母であり，IE2人とは異なるカテゴリーにいても，心情的には日本方式に馴染まず，イギリス方式を説明されている時も大きく何度もあいづちをうち，スモール・ストーリーによって自己の立場に言及する．それはIE2人に「いいいい」(131行目)，「ホリデーだからいい」(133行目)と肯定されていくことで，段階的に「笑いを含まず立場を言明する発話」から「是認され笑いを協働構築する発話」へと変化していき，IE2人のカテゴリーに近接する者として受認されている．

5．考察：録画インタビュー場面における参与枠組みの多層性

　以上の分析を加味すると，会話の参与者は様々な方略を用いて参与地位を調整していると考えられる．以下の5.1では，時系列に沿った参与地位の変化プロセスをまとめ，5.2では，それが録画インタビューの場で行われたという事実を参与枠組みとの関わりで考察する．

5.1　参与者間インタラクションにおける参与地位の変化プロセス

　分析対象となった5分の間に行われた対立軸とカテゴリーを1つの図に表すと，下記のような複雑な構図となる．

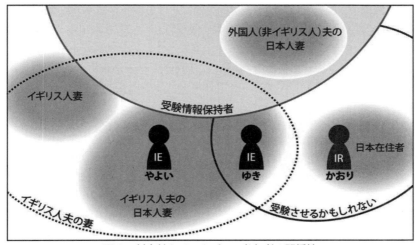

図4　対立軸とインタビュー参与者の関係性

　上述の通り，今回の分析においては，参与者間に不均衡が生じてしまった場合，それを放置したり助長したりする動きはなく，「イギリス人以外の夫を持つ日本人」，「イギリス人の妻」，「受験情報の精通者」など，よりダイナミックにその場に実在しない者をも巻き込んで，その場に実在している者同士の対立を避ける様子が観察された．この点は，参与枠組みにおける参与者は，その場に実在している人物だけではなく，そこに実在しないもの，過去に実在していたもの，その場の環境などといった「関与」をも参与として捉える試みと一致する（片岡・池田，2014）．むしろ，ここでは参与者間の衝突を避けるために，積極的かつ意図的に参与者間の対立軸を排除し，参与者の外側に対立軸を作って二項対立を明確化させ，自分たちがいるカテゴリーの枠線を強化してカテゴリー内部の同調を高めている様子が観察された．したがって，参与枠組みの不均衡には多層性があり，その多層性は様々な二項対立を（実在する参与者の外に対立軸を見出だして）変幻自在に多用することにより達成されていると考えることができる．また，ミクロなレベルで言えば，その達成のために用いる手段は，反復，表象的な身振り，語りの協働構築が挙げられる．

5.2 録画インタビューという制度的場面における参与枠組みの多層性

　本項では，より俯瞰的に，参与地位の多層性について考察する．具体的には「多人数インタラクション層」「インタビューという制度がもたらす関係性の層(以下「インタビュー層」)」「ビデオ録画という手法がもたらす関係性の層(以下「ビデオ録画層」)」という異なる3つの次元が生起していることを論じていく．

　まず多人数インタラクション層とインタビュー層について考察する．このデータは自由会話のようなテンポで進んでいるが，あくまでもインタビューであり，表面上，かおりはゆきとやよいが相互に語っている間は傍参与者としての地位を保つが，インタビュー場面のIRとしては，常に制度的に「質問者・聞き手」役割を担う．その状況はIE側から言えば，IE同士で「聞き手」「話し手」の参与地位を設定してやりとりをしていたとしても，それは常に，制度的「質問者・聞き手」であるIRに向けられた語りであるということだ．つまりこのインタビュー場面という参与の枠組みにおいては，IRもIEもその時々で聞き手，傍参与者，または話し手と役割が変容するが，その場その時に生起するやりとりの「聞き手」「話し手」とは別の次元で，IRがインタビュー場面の話し手にとって常に「聞き手」として存在するように制度化されることによって成立している．

　このことは，例2，3，5のかおりの発話に対するゆきとやよいの態度に端的に見ることができる．例2では，かおりはゆきの発話を受けて「ここで育ってないという人たち」(例2：20行目)と述べ，ゆきの発話内容を補足する．この発言はゆきに「そう」(例2：21行目)とオーバーラップされるが，ゆきの意図とターンを妨害しない．内容を補足するという意味では協働構築だが，かおりはIRとしての姿勢と役割を崩すことなく，インタビュー層の中に収まっている．それに対し例3では，かおりはゆきの語りに対し，「それイギリスの文化なのかも知んないんだけど」(例3：52行目)と，反論とも取れる別の解釈の提示を述べ始めた直後にオーバーラップされ，そのままターンを取り戻すことはなかった．ゆきとやよいが同一カテゴリーに入るかどうかという会話の中で，イギリスにいないかおりの解釈は，今・ここの場のIRとしては逸脱した行為だったと言える．これらに対し，日本も含んだ内容の語りである例5では，かおりは当事者として多人数インタラクション層に収まり，話し手として相互行為に積極的に加わることを受認される．

ここでは，インタビュー層に属する IR としての役割は後景化し，多人数インタラクション層が前景化するのである．

まとめると，インタビュー場面において IR は，場の参与者としてそこに存在し，聞き手・話し手・傍参与者と，今・ここの時の必要性に応じて参与地位を次々に変えていく．その一方で，IR の役割という制約を受け，ことばや目線でアドレスされていなくても，IR は全てを聞いていることを課された観察主体であるべきという二重構造になっており，その時その時でどちらかが前景化することで適切な振る舞いが決定するということである．

そしてさらにもう一つの多層構造，「ビデオ録画層」を考えなければならない．インタビュー録画を行う意味は，後で観察し，分析を通じて理論構築と社会への応用に帰するためである．つまり，録画インタビューの場とは，後でその場にいなかった者が分析者の視点で関与することを予め全員が意識し，それが参与枠組みの中に組み込まれていることを意味する．例えば例 2 における匿名化や「これ撮られちゃってるから」という例 2 後の発話は，録画がもたらす影響，つまり後日への配慮，「記録」への用心であったと言うことができるだろう．

これを従来の参与枠組みの図式に当てはめるのは難しい（本書「第 1 章」参照）．後でビデオを観察する者は，会話に参与することを許されない[7]が，「後でビデオ観察されることが分かってインタビューが収録されている」という意味において盗み聞きとも立ち聞きとも違う，関与することを否応なく意識されてしまっている者，という地位であるからだ．これを仮に「関与観察者」と名付けると，先ほどの「多人数インタラクション」という層，それをインタビューという制度がもたらす関係性を携えた層，さらにそれをビデオ録画という手法で切り取る層という三重の次元が異なる層が生まれることになる．そしてその外側にはさらに，カメラの向こうから（観察することを承認された）「関与観察者」，そして不特定多数のオーディエンスがいることをも示唆される．

アクティブ・インタビューは IR が促しや語りを行うために，一見普通のインタラクションに見える．しかしそれがインタビューという制度的場面である以上，またさらに録画という記録媒体を通している以上，その多層性は当初想定された参与枠組みよりも複雑なものとなり，その場に生起する不均衡やその調整も多様なものとなる．たとえば多人数インタラクション層では

頻繁に不均衡とその矮小化・解消が起こるが，インタビュー層において IR と IE という役割がもたらす不均衡は容易には解消されない．それどころか，層に分けて分析することで，インタビューという制度がもたらす層においては厳として IR が IR であるようにデザインされ続けることが示された．しかし，IR と IE がその役割を越えてインタラクション層において相互行為を行う時，そこで生起する不均衡は様々な手段で矮小化され均衡にされていく様子が観察された．

6. 結語

インタビューという枠組みの会話においては，IR と IE という参与者がおり，そこに不均衡があるというだけでなく，語られるストーリーの中にいる人物の存在，その場に先ほどまでいた人物の影響，カメラの存在など，その枠組みを形成する全ての存在が不均衡に関与するものとして分析対象となる．対立軸を外に見出だして実在する参与者間の対立を避けるという現象は，インタビューで生起する参与者間においても頻繁に観察された．本章では，それが時として別のフレームを用いて不均衡を解消したり際立たせたりする重層的なものであることを描き出し，インタビュー場面を複数の層に切り取って分析・考察することで，参与枠組みの解釈を拡げることの有効性を証したといえるだろう．

この分析結果は，この研究の枠内に収まらない．自らが所属するカテゴリーの外側に別のカテゴリーを設置し，それを異質なものとして分類することによって，同じカテゴリーに属する者の強化を図る方法は，例えば仮想敵を作り国威高揚を図る政治的手法など，歴史的に見ても数多く存在する．これが戦時中や有事などといった非日常ではなく，インタビューの場で，しかも日常会話に近い友人同士の間でなされていることが分析結果から証明されたことは特筆に値するだろう．また，今もそしてこれからさらに様々な電子媒体がコミュニケーションの現場に入って来る．その時，参与者の振る舞いは既存の枠組みでは捉え切れないだろうという予測の一端を見せた．この点については今後さらなる調査と分析を行っていきたい．

謝辞

イギリスにおけるインタビュー協力者の方々，2015年2月に開催された「参与(関

与）枠組みの不均衡を考える」ラウンドテーブルにてコメントを下さった方々，特に片岡邦好氏，池田佳子氏に心から謝意を表します．なお本研究は科学研究費挑戦的萌芽研究「出産・育児体験ディスコースに見る女性の意識と社会・文化環境：日英米比較研究」（課題番号22653060，代表 秦かおり）および科学研究費基盤(C)「言語的・非言語的『不均衡』から見る社会的実践の諸相」（課題番号25370499，代表 片岡邦好）より助成を受けています．

注
1) このようにナラティブを相互行為としてのアクションとして捉えた分析はナラティブターン以降であり，それ以前は1人語りとしてのナラティブ分析が主流であった(Labov, 1972, 1997; Labov & Walezky, 1967; Georgakopoulou, 2010)．
2) IEの氏名は全て仮名である．
3) トランスクリプト記号は以下の通り．

[	オーバーラップ	£	笑いながらの発語
ゴシック	分析上の強調	(.)	2秒以下の沈黙
__	強調表現	h	呼気
(0.0)	それ以上の沈黙	< >	周辺よりも遅い音
><	周辺よりも早い音	[(( ))	ジェスチャー
↑	音の上昇	°°	周辺よりも小さい音
-	言いさし表現	:	長音
=	続けて聞こえる発語		

4) 英国では，小学校から日本の中学校に進学する時，幾つかの選択肢がある．いわゆる「受験」をせずにエスカレーター式に進学できる公立学校（ステート）と，「受験」があるグラマー・スクールである．グラマー・スクールは，公立ではあるものの，日本の私立学校受験のような位置づけと考えるとイメージしやすい．ステートもグラマーも同じように毎年ランキングが発表され，評価付けされており，保護者はそのランキングや周囲の情報からよりよい学校を求めて情報合戦を繰り広げる．これは日本以上に，学校間でのレベルの差が激しいことに由来する．
5) これは他者化の構造でもあるがここでは割愛する．
6) それ以外にも，大きな語りの流れの中以外にも語られることがあり，語りを拒否する語りなども含まれる(Bamberg, 2004; Bamberg & Georgakopoulou, 2008; De Fina & Georgakopoulou, 2012; Georgakopoulou, 2006, 2007, 2011)．
7) 今回のインタビューの場合，「関与観察者」はその場の参与者の1人でもあったので，会話に参与することはできたが，後で観察する時に遡って関与することはでき

ないという意味で「会話に参与することを許されない」と判断する.

参考文献

Bamberg, Michael (1997). Positioning between structure and performance. In Bamberg, Michael (Ed.), Oral versions of personal experience: Three decades of narrative analysis, *Journal of Narrative and Life History*, 7, 335–342.

Bamberg, Michael (2004). Form and functions of 'slut bashing' in male identity constructions in 15-year-olds. *Human Development*, 47, 331–353.

Bamberg, Michael, & Georgakopoulou, Alexandra (2008). Small stories as a new perspective in narrative and identity analysis. *Text and Talk*, 28(3), 377–396.

Bauman, Richard, & Briggs, Charles L. (1990). Poetics and performances ad critical perspective on language and social life. *Annual Review of Anthropology*, 19, 58–88.

バーガー, ピーター L. ・ ルックマン, トーマス (1977). 日常世界の構成―アイデンティティと社会の弁証法― 新曜社

坊農真弓・高梨克也 (編) (2009). 多人数インタラクションの分析手法 オーム社

Briggs, Charles L. (1986). *Learning how to ask: A sociolinguistic approach of the role of the interview in social science research*. Cambridge: Cambridge University Press.

Clark, Herbert H. (1996). *Using language*. Cambridge: Cambridge University Press.

Clark, Herbert H., & Murphy, Gregory L. (1982). Audience design in meaning and reference. *Advances in Psychology: Language and Comprehension*, 9, 287–299.

De Fina, Anna (2003). *Identity in narrative: A study of immigrant discourse*. Amsterdam: John Benjamins.

De Fina, Anna, Schiffrin, Deborah, & Bamberg, Michael (Eds.) (2006). *Discourse and identity*. Cambridge: Cambridge University Press.

De Fina, Anna, & Georgakopoulou, Alexandra (2012). *Analyzing narrative: Discourse and sociolinguistic perspectives*. Cambridge: Cambridge University Press.

Duranti, Alessandro (1997). *Linguistic anthropology*. Cambridge: Cambridge University Press.

Fowler, Floyd J. Jr., & Mangione, Thomas W. (1990). *Standardized survey interviewing: Minimizing interviewer-related error*. London: Sage.

Georgakopoulou, Alexandra (2006). Small and large identities in narrative (inter-)action. In De Fina, Anna, Schiffrin, Deborah, & Bamberg, Michael (Eds.), *Discourse and identity*, pp. 83–102. Cambridge: Cambridge University Press.

Georgakopoulou, Alexandra (2007). *Small stories, interaction and identities*. Amsterdam/Philadelphia: John Benjamins.

Georgakopoulou, Alexandra (2010). Narrative analysis. In Wodak, Ruth, Johnstone, Barbara, & Kerswill, Paul (Eds.), *The SAGE handbook of sociolinguistics*, pp.386–411. London: Sage Publications.

Goffman, Erving (1981). *Forms of talk*. Philadelphia: University of Pennsylvania Press.
Holstein, James A., & Gubrium, Jacob F. (1995). *The active interview*. London: Sage Publications.
片桐恭弘・片岡邦好(編)(2005). 講座社会言語科学5 社会・行動システム　ひつじ書房
片岡邦好・池田佳子(2014). 談話的「不均衡」はいかに解消されるか　社会言語科学会第33回大会発表論文集, 150–153.
Kendon, Adam (1990). *Conducting interaction: Patterns of behavior in focused encounters*. Cambridge: Cambridge University Press.
Kendon, Adam (2004). *Gesture: Visible action as utterance*. Cambridge: CUP.
Labov, William (1972). *Language in the inner city*. Philadelphia: University of Pennsylvania Press.
Labov, William (1984). Field methods of the project on linguistic change and variation. In John Baugh and Joel Scherzer (Eds.), *Language in Use: Readings in Sociolinguistics*, pp. 28-66. Englewood Cliffs, NJ: Prentice Hall.
Labov, William (1997). Some further steps in narrative analysis. In Bamberg, Michael (Ed.), *Oral versions of personal experience: Three decades of narrative analysis,* Special Issue. *Journal of Narrative and Life History*, 7(1–4), 395–415.
Labov, William, & Waletzky, Joshua (1967). Narrative analysis: Oral versions of personal experience. In Helm, June (Ed.), *Essays on the verbal and visual arts*. Seattle; WA: University of Washington Press.
McNeill, David (1992). *Hand and mind*. Chicago: University of Chicago Press.
McNeill, David (2005). *Gesture and thought*. Chicago: University of Chicago Press.
桜井厚 (2002). インタビューの社会学―ライフストーリーの聞き方―　せりか書房

第8章

発話と活動の割り込みにおける参与
―話し手の振る舞い「について」の描写が割り込む事例から―

安井永子

1. はじめに：話し手の振る舞い「について」の描写の割り込み

　本章で扱うのは，3人以上による多人数会話における，以下の例で見られるような現象である．この例は，7名の友人会話からの抜粋である．

（1）
```
1    加茂： [>ぼく<ね　ば-
2    中居： [プールも：
3    加茂： →プール　それね　プ[ールはたしかにね
4    寺里： =>                    [あ(h)いつ
5         => ほんとに自分の(0.2)　((参与者全員が視線を寺里に))
6    長友：      [うん
7    寺里： => [なんか　>話せる話題になると<((加茂を指さしながら))
8         => すっごいしゃべる(h)よ(hh)[ね
9    加茂：                            [((下を向く))
10   奥田：                            [uhu [huhuhuhu
```

　3行目の，加茂の発話の産出中，4行目で寺里はそれに重なる形で発話を始めている．加茂が「プールそれね」と3行目で述べた時点は統語的にも文がまだ産出途中であるほか，加茂がこれから何を言おうとしているのかもまだ明らかではなく，加茂のターンがまだ続くことが期待できる地点である．にもかかわらず，その直後，寺里が4行目で加茂の発話に重なる形でターンを開始している．ここで，寺里が加茂を指さしながら産出する「あいつほ

155

んとに自分のなんか話せる話題になるとすっごいしゃべるよね」は，寺里が発話を開始する前に加茂が述べたことへの反応ではなく，加茂の現在の振る舞い「について」(メタコメント的に)描写するものである．つまり寺里は，加茂のターンの途中で発話を開始することで，加茂が「今」行っていることについて「今」，つまり，オンタイムで言及することを行っていると考えられる．このように，本章では，多人数会話において(1)現在の話し手の現在の振る舞いについて，(2)現在の話し手のターンの途中で述べるという現象について検討する．

1.1 発話の重なりと割り込み

上記の事例では，寺里は加茂のターンの完結を待たず，加茂の発話途中でターンを開始している．会話では通常，「順番交替システム」(turn-taking system: Sacks, Schegloff, & Jefferson, 1974)が作動し，単一の会話内では一度に一人ずつ話す(one at a time)ことが守られる．そのため，会話の参与者は，次の話し手へのターンの移行が適切となる「移行適格場」(transition relevance place, 以下 TRP: Sacks, Schegloff, & Jefferson, 1974)まで待ってから，次ターンを取得するのが原則である．

会話分析研究では，2名以上が同時に発話することで起こる発話の重なり(overlap)は，順番交替規則の違反によって起こる場合よりも，むしろその産物として生じることが多いことが示されている(Jefferson, 1984; Sacks, Schegloff, & Jefferson, 1974)．ターンの完結可能点付近で起こる重なりは，次の話し手がターンの完結を予測して早く次ターンを開始した結果であり，ターンの冒頭で起こる重なりは，2名以上の参与者が TRP で同時にターンを開始したために起こるものであり，どちらも次の話し手になろうとする参与者が順番交替規則に指向するために起こるものである．また，ターンの途中で重なりが起こる場合でも，話し手がこれから何を言おうとしているかがわかった時点で次の話し手が発話を開始することによる重なり(recognitional onset)であることが多い(Jefferson, 1984)[1]．しかしながら，事例(1)で見られる発話の重なりの開始は，統語的にも文の明らかな産出途中であり，進行中の発話においてこの先何が述べられようとしているのかが予測可能になる前の時点である．つまり，この寺里の発話は，順番交替規則への違反によって引き起こされた，加茂の「ターンへの割り込み」であると考えられる．ま

た，同時に，それまで進行していた行為の連鎖を中断させ，途中で別の連鎖を開始させる，「連鎖への割り込み」ともなるものである．

1.2 本章の目的

通常，会話では直前の行為に対して次の話し手が応答を産出することで，行為の連鎖が構築される．それに対し，この章で検討するのは，事例（1）のように，直前の行為に対する応答としての行為が次の話し手によって産出されるのではなく，現在の話し手による行為「について」別の話し手が描写をするという，行為の連鎖の構築の外で起こる現象である．その場にいる参与者について，その参与者に対してではなく，別の参与者に向けて言及するという同様の行為については，初鹿野・岩田（2008）が分析している．初鹿野・岩田（2008）では，そのような行為が，言及対象となる参与者のターンの完結後に産出されるケースが取り扱われているのに対し，本章で検討するのは，そのような行為が，言及対象となる参与者のターンの完結前に，それに割り込んで産出されるケースである．そのような行為が話し手のターンと連鎖にどのように割り込み，達成されるのか，そして，それが割り込みという形で行われることによって何が達成されているのか，それらを会話分析の手法を用いて明らかにし，割り込みに関わる参与について考察することが本章の目的である．

1.3 会話の参与枠組み

多人数会話では複数の聞き手がいるため，割り込み前の発話はどのような聞き手に向けられているか，どのような聞き手が割り込みを行うか，割り込んだ発話がどのような聞き手に向けられるかも考慮する必要がある．Goffman (1981) は，発話の聞き手の「参与地位」(participation status) に基づいて，聞き手を次のように分類する「参与枠組み」(participation framework) を提示している．

1) 「立ち聞き者」(overhearer)，または「会話への参与を承認されていない参与者」(unratified participant)
    i. その場に存在していることが他の参与者に気付かれてはいるものの，会話の参与者としては認められていない「傍観者」(bystander)
    ii. その場に存在していることも気付かれていない「盗み聞き者」

(eavesdropper)
2） 話し手になることができる，「会話への参与が承認された参与者」（ratified participant）
　ⅰ．話し手の発話の直接の宛先である「受け手」(addressee)
　ⅱ．話し手から発話を直接宛てられていない「傍参与者」(side participant)

　Schegloff(2000, 2002)は，現在の話し手の途中で開始される発話が，それまでの発話と同じ受け手に向けられていたり，現在の話し手に向けられている場合は割り込みとなりうるが，現在の発話の受け手とは異なる参与者（つまり傍参与者や傍観者）を受け手としている場合は，割り込みではなく，それまでの発話の受け手とは別の参与者を受け手とした新たな枠組みの会話の開始，つまり，会話の分裂(Egbert, 1997)の開始として扱うことができると述べている．また，他者の発話に割り込みを行うのが，その発話の受け手なのか，あるいはそれ以外の参与者なのかによって，割り込みの達成のされ方も異なると考えられる．そのため，本章では，(1)どのような参与地位を持つ参与者によって，(2)どのような参与者を受け手として割り込み発話が産出されるか，および，割り込まれる発話と割り込む発話の参与枠組みに着目する．

2. 分析方法
2.1 概要

　上記の通り，本章では，話し手の発話の途中で，その話し手の現在の振る舞いについての発話を産出する「割り込み」の達成の手続きについて探る．これまで，会話における割り込みについては，割り込みの種類の分類や，会話における割り込みの機能や効果について検討されることが多く(町田, 2002; 劉, 2012; Tannen, 1984)，割り込みがどのような手続きで達成されるかについては，あまり明らかにされていない．割り込みを達成させるためには，他者の発話中にランダムに発話を開始させればいいわけではなく，割り込みに先立って，現在の話し手に向けられている他の参与者の注意を自分へと向けさせる必要がある．そのため，割り込みがどのように達成されるかの解明のためには，割り込みが生じた後だけでなく，割り込み前の割り込む側の振る舞いにも着目する必要がある．高梨(2011)は，複数の活動が同時進

行している状況において，一方の活動に従事している者が他方の活動に割り込む場面を分析し，割り込む側が発話の休止や指さしという非言語資源を用い，割り込みを受ける会話の参与者からの視線を獲得することで，割り込みを開始していることを観察している．本章でも，割り込み前に，割り込みを行う参与者がどのように他の参与者の注意をひき，割り込みを達成させているのかに着目する．分析では，（1）割り込みを行う参与者が割り込み前に何をするか，（2）割り込みによって参与枠組みがどのように変化し，それによって参与者が何を行うか，に焦点を当てる．

2.2　分析手法とデータ

本研究は，相互行為における連鎖の組織を解明する会話分析の手法を用いて，日常の自然会話を分析対象とする．使用したデータは，親しい間柄にある友人間の自然会話場面のビデオ収録コレクションのうち，3名以上の参与者を含む会話場面である．データとして用いたいずれの会話場面においても，参与者はテーブルの周りに座り，軽食を取りながら会話に従事していた．

会話断片の書き起こし（トランスクリプト）には，音声発話だけでなく，割り込みの際に観察された身体動作を写真や文で示したほか，それらの開始位置と終了位置を「/」を用いて発話上に明示している（トランスクリプトで用いた記号についての詳細は，注に記している[2]）．

3.　受け手による割り込み

まず，話し手の発話の直接の宛て先である「受け手」が，話し手のターンに割り込む事例を検討する．以下は，H, M, Y, T, Rの5名の女性による日常会話からの断片である．ここでは，化粧品の使用が話題となっており，この断片に先立って，アンチエイジング用化粧品は，若い店員より年配の店員が売る方が「説得力がある」，ということが話されていた．最年長で，化粧品に詳しいH（40代半ば）が，ある高級化粧品ブランド（ジバンシー）に興味があると述べたのに対し，そのブランドのアンチエイジング用化粧品を，最年少のM（20代半ば）が使用していると明かした直後の会話が以下の断片である．Mが普段あまり化粧をしないことは，ここにいる参与者全員が知っている．以下の断片が示す通り，Mは化粧品について説明を開始してすぐ，H

による割り込みを受けている.

(2) [Japanese tea time 1, 26:26, ジバンシー]
1　R:　　ジバンシーの(.)化粧品は(.)
2　　　　使ったことない[な そういえば =
3　H:　　　　　　　　　[ないよね:
4　Y:　　　　　　　　　[°わたしも°
5　R:　= [う:ん
6　M:　= [けしょうひ[んはね:
7　Y:　　　　　　　[あ.hh [h　チークだ[け
8　T:　　　　　　　　　　[こ-香水　　[ぐらい
9　H:　　　　　　　　　　　　　　　　[↑ね有名だよね::=((Y に))
10　Y:　= うん [チークはいろんな [色が
11　R:　　　　[う:ん((T に))
12　M:　　　　　　　　　　　　　[四色の(.) [入ってるやつ:?
13　Y:　　　　　　　　　　　　　　　　　　[°そうそうそう°
14　M:　私リップグロス>も-今<　すっごい愛用してて
15　　　　シャネルよ[り好きなの.
16　H:　　　　　　　[いい?
17　　　　(0.3)
18　R:　へ[:　[::　　[:
19　T:　　[ふ[:　　[:ん
20　Y:　　　[°そう[なんだ°
21　M:→　　　　　[なんかシャネ[ルのね:
　　　　　　　　　　　　　Mから視線を逸らす　視線をTの方に移し，左手を持ち上げる
22　H:=>　　　　　　　　　[　[/な(hh)ん(hh)/

左人差し指でMを指さす　　　　　　　　左手を下ろす

```
23      =>/ せっとくりょ(.)(h)く(h)[あ(hh)る[よ:/[ね/
24  M:                         [heh heh  [heh
25  T:                         [なんかす[ごい色々=
26  R:                                       [hahahaha((三回うなずき
    ながら顔を上げる))
27  Y:                                         [ね((笑い,Tに視線)
28  T:  =あ-知ってるんだ[ね　ま[いちゃん((Mは笑い後方に仰け反る))
29  Y:                    [う:     [ん
30  R:                         [(そんな)ジバンシー
31      知(h)って(h)るんだま(h)いちゃ(h)ん.　hahahaha
32  Y:  [しかもそんな高級系なの:　[まいちゃん
33  H:  [まいちゃ::ん          [そ::
34  M:  .hhh
35  H:  あ お母様がほら
36  M:  .hh
37  Y:  お母さんg-[じゃ　仕事で[そ-
38  M:          [ん-あ-     [そう
39      [そうそうそ[デューティーフリーで働いてんだけど:
40  Y:  [あ.hhh   [そっかそっか
41      そっ[かあ
42  M:     [昔シャネル担当で[:今はジバンシー担当な[の.
43  Y:                   [う::ん            [そうなんだ:いいな:
```

第8章　発話と活動の割り込みにおける参与　　161

この断片の冒頭では，Rが「ジバンシーの化粧品は使ったことないなそういえば」(1,2行目)と，話題になっている高級化粧品ブランドの化粧品の使用経験がないことを述べる．それに対し，Rの発話が終わる前に，Hが同意を示したほか(「ないよね：」(3行目))，Yが「あ.hh　チークだけ」(7行目)，Tが「こ-香水ぐらい」(8行目)とそれぞれ述べており，M以外の参与者全員が，「ジバンシーの化粧品」の使用経験がほとんどないことを示す．その中で，「私，リップグロスも今すっごい愛用してて，シャネルより好きなの」(14,15行目)と，Mは，先に述べたアンチエイジング化粧品に加えてリップグロスも「愛用」するほど使っていることを示すほか，「シャネルより好きなの」と，別の高級ブランド化粧品の使用経験があることも示す．それに対し，Mの発話中にHは「いい」(16行目)と確認を求め，0.3秒の間の後その他の聞き手は一様に新情報の受け取りを示す反応をする(「へ::::」，「ふ::ん」，「そうなんだ」)．Mはその後「なんかシャネルのね：」(21行目)とターンの継続を示す．

しかしながら，Mの発話はHによって継続を阻止される．Mが「なんかシャネル」と言い終わるあたりでHはMから少し視線を逸らした後，Mの「のね：」に重複して笑いを含ませながら「なん」(22行目)と発し，左手を左隣のMの方向に向けて上げながら視線を他の参与者の方へと移す．そして，上げた左人差し指でMを指さし，笑いながら「せっとくりょくあるよね」(23行目)と述べると，左手を下ろす．

3.1　話し手の振る舞いについての言及

Hのこの発話は，聞き手からの笑いによる反応を受けている．ここは，他の参与者が「ジバンシーの化粧品」をほとんど使ったことがないと述べる中，Mがそのリップグロスも「すっごい愛用している」と強調した上に，「シャネルより好きなの」と，別の高級化粧品ブランドの製品も使用したことがあることを示した場面であった．その上でMが「なんか：シャネルのね：」と「ね：」を伸ばして開始したことで，これからシャネルの製品についてさらに話を続けることが示されている．にもかかわらず，その直後，「せっとくりょくあるよね」という発話がHにより産出されていた．先行する会話において，Mは，肌の綺麗なH(参与者の中で一番の年長者)がアンチエイジング用化粧品を売っていたら絶対に買うと述べ，自分のように若い者が店員

では売れないと話していた．それに対し，Mが店員なら「説得力あるかもね」とHは述べたが，Mはアンチエイジング用化粧品は年配の店員が売らないと年配の客には売れないと述べ，「若い店員が売っても売れない」という意見を再度強調していた．そのため，ここで，化粧品の良さについて説明するMの様子を，Hが「説得力ある」という，以前用いた表現で描写することは，自らが既に述べた意見がやはり妥当であり，Mが自らの主張に反した振る舞いをしていることを指摘するものであると考えられる．まさにMがさらに発話を続けることが投射された直後に，Hが化粧品について説明するMの振る舞いについて言及したことにより，Mが高級化粧品ブランドの良さについて熱弁をふるう様子に焦点が当たり，Mが自分の述べたことに反した振る舞いをしていることが面白さとなって聞き手の笑いを引き出したと考えられる．

3.2 割り込む行為の産出過程とデザイン

ここで，HがどのようにMのターンの途中で発話を開始させることができたかについて詳しく見てみたい．まず，笑いを含ませながら「なん」(なんか)と，「ターン開始要素」(turn-entry device: Schegloff, 1987, 1996; 平本, 2011)を用いることで，Hは笑うべき何かについての発話を開始しようとしていることを示し[3]，他の参与者に自分への注意を促している．そして，他の参与者へと視線を向けることで彼らが自分の発話の直接の「宛先」であることを示している．それと同時に，Mからは視線を外すことで，Mが発話の直接の宛先ではないことを示しつつ，Mに向けて指さしをすることにより，Mを発話の「言及対象」に位置付けている．その結果，YとTがHに視線を向けることより(Rは床に寝ている赤ん坊をあやしている)，Hは受け手からの注意を獲得する．このように，ターンの開始に先立って，受け手からの注意を引いた後，視線と指さしによってM以外を「受け手」に，Mを「傍参与者」かつ「言及対象」に，それぞれ位置付けていることがわかる．

更に，Hの発話「せっとくりょくあるよね」のデザインより，それが聞き手からの特定のタイプの反応を引き出すものとして発されていることがわかる．まず，笑いながらMの振る舞いについて述べることで，それが笑うべきものであることを示し，聞き手からも同様に笑いを引き出そうとしている(Jefferson, 1979)．事実，「せっとくりょく」とHが笑いながら発した直後，

その言及対象であるMが最初に笑い始め(24行目)，発話の受け手のRも笑いながら顔を上げ，Hに視線を向けている(26行目)．また，「せっとくりょくある『よね』」という発話は，Mが今行っていることを単に描写するだけでなく，それについての同意要求であり，次のターンで受け手からの同意がくることを強く期待する形式の隣接ペアの第一ペア部分である(Schegloff & Sacks, 1973)．このように，Hは自分の発話に対して笑いか同意かが期待される反応であることを受け手に示し，反応を要請していることより，新たな連鎖の開始が示されている．

3.3 割り込んだ行為への反応

　Hの発話に対する受け手の反応を見ると，必ずしもHへの同意が産出されているわけではないことがわかる．自分の振る舞いについてコメントされたMが後ろに仰け反って笑い，自分の振る舞いの可笑しさに気付いたことを示す反応をしたのに対し(24行目)，Tはまず，Mが高級化粧品についてよく知っていることへの驚きや意外さを表明しており(25, 28行目「なんかすごい色々あ - 知ってるんだねまいちゃん」)，それに同意するように，Yも「うん」と言った後，同様に驚きと意外さを示している(32行目「しかもそんな高級系なのまいちゃん」)．Rは26行目で笑いながら3回うなずくことで，最初はHへの同意を示すが，その後「そんなジバンシー知ってるんだまいちゃん」(30, 31行目)と，やはりMの示した知識に驚いたことを表明している．これらの反応は，参与者たちが意外に感じるほど，Mが化粧品についての知識を示していたことがうかがえるものであると同時に，Hが茶化したMの話す様子ではなく，Mが化粧品についてよく知っているという側面に他の参与者たちが焦点を当てていたことが明らかになるものである．そのため，Hは「あ，お母様がほら」(35行目)と，Mがなぜ多くの高級化粧品を使用しているのかの理由説明を開始しており，その後Mも中断された発話を継続することなく説明を行っている(38, 39, 42行目)．つまり，Mは，Hによる発話の割り込みによって生じた会話の焦点のズレを受け入れており，Hによる発話の割り込みを，自分の発話の進行と，それまで進行していた連鎖の進行とを阻んだ侵犯的なものとしては捉えていないことがわかる．

3.4 まとめ

以上，進行中の発話の受け手がその発話への割り込みを行うケースの分析において，割り込む参与者は，笑いとターン開始要素によって他者からの注意を得て，視線と指さしで，現在の話し手を傍参与者かつ言及対象，それ以外を受け手として位置付けることで，言及対象である現在の話し手には発話を向けていないことを示していた．そのように現在の話し手が，割り込んだ発話の受け手ではないことを示すこと，そして，まだ進行中のターンが完結可能点に達する前にそのターンに割り込むことによって，割り込んだ行為が，現在の話し手による行為への応答を行っているのではないことが理解可能となると考えられる．つまり，今行っていることが話し手の今の行為への応答ではなく，話し手の今の行為「について」メタコメント的に描写するという行為であることが，敢えて順番交替規則に違反することによって提示されていると考えられる．また，そのような割り込みによって，それまでの話し手以外の参与者による，会話への参与が引き起こされていた．今までの連鎖に新たな連鎖が割り込み，会話の焦点に急な変化が生じたこと，また，新たな参与枠組みが提示されたことで，それまでの話し手が特定の話題を独占するという状況が崩れ，それ以外の参与者に参与の機会が与えられたと考えられる．

4. 傍参与者による割り込み

次に，発話の直接の受け手ではない「傍参与者」が話し手の発話中に割り込みを行う場合をみてみよう．この場合，受け手が割り込む場合とは異なるやり方で割り込みが組織されている．事例（3）は，7名の参与者による会話からの断片である．この断片に先立って，加茂が普段からプールに通って泳いでいることが話題になる中，中居も日常的にスポーツジムに通っていることが明らかにされていた．そして，加茂が中居にスポーツジムでどのような運動を行っているかについて質問したことから，加茂と中居の二者間でのみの会話が続いていた．スポーツジムに通うという共通経験を持たないその他の5人の参与者は，その間，二人のやりとりを聞いている傍参与者であった．

（3）[Sendai 3, 18:20, Gym]
((加茂と中居の間で，スポーツジムに関する会話がしばらく続いていた))
1　中居：あ　行ってます:¿
2　　　　(0.2)
3　加茂：いあ　ぼく行ってるんですけどね　あ[の:
4　中居：　　　　　　　　　　　　　　　　　[うんうんうん
5　加茂：[>ぼく<ね　ば-
6　中居：[プールも：
7　加茂：→プール　それね　プ[ールはたしかにね
8　寺里：=>　　　　　　　　　[あ(h)いつ
　　　　　　右手を前方に((視線を長友，福山へ))
9　　　　=>／ほんとに自分の／　(0.2)((参与者全員が視線を寺里に))
10　長友：[うん

　　　　　　　　加茂へ指さし((視線は加茂へ))
11　寺里：=>[なんか　>話せる話題になると<

12　　　　=>すっごいしゃべる(h)よ(hh)[ね
13　加茂：　　　　　　　　　　　　　　[(((下を向く))
14　奥田：　　　　　　　　　　　　　　[uhu [huhuhuhu
15　姜：　　　　　　　　　　　　　　　　　[hahahahaha [ha
16　中居：　　　　　　　　　　　　　　　　　　　　　　[haha

```
                    ((寺里は指さしを引っ込める))
17  中居：  haha/ha [ha              /
18  長友：       /   [↑いいじゃ:ん /huhuhu
19  姜 ：  .hh .hh
20  中居：  .hhh   [( )
21  長友：      [いやどうぞどう[ぞ  ((加茂に))
22  姜 ：              [はい¥どうぞどうぞ
23         [どうぞ¥((加茂に))
24  福山：  [¥はいどうぞどうぞ¥=((加茂に))
25  姜 ：  =.hh [¥どうぞどうぞ¥((加茂に))
26  寺里：    [(その話聞く聞く)
27  中居：  [ど(h)うぞ(h)ど(h)うぞ(h)っ[てめ(h)っちゃい(h)って
28  長友：  [素晴らしい
29  姜 ：                    [¥聞きた::い¥
30        ¥聞きた::い¥.hh [hahahaha .hh .hh
31  奥田：                [hahaha
32  中居：                [huhuhu huhu  .hh
33  加茂：                [確かにね((中居に視線を向ける))
34        あの  あの  スタジオっていうか  あの  ((中居に))
```

　ここでは，傍参与者である寺里が，加茂のターン中に発話を開始し，加茂以外の参与者に向けて加茂の現在進行中の振る舞いについて言及している．まず，加茂が中居に向けた発話の「プールそれねプールはたしかにね」（7行目）は，これからプールに関する発話が続くことが予測される，明らかな発話の産出途中である．しかし，その直後，寺里は笑いを含ませながら「あいつ」（8行目）と発し，「ほんとに自分の」（9行目）と言いながら右手を挙げるとともに，視線を加茂から長友や福山の方へと移す．参与者全員が寺里に視線を向けると，寺里は挙げた右手を加茂に向けて伸ばしながら指さしを産出し，再び加茂に視線を移して，笑いながら「なんか話せる話題になると」（11行目）と発話する．そして，加茂への指さしを維持したまま，「すっごいしゃべるよね」（12行目）と，加茂の現在の行動について述べる．加茂以外の参与

者全員がそれに笑いで反応し，視線を寺里から加茂へと移すと，寺里は加茂への指さしを引っ込める．

4.1 話し手の振る舞いについての言及

　話し手の現在の振る舞いについて言及する寺里の以上の行為は，話し手への「からかい」として産出され，参与者たちにもそれが理解されていることが観察できる．初鹿野・岩田(2008)は，目の前にいる参与者について，その参与者以外に向けて言及することは，言及対象となる参与者へのからかいや褒めとして産出されることが多いことを観察している[4]．Drew(1987)は，からかいは先行話者が愚痴や自慢や褒めなどの行為を，やり過ぎだと感じられるやり方で行ったその次のターンで，別の話し手がその主張に対して懐疑的な態度を表わすやり方で行われると論じている．事例(3)で起こるからかいは，からかわれ手には向けられておらず，それ以外の参与者に向けて発されているが，からかいの対象となるのが，話し手の「話し過ぎ」であるという点で，Drew(1987)のケースと重なる部分がある．この場面は，他の参与者を差し置いて，加茂がスポーツジムに関連して中居に多くの質問をすることで，加茂と中居のみの間で長い間質問と応答の連鎖が続いた後であった．ここでは，寺里の指摘によって，ここで加茂が行っていることが「話し過ぎ」であると位置づけられている．実は，この断片に先立って，加茂が会話にあまり積極的に参加しておらず，会話に「飽きている」様子が寺里によって指摘される場面があった．それに対し，ここで寺里が言及するのは，スポーツジムの話題で長い間会話を続ける加茂の様子である．そのため，寺里による，「ほんとに自分のなんか話せる話題になるとすっごいしゃべるよね」という加茂の行動の描写は，先行する加茂の行動との対比を指摘するからかいとして聞くことができると考えられる．事実，寺里の発話が終わる前に奥田が笑い始めたほか(14行目)，姜，中居，長友と，加茂以外の参与者全員もそれに続いて笑いで反応していることより(15から18行目)，彼らが寺里のからかいを理解し，受け入れていることがわかる．

4.2 割り込む行為の産出過程とデザイン

　事例(2)の場合と同様に，進行中のターンの産出中に開始される寺里の発話は，最初に他者からの注意喚起が行われるほか，発話が受け手からの反

応を要請する形にデザインされていることが観察できる．まず，寺里は「あいつ」と発する際に笑いを含ませることで，これから笑うべき何かについて言及がなされることを投射させ，その後「ほんとに自分の」と述べた後に一度発話を区切り，間を生じさせることで，他の参与者からの注意を引いている．そして，寺里と同様に傍参与者であった長友や福山に視線を向けることで，彼らを受け手として位置付けている．このとき，奥田や中居の方に寺里の視線は向けられていないが，彼らにも聞こえるように発話されていることにより，彼らも受け手に含められていると考えられる．

次に，寺里は「あいつ」と言った後に加茂に指さしを向けることで，「あいつ」の指示対象が加茂であることを示すほか，二人称ではなく，「あいつ」という三人称の代名詞を用いることで，加茂に向けて発話しているのではない，つまり，加茂が発話の受け手ではなく，言及対象になるということも示している．このように，発話を開始することを示しつつ，視線，指さし，人称代名詞によって，これから開始される新たな会話の参与枠組みが参与者に提示されている．さらに，目の前にいるのにもかかわらず「こいつ」でなく「あいつ」という人称代名詞と指さしとで加茂を指すことで，自分や自分の発話の受け手と，加茂との間に距離感を作り出し，距離を置いた位置から加茂について何かを言おうとしていることも示していると考えられる．

4.3 割り込んだ行為への反応

寺里のからかい発話は，事例（2）と同様に，発話に笑いを含ませることで，受け手からの笑いを促しているほか，「すっごいしゃべるよね」と，受け手からの同意を要求する形にデザインされている．これに対し，受け手は笑いで反応しており，寺里が加茂の行動について表わした見解を受け入れていることが示されている．

一方で，からかわれ手はからかいの受け入れを拒否していることが観察できる．からかい発話の産出中，寺里が最初，「あいつほんとに自分の」と発し，右手を加茂の方向に伸ばし始めると，加茂は発話を中断し，寺里に視線を向ける．次に，寺里は加茂の方に向けてゆっくり前方に伸ばしていた右手をここで完全に伸ばして加茂に向けて指さしを産出し，加茂に視線を移す．つまり，ここで寺里は加茂も受け手に引き込んでいると考えられる．その後，加茂は，寺里が加茂へのからかい発話を完結させるまで，寺里に視線を向け

ている.

　しかしながら，寺里のからかい発話の後，他の参与者が笑いで反応する一方で，加茂はすぐさま寺里から視線を外し，下を向く(13行目).これは，自分に向けられたからかいに反応することを拒否する振る舞いであると考えられる．その後，他の参与者が「どうぞどうぞ」と加茂に会話の継続を促すが(21行目から30行目)，加茂は応答せず，中居に視線を戻し，中断される直前に発したこと(「確かにね」)を再度述べて(33行目)，中断される前の連鎖に戻ることを示す．Drew(1987)は，からかいに気付くことと，気付いたことを表わすこととの違いを指摘している．自分へのからかいを無視した場合，からかわれた参与者はそのからかいに気付いていないわけではなく，そのからかいを応答するに足らないものとして捉えていることが示される．割り込みを受けた加茂は，自分へのからかいを認識してはいるものの，それに反応を示さずに中断される直前の地点に戻ることで，からかいを連鎖から「切り離して」いると考えられる．Schegloff(2002)は，例えば，最初の話し手は，次の話し手によって割り込みを受けた後も，自らの発話を継続させ，割り込みを受けた発話がまだ終わっていなかったことを割り込み後に示すという方法によって，割り込みを，ターンの進行を阻んだ侵犯的なものとして扱うことができると論じている．ここでの加茂の振る舞いは，それまで続いていた自分のターンと連鎖に対し，寺里によるからかいが侵犯的な割り込み行為であったことを示すものであると考えられる．

4.4　まとめ

　以上，進行中のターンの受け手ではない傍参与者が割り込みを行う事例の分析でも，まず，事例(2)と同様に，進行中の発話に割り込んでターンを開始するために，割り込みを行う参与者が，笑いや間の挿入などで参与者から注意を引いていたほか，受け手からの反応を要請する形に発話をデザインし，受け手から反応を引き出すことで，新たな連鎖を開始させていたことが観察できた．一方で，受け手が割り込みを行う事例(2)とは異なり，この事例では，傍参与者が直接現在のターンに割り込むのではなく，まずは他の傍参与者を受け手とした発話を開始することで，現在のターンの中断を引き起こしていた．次に，視線や指さしや三人称代名詞を用いてその話し手を言及対象に位置付けた上で，受け手から外し，それ以外の参与者に向けて発話

するよう参与枠組みを調整していたことが観察された．事例（2）と同様に，進行中の発話の話し手が，割り込んだ発話の受け手には含まれないことを示すことと，順番交替規則に敢えて違反し，進行中の発話で何が言われるかが開示される前に割り込みを行うことで，割り込んだ発話で行っていることが，進行中の発話への応答ではないということが理解可能となると考えられる．また，進行中のターンと連鎖が中断され，新しい連鎖が新しい参与枠組みで開始されたことで，それまで長い間ターンを取っていた話し手以外の参与者の参与の機会が生じたことも観察できた．一方で，事例（2）と異なり，割り込まれた話し手は，割り込んだ発話の途中で受け手として引き込まれたいが，割り込んだ発話の受け入れを拒否する反応を示していた．

5. おわりに：連鎖の構築に貢献しない行為の割り込みの達成

　本章では，多様な聞き手が存在する多人数会話において，参与の形が即座に変化すると考えられる割り込み場面で，参与の形がどう組織され，どのような参与を誘発するかについての検討を試みた．そして発話を産出している話し手のそのときの振る舞いについて，別の参与者が，進行中の発話の完結を待たずに言及するケースにおいて，進行中のターンと連鎖へのそのような割り込みがどのような過程で達成されているか，それによって何が成し遂げられるか，について検討した．分析により，進行中のターンの直接の受け手が割り込みを行う場合と，傍参与者が割り込む場合とのいずれのケースにおいても，進行中のターンへの割り込みを開始する話し手は，まず他の参与者の注意をひくほか，言語・非言語資源を用いて参与枠組みを調整しながらターンを開始させるという形で，段階的に割り込みを達成させていた．特定の反応を要請する形に発話をデザインすることで新たな連鎖を開始させることにより，進行中のターンだけでなく，進行中の連鎖への割り込みも達成させていた．また，参与枠組みの調整によって，割り込ませる発話を進行中のターンの話し手に向けないよう参与の形を構成することも観察された．統語的にターンが完結可能点に達する前であり，話し手が進行中のターンで産出しつつある行為が何であるのかが開示される前に，それに重ねて発話を開始すること，そして，進行中のターンの話し手を，その発話の受け手としないことにより，その発話は，「進行中のターンで為されている行為への応答ではない」，つまり，「進行中の行為の連鎖に貢献するものではない」というこ

とが示されると考えられる．加えて，話し手のターンの完結を待たないことは，その話し手が「今」していることについて「今」述べることを可能にしている．つまり，敢えて順番交替規則に違反し，進行中のターンの途中で別の発話を開始させることによって，進行中のターンへの応答ではなく，現在の話し手が行っていること「について」のメタコメントをオンタイムに産出しているということが示されていると考えられる．

　また，割り込み後の連鎖の観察からは，次の 2 点が明らかになった．1 点目は，このような新たな連鎖が割り込むことによってもたらされるのは，会話の方向性の急な変化であるという点である．割り込みによって進行中の発話と連鎖が中断され，会話の焦点がずれることと，割り込んだ発話が受け手からの反応を要請するデザインになっていることで，それまで中心的にターンを取っていた話し手以外の参与者たちがターンを取り，会話に参与する機会が開かれていた．2 点目は，割り込みを受けた参与者が，どのようにして割り込みを扱うかという点である．割り込まれた参与者が割り込みによって中断された発話を再開させることには指向せず，割り込みによって開始された新たな連鎖をそのまま受け入れ，進めている場合，割り込みがターンと連鎖の進行を阻んだ侵犯的なものとしては扱われていないことがわかる．それに対し，割り込みが侵犯的なものとして扱われた場合は，割り込みによってターンを中断させられた参与者は，中断を受ける直前の地点に連鎖を戻すことを示すことで，割り込みが，ターンと連鎖の進行を阻んだ侵犯的な行為であったことを遡及的に示していた．

　ここで，言及対象となる参与者に，その発話を直接宛てていない（発話の受け手としていない）というのは，その参与者を発話の「聞き手」にしていない，というのとは異なるという点に注意されたい．その参与者を発話の直接の「受け手」としては発話していないが，それはその参与者に聞かれることが前提となっていないわけではない．発話を行う際に，発話の受け手を指定することは，その発話を特定の誰かにのみ聞かせることを目的としたことではなく，その発話をどのように聞くべきかという参与の仕方を提示するものである（受け手はその発話への反応を次に示すことが求められるのに対し，傍参与者にはそれが求められない，など）．本章で見た事例では，言及対象となる相手はその発話の直接の受け手からは外されているが，その発話がその対象に聞かれるように産出されている．そうすることにより，(「陰口」な

どではなく）褒めやからかいという行為として理解可能となっていると考えられる．

最後に，今回扱ったどちらの事例にも見られた，指さしという非言語資源の使用について少し考察したい．目の前にいる相手を敢えて指さすという冗長にも思える振る舞いにより，単に指さしを向けた参与者が言及対象であることを示す以上のことが行われている可能性が考えられる．一つは，今述べていることが，今目の前で行われていることに関することであるという共時性を示すことである．つまり，指さしにより，今目の前で起こっていることについて述べていることを示すことで，「今ここで」他者のターンの途中にもかかわらず発話を行う理由を提示することもできると考えられる．また，もう一つは，指さしが話題の対象として指さしの宛先を焦点化するという可能性である．指さしが行うこれらの相互行為上の仕事に関しては，更に多くの事例の検討を重ねることで，今後検証を行いたい．

本章は，多人数会話において，あえて順番交替規則の違反をすることで達成される行為における参与の形を扱った．今後，多人数会話における様々な参与の形式とその達成をより明確にしていく必要があるだろう．

謝辞

本章に対しては，編者の片岡邦好先生，秦かおり先生，池田佳子先生，および林誠先生，初鹿野阿れ先生，EMCA互助会のみなさまから貴重なコメントをいただいた．こころからお礼申し上げたい．

注

1) ここで挙げた3つのタイプの重なり（発話末付近の重なり，ターン冒頭の重なり，この先何が言われるかが予測できた時点で起こる重なり (recognitional overlap)）以外にも，Schegloff (2000, 2002) は，以下の3つは相互行為上問題のない重なりであり，「重なりの解消装置」(overlap resolution devices) によって解決されるべきものとしては扱われないことを指摘している．（1）継続子 (continuers)：今の話し手の発話の最中に，聞き手が話し手に理解を示し，ターンの継続を促すために発する「うんうん」などの聞き手行動との重なり，（2）ターンへの条件的アクセス (conditional access to the turn)：聞き手が話し手の進行中の発話を完結させる「協働構築」("anticipatory completion" (Lerner, 1991, 1996)，"collaborative constructions" (Sacks, 1992)) を行ったり，話し手による言葉探し (word search) に参加してそれを助けたりするなど，聞き

手が話し手の産出途中の発話の進行を助ける種類の発話を産出することによる重なり，（3）「合唱的」現象("choral" phenomena)：発話に対する笑いや，集団で行われる挨拶など，他者と呼応して同時に行われることが強制，または許されている種類の発話の重なり．

2）会話データの書き起こしは，Gail Jeffersonによる会話分析のトランスクリプション規則に従った．使用した記号と意味は以下の通りである．

：	直前の音の引き延ばしとその長さ
（数字）	沈黙の長さ
.hh	吸気音とその長さ
hh	呼気音とその長さ
(h)	笑い声
[	発話の重なりの開始
]	発話の重なりの終了
＝	繋がれた二つの発話が隙間なくつながっている
．	語尾の音が下降している
，	語尾が継続音調
°文字°	相対的に小さい声で発話されている
文字	相対的に大きい声で発話されている
－	直前の音が中断されている
＞文字＜	相対的に速く発されている
((文字))	身体動作の描写

3）ターン冒頭におかれる「なんか」は，「ターン開始要素」(turn-entry device)の一つであり，それ自体に語彙的な意味はないが，その話者がターンを取得しようとしていることを示す役割を果たす(平本，2011)．

4）事例(2)のHによる行為も，Mの振る舞いに対する評価という意味で，「褒め」と捉えることのできる行為である．

参考文献

Drew, Paul (1987). Po-faced receipts of teases. *Linguistics*, 25(1), 219–253.
Egbert, Maria M. (1997). Schisming: The collaborative transformation from a single conversation to multiple conversations. *Research on Language and Social Interaction*, 30(1), 1–51.
Goffman, Erving (1981). *Forms of talk*. Philadelphia: University of Pennsylvania Press.
初鹿野阿れ・岩田夏穂 (2008). 選ばれていない参加者が発話するとき―もう一人の参加者について言及すること―　社会言語科学，10(2), 121–134.
平本毅 (2011). 発話ターン開始部に置かれる「なんか」の話者性の「弱さ」について　社会言語科学，14(1), 198–209.

Jefferson, Gail (1979). A technique for inviting laughter and its subsequent acceptance/declination. In Psathas, George (Ed.), *Everyday language: Studies in ethnomethodology*, pp. 79–96. New York: Irvington.

Jefferson, Gail (1984). Notes on some orderlinesses of overlap onset. *Discourse Analysis and Natural Rhetoric*, 500, 11–38.

Lerner, Gene H. (1991). On the syntax of sentences-in-progress. *Language in Society*, 20(3), 441–458.

Lerner, Gene H. (1996). On the "semi-permeable" character of grammatical units in conversation: Conditional entry into the turn space of another speaker. In Ochs, Elinor, Schegloff, Emanuel A., & Thompson, Sandra A. (Eds.), *Interaction and grammar*, pp. 238–276. Cambridge: Cambridge University Press.

劉佳珺（2012）．会話における割り込みについての分析―日本語母語話者と中国人日本語学習者との会話の特徴― 異文化コミュニケーション研究, 24, 1-24.

町田佳代子（2002）．初対面の会話における発話の重なりの効果 北海道東海大学紀要, 15, 人文社会科学系, 189-210.

Sacks, Harvey (1992). *Lectures on conversation* (vol 1). Oxford: Blackwell Publishers.

Sacks, Harvey, Schegloff, Emanuel A., & Jefferson, Gail (1974). A simplest systematics for the organization of turn-taking for conversation. *Language*, 50(4), 696–735.

Schegloff, Emanuel A. (1987). Recycled turn beginnings: A precise repair mechanism in conversation's turn-taking organization. In Button, Graham, & Lee, John R. (Eds.), *Talk and social organization*, pp. 70–85. Clevedon, UK: Multilingual Matters.

Schegloff, Emanuel A. (1996). Turn organization: One intersection of grammar and interaction. In Ochs, Elinor, Schegloff, Emanuel A., & Thompson, Sandra A. (Eds.), *Interaction and grammar*, pp. 52–133. Cambridge: Cambridge University Press.

Schegloff, Emanuel A. (2000). Overlapping talk and the organization of turn-taking for conversation, *Language in Society*, 29(1), 1–63.

Schegloff, Emanuel A. (2002). Accounts of conduct in interaction: Interruption, overlap and turn-taking, In Turner, Jonathan H. (Ed.), *Handbook of sociological theory*, pp. 287–321. New York: Plenum Press.

Schegloff, Emanuel A., & Sacks, Harvey (1973). Opening up closings. *Semiotica*, 8, 289–327.

高梨克也（2011）．複数の焦点のある相互行為場面における活動の割り込みの分析 社会言語科学, 14(1), 48-60.

Tannen, Deborah (1984). *Conversational style: Analyzing talk among friends*. New York: Ablex Publishing.

第3部

実業・制作の場面における参与・関与

第 9 章

傍参与的協同
―歯科診療を支える歯科衛生士のプラクティス記述―

坂井田瑠衣

1. 多人数インタラクションにおける「傍参与的協同」

　社会的に期待された役回りの異なる者同士が顔を合わせ，さまざまな身体的やりとりを交えた相互行為が展開される事例として，医療場面がある．医療場面は昨今多くの研究で分析対象とされ，医療者と患者が，各々にとって利用可能な身体的資源を用いて，医療場面に特有のやり方で相互行為を組み立てていることが詳らかにされてきた(e.g. Heath, 1986)．

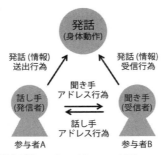

図1　SHU(Speaker-Hearer-Utterance)図式
木村(2003, 2010)より引用．（　）内は筆者による追記事項[1]．

　医療などの対面的状況において，複数人の身体を介した共同作業が進行する過程には，互いの身体が観察可能になっているという性質，すなわち身体の観察可能性(Goffman, 1963; 高梨, 2010)が寄与している．一般的に，話し手の伝達意図を伴うコミュニケーションでは，まず，話し手Aが発話を送

出する（発話送出行為）とともに，その発話を，聞き手Bに対して何らかの手段で宛てる（聞き手アドレス行為）．そして聞き手Bは，送出された発話を受信する（発話受信行為）とともに，話し手Aに対して聞き手として振る舞う（話し手アドレス行為）．木村（2003, 2010）は，この構図をSHU（Speaker-Hearer-Utterance）図式として定式化している（図1）．このSHU図式において，「発話受信行為」の矢印が（「発話」から「聞き手」ではなく）「聞き手」から「発話」に向けられているのは，「聞き手が発話を受信する」ことがある種の能動性を孕む行為だからであろう．例えば公共空間において，あえて他人の会話を聞いていないように振る舞う場合があることからも[2]，「聞き手」が「聞き手」として「発話」を受信する行為は，能動的あるいは選択的な行為であると捉えることができる．

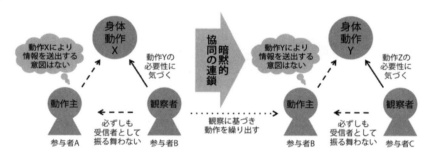

図2　暗黙的協同の連鎖構造
SHU図式（木村, 2003, 2010）をもとに作成．坂井田・諏訪（2015）も参照．

この能動性が如実に発現するのが，「受信者」（B）が動作主体（A）の身体の観察可能性を利用する場面である．たとえAがBに対して何らかの情報を伝達する意図を持っていなくても，BはAの身体動作Xを観察することで，Aの認知状態を推定し，新情報を取得することができる（図2左）[3]．取得した情報に基づいて，Bは自らに必要と思われる動作Yを繰り出すことで，医療のような共同作業は暗黙裡に連鎖する（図2右）[4]．「暗黙的協同」（坂井田・諏訪, 2015）と呼ばれるこの過程（図2）を経ることで，共同作業における全ての工程やそのタイミングがそのつど言語化されなくても，作業は円滑に遂行されうる．もちろん，動作主AがBに対して情報を送出するという

伝達意図を持たなくとも，自らの動作がBにとっての視覚的資源となりうることにA自身が自覚的であることは，大いにありうる．むしろAが，自らの動作が資源として利用されることを期待しつつ動作を繰り出す場面も想定されるが，本章で焦点を当てていくのは，その一般的な期待以上に，BがAの動作を視覚的資源として敏感に利用しているように見える場面である．

　本章では，医療場面のなかでもやや特異的な構造を持つ，歯科診療における暗黙的協同に注目する．歯科診療場面には，歯科医師と患者に加えて，しばしば歯科衛生士が傍らに参与する．このことは，歯科診療がいわゆる多人数インタラクション(坊農・高梨, 2009)の構造を持ちうることを意味する．多人数インタラクションとは，3者以上の参与者によって組織される相互行為である．多人数インタラクションにおいて，話し手以外の聞き手は，受け手(addressee)や傍参与者(side-participant)といった参与地位(participation status)を担いうる(Goffman, 1981; Clark & Carlson, 1982)ため，このことが参与構造上の不均衡を生み出すことになる．すなわち，話し手が当座の発言を直接宛てている聞き手(受け手)と，それを傍らで聞いている聞き手(傍参与者)が存在しうる，ということである．本章で焦点を当てたいのは，歯科医師と患者が，話し手と受け手(あるいは受け手と話し手)という参与地位において相互行為を展開している時に，傍参与者として参与している歯科衛生士が，歯科診療の進行にいかなる貢献をしているか，という問いである．

　会話の参与構造は，まず「話し手」の存在を中心とし，その話し手を取り巻く「聞き手」に，受け手や傍参与者などの参与地位を割り当てていくという考え方である．ところが，歯科診療においては，例えば歯科医師と患者が話し手と受け手として会話を展開している最中に，それと同時並行して，歯科医師と歯科衛生士が，いわば「施術者」と「補助者」という参与地位を担い，身体動作によって診療やその準備などの共同作業を展開することがある．この構図は，会話の参与構造にとどまらない多層的な参与構造として記述できるであろう(図3)．

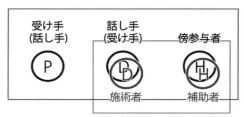

図3　歯科診療における多層的な参与構造
Pは患者，Dは歯科医師，Hは歯科衛生士を指す．

　一般に，直接発言を宛てられていない傍参与者は，当座の会話への発語による参与を制限されうる[5]．同様に，身体配置や物理的環境の制約によって，必ずしも全ての参与者が，同程度に互いの身体を観察し合えるとは限らない[6]．話し手と受け手が互いに身体的に志向しあって相互行為を組織する時，傍参与者が利用可能な身体の観察可能性は制限されうる．そのような不均衡状態の下で展開される歯科診療場面において，会話の参与構造という観点からは「傍参与者」として参与している歯科衛生士が，診療の参与構造という観点からは「補助者」として振る舞わなければならない局面が存在する．このような局面で，歯科衛生士は歯科医師や患者の動作の観察に基づいて自発的に振る舞いを更新することで，単なる「傍らに参与する者」以上の貢献を見せる．このような共同作業の連鎖のあり方を，本章では「傍参与的協同」と呼ぶ．これは，傍参与者が「傍参与者」以上の貢献をしていることを，あえて逆説的に強調するための表現である．

　本章では，会話の参与構造上は"3人目"，すなわち「傍参与者」として参与しているように見える歯科衛生士が，歯科医師や患者の身体の観察可能性を利用しながら，"2人目"，すなわち「補助者」として「傍参与的協同」を試み，自らの振る舞いを適切に組み立てていくやり方を記述する．

2. 3つの局面からなる歯科診療

　歯科診療は，大まかに言って，「問診」，「視診」，「治療」という3つの異なる局面によって構成される場面として記述できる[7]．問診とは，主に歯科医師と患者の発語によるやりとりをつうじて，患者から主訴を聞き出したり，患者に診療方針の説明を与えたりする局面である．視診とは，歯科医師が治

療の前後に患者の口内を観察することによって，口内の状態を確認する局面である．治療とは，問診や視診に基づいて歯科医師が患者に施術し，歯科衛生士がそれを補助する局面である．これら3つの局面の移行に際しては，必ずしもある時点で明示的に次の局面へ切り替わるのではなく，例えば問診の終結と視診の開始がオーバーラップすることもある．

　問診や視診という局面は，主として歯科医師と患者による言語的あるいは身体的やりとりによって展開されるため，歯科衛生士は傍参与者として傍らに待機していることも多い．他方，治療においては，歯科衛生士は歯科医師の施術を補助することが求められるため，問診や視診に比べてより積極的な「補助者」としての参与が必要となる．ここで，歯科医師／患者と歯科衛生士との間にある参与の不均衡をめぐって，2つの問いが生じてくる．1つめの問いは，問診や視診の局面において，傍参与者として参与している歯科衛生士は，局面の進行に補助者としていかなる貢献をしているか，というものである．もう1つは，傍参与的な，すなわち比較的消極的な参与が求められる問診や視診から，より積極的な補助者としての参与が求められる治療へ移行する際に，歯科衛生士はいかなる資源を利用して治療局面に参入すべきタイミングを見極めているか，という問いである．以下，この1つめの問いを3節において，2つめの問いを4節において，事例を観察しながら検討する．

3．事例1：問診と視診の切り替えにおける環境の整備

　先述したとおり，問診と視診という2つの局面の主たる参与者は歯科医師と患者である．歯科衛生士は，歯科医師や患者に発言を宛てられることは少なく，傍参与者として参与している時間が長い．その間，歯科衛生士が見せる振る舞いの一つが，補助者として，問診と視診それぞれに適切な環境を整えることである．ここでは，歯科衛生士が歯科医師の動作を観察し，患者の口内を照らす無影灯[8]のスイッチを操作するという行為連鎖が，「傍参与的協同」として組織される過程を分析する[9]．

　事例1は，歯科医師がデンタルミラーを使って視診を始めようとするものの，すぐにそれを中断して問診に移行する場面である．歯科医師，歯科衛生士，患者の発語をそれぞれ D(dentist)，H(hygienist)，P(patient)，手や口による動作をそれぞれ d, h, p で示した行に記述する．さらに，歯科衛生士の視線方向を，h_gaze で示した行に記述する[10]．

(事例1)
```
01  D:      ほしたらねえ,(.)>°どうしようかな°< (0.5)
    h_gaze:  D手元----------------------------------->
02  D:      +はい開#‡いて*‡°はい° (0.3) °あ:+:‡::ん°
    d:      +ミラーを持ち上げPの口に接近--->+口内を観察->
    h:                †無影灯のスイッチに手を接近---->
    h_gaze: -------->‡移動->‡無影灯のスイッチ-->‡移動->
    p:                     *口を開く
    図:              #①
03          ‡(0.2)#†(0.15)+(0.15)
    d:      -------------->+顎を触って口を閉じさせる
    h:      ----->#†無影灯を点灯しホールド->
    h_gaze: ‡P-------------------->
    図:             #②
04  D:      いいや う#†ん.*(0.2)
    h:      -------->#†手を戻す->
    h_gaze: ------------------>
    p:                     *口を閉じる
    図:                  #③
05  D:      ‡い †‡ま ぶくぶく‡した時‡どば:っと>血膿<が出て†たでしょ.
    h:      --->†再びスイッチに手を接近---->無影灯を消灯--->†引き戻す
    h_gaze: ‡移動‡スイッチ-->‡移動->‡P---------------------------->
06  P:      はい.
07  D:      それ親知らずんところ.
08  P:      ((nod))
```

① ② 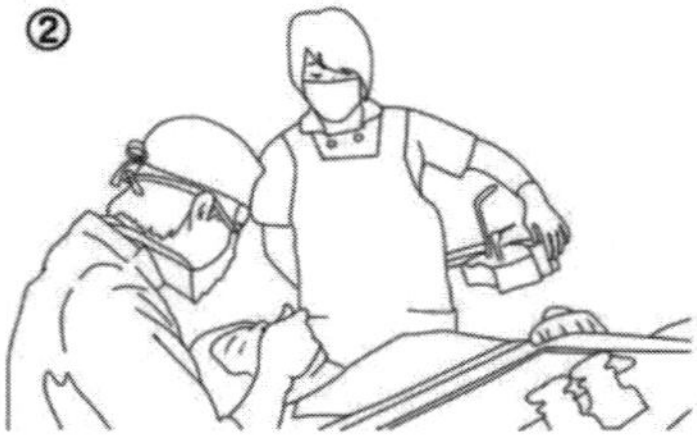 ③

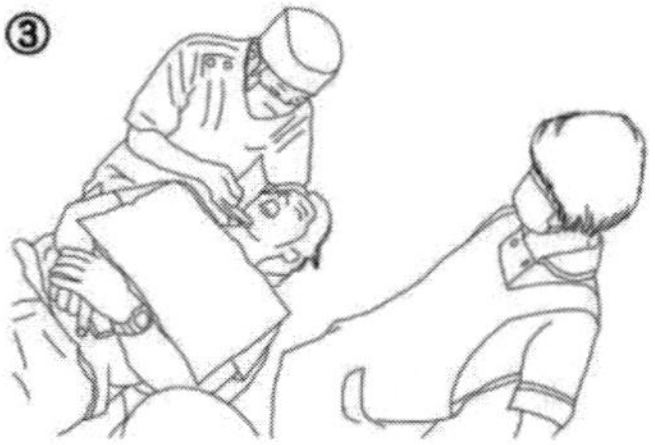

3.1 歯科医師の振る舞いに追随した無影灯の操作

まず事例1でDは，01行目で独り言のような発言(「どうしようかな」)をした後，02行目で「はい開いてはい」と言いながらデンタルミラーを持ち上げ，Pの口に接近させる．その後0.3秒の沈黙を挟み，「あーん」と言いながらPの口内を観察し始める(02行目)．これが視診の開始である．この時，無影灯は消灯されているため，Hが手元にあるスイッチに手を伸ばし(02〜03行目)，無影灯を点灯する(03行目)．

ここで注目すべきなのは，実際に無影灯が点灯されるタイミングではなく，Hがスイッチに手を伸ばし始めるタイミングである．無影灯の点灯タイミングだけを見ると，Dが口内を観察し始めてから約0.7秒が経過した後(図②)であり，タイミングが遅れたと感じられるかもしれない．しかし，Hが無影灯のスイッチに手を伸ばし始めるタイミングを見てみると，Dが「はい開」と発語し，デンタルミラーを持ち上げてPの口に接近させ始めた(図①)直後であることが分かる．ここまでHはDの手元に視線を向けており，Dが患者に開口を促す発言を開始するとともに，視診を行うための準備動作を始めるとすぐに，Hは無影灯を点灯させる必要性に気づいている．このことから，Hは「Dが次に何をするか」について，言語的資源および身体的資源の両方を注意深く観察していたことが読み取れる．

ところがDは04行目で「いいやうん」と言いながら，すぐに視診を切り上げてしまう．その後，05行目で「いま ぶくぶくした時」とPに対して話しかけ始める．これが問診の開始である．03行目でPに視線を向けながら無影灯を点灯し，04行目で手を引き戻しつつあったHは，05行目でDが発語し始めた直後，再び無影灯のスイッチに視線を向けながら手を接近させる．無影灯が点灯されたままでいると，Pにとっては眩しく感じられ，Dとの問診の受け答えの障害になる．そこで再び，Hはスイッチに手を置きながらPに視線を向け直し，視診が切り上げられて問診が始まったことを理解したタイミングで，無影灯を消灯する．

3.2 問診シークエンス継続の投射

Dが「いま ぶくぶくした時 どばっ」(05行目)と発語したところでHが無影灯を消灯していることは，示唆的である．「いま ぶくぶくした時」という発語は，「〜した時」という副詞節として構成され，順番構成単位(turnconstructional unit: Sacks et al., 1974) の途中であり，この後もDの発言がある程度長く続くことが投射されている．しかも，Dの「いま ぶくぶくした時」につながりうる発言は，Pに対する質問や確認要求などであろう．つまり，Dのこの発言は，Dの発言がこの後に続くことだけでなく，その後にPによる応答が続くことをも投射している．すなわち，視診はいったん切り上げられて，DとPによる問診のシークエンスが展開されることが予測可能になっている．実際，その直後にDは「どばっと血膿が出てきたでしょ」とPに確認を求め，Pは「はい」と確認を与えている．Hは，問診のシークエンスが継続することが投射されたまさにその時点で，無影灯を消灯し，問診に適した環境の整備に貢献していることになる．

3.3 歯科医師の振る舞いを観察する動機付け

歯科衛生士は，単に傍参与者として問診や視診の様子を観察しているだけでなく，補助者として問診や視診に相応しい環境を整備するという役割を担い，その切り替えのタイミングを認識するための資源として，歯科医師の動作や発語に絶えず注意を向けている．

むろん，歯科衛生士が適切に問診と視診の環境を整備できたのは，「視診の際には無影灯が点灯され，問診の際には無影灯が消灯されているべきである」という知識を持っているためである．その知識を持っていることで，歯科衛生士には，「いま問診と視診のいずれが主たる局面として展開されようとしているのか」を把握しようとする動機付けが働く．それにより，歯科医師がデンタルミラーを持ち上げて患者の口に接近させる動作を視診の開始と認識し，また長く続くことが投射されるシークエンスの始まりを問診の開始と認識できる．

さらに言えば，この場面で歯科衛生士は，視診が切り上げられて問診が開始される際，無影灯を消灯すべきタイミングを慎重に見計らっているように見える．これは，視診があまりにも早々と切り上げられて問診が開始されたことによるだろう．つまり，歯科衛生士は，視診が特異的に早いタイミングで切り上げられたという有標性にも気づいており，問診が開始されたと判断してよいタイミングであるかを慎重に検討したことがうかがえる．

4. 事例2：問診から治療への移行における診療活動への参入

歯科医師と患者が問診や視診を行っている間，傍参与者でありながら補助者として環境の整備を担っていた歯科衛生士には，治療の際，より直接的な関与が求められる．すなわち，歯科医師による治療行為を継続的に補助しなければならない．歯科衛生士にとって問題となるのは，どのタイミングで問診や視診が終結に向かい，治療が開始されるのか，ということである．ここで，歯科衛生士が歯科医師の動作を観察し，自らが補助者としての積極的な参与を開始するべきタイミングを見計らう過程も，「傍参与的協同」として組織される．

事例2は，歯科医師が患者に対して，現状とこれからの治療について説明を行った後，治療を開始する場面である．ここで，歯科衛生士がどのように治療開始のタイミングを認識しているかを分析する．

(事例2)
```
01　D:　今日↑もう一回↓今日膿出して薬出しますけど:_(0.3)
02　　　†あとでもっかい (u- 前回のレントゲン見+せ)ますけど#†:_
　　d:　　　　　　　　　　　　　　　　　　　　　　+器具に手を伸ばす->
　　h:　†タオルを両手で持って待機------------------------->#†タオル降ろす
　　図:　　　　　　　　　　　　　　　　　　　　　　　　　　　　#①
03　D:　そんな希+望持つような話や+な†くてもう (.)
　　d:　------->+器具引き寄せる->+両手で調整---->
　　h:　タオル待機--------------->†タオルを片付ける
04　D:　今度#+ひどい目に遭いますか+ら (0.8)
　　d:　--->#+ホールド----------->+器具を置こうとする->
　　図:　　　#②
```

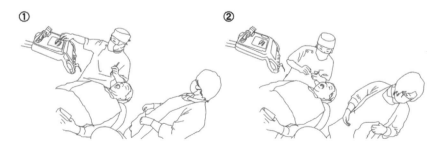

(事例 2・続き)
```
05  D: う:+ん=↑ちょっ†と中膿+み出しますから†(0.5)
    d: -->+器具を置く-------->+別の器具を取り上げる
    h:              †タオルを取りに行く-->†タオルを両手で持つ->
06  H: タオ†ルしますね:(0.5) 失礼します
    h: ---->†タオルをPの顔にかける
07     (1.0)
08  D: +はいお口 (.) はい†(0.4)+(1.3)    +(0.2)†
    d: +口に器具を接近--------->+口に挿入+治療開始
    h:              †口に器具を接近----->†口に挿入
```

4.1 歯科医師が手に取る器具による治療開始の投射

01行目から05行目にかけて，DはPに対し，この後D自身が行う予定の処置等について説明している．一方，Hは02行目で，タオルを両手に持って待機し始める(図①)．ここでHは，DからPに対する「今日膿出」すという説明を間接的に聞き，この後に展開される治療局面を予測していると考えられる．さらに言えば，歯科衛生士は当該患者の当日の治療工程を事前に把握している可能性もある[11]．このタオルは，「膿を出す」という治療局面が始まる前にPの顔を覆うためのものであり，タオルをPの顔にかけることは，Hが治療補助として行う最初の工程となっている．すなわち，HはDによって治療が実際に開始されることが投射されるタイミングを待っていると考えられる．しかし，02行目でDが器具に手を伸ばし，03行目で手元に引き寄せた直後，Hはタオルを片付け始める(図②)．これは，Dが器具を手にしたことによって，まだタオルが必要な治療，すなわち「膿を出す」治療が開始されるタイミングではないことが予測可能になったためであろう．それを可能にした出来事は何であろうか．

実はここで，Dの動作には診療進行上の些細なミスが生じている．Dは，03行目で手に取った器具を04行目で置こうとし，05行目で元の位置に置き，別の器具を取り上げている．これは，会話で言うところの「自己開始による自己修復」(Schegloff et al., 1977)に相当する行為[12]であり，Dは，この後に使用するために取り上げる器具の種類を間違えたものと考えられる．このように器具を持ち替える様子を観察したHは，片付けていたタオルを再び取りに行き，タオルを両手で持ち(05行目)，Pの顔にかける(06行目)[13]．その後，Dによる治療行為が開始され，Hはその補助を開始する．Hは，Dが

05行目で手に取った器具を持ち替えたことを資源として，治療の開始タイミングを認識しているのである．

4.2 いち早く認識される治療開始タイミング

さらに細かく観察すると，Hがタオルを再び取りに行くタイミングについて，興味深い現象が見られる．実は，Hがタオルを再び取りに行く動作の開始タイミングは，Dが取り間違えた器具を元の位置に置いている最中である（05行目）．すなわち，Dはこの時点で，まだ正しい器具を手にしていない．つまり正確には，HはDが器具を持ち替えたことを資源としたのではなく，Dが器具を持ち替えようとしたことを資源として，タオルが必要な治療の開始タイミングを認識したのである．ここから分かることは，Hが以下の2種類の知識を持っていたことである．すなわち，（1）Dが最初に取り上げた器具は，タオルが必要な治療に使用する器具ではないこと，（2）Dが最初に取り上げた器具以外の器具を手にするならば，（少なくともこの場面では）それは，タオルが必要な治療に使用する器具であること，この2点である．これらの知識がHに備わっていたからこそ，より早い位置での治療開始タイミングの認識が可能となったのだろう．

この場面でHは，Dが誤った器具を手に取ったことをきっかけとして，いったん傍らに片付けたタオルを再び取りに行くという，いわば遠回りを強いられた．それにもかかわらず，06行目でPの顔にタオルをかけた上で，08行目で器具を持ってPの口に挿入するタイミングがさほど遅れを取ることがなかった[14]のは，Dが自らのミスを自己修正し始めたことを，Hがいち早く認識できたからであろう．

4.3 自己修正への追随

ここでは，歯科診療のような共同作業場面に特徴的な，「自己修正への追随」とも言うべき構図が見られる．会話における自己修復とは，ある話し手の発言に関する誤りやよどみなどのトラブルが生じた際に，話し手自ら訂正したり言い直したりするものである．すなわち，話し手の発言に言い間違いや言いよどみが生じた場合，あるいは聞き手が話し手の発言を聞き取れない場合や理解できない場合に，その発言が修復される．他方，歯科診療のような共同作業においては，ある参与者の動作に誤りやよどみなどのトラブルが

生じた際，単にトラブルを産出した者自身の動作を修正するだけでは不十分な場合がある．一人の動作の誤りが，その活動に協同して参与する者の動作にまで影響を与えるためである．ここに，「一度に一人」の原則(Sacks et al., 1974)が守られている会話的な相互行為とは決定的に異なる，共同作業に特有の性質が表れている．むしろ一つの目的を達成するために複数人が同時に作業にあたるという活動の性質によって，時には他者の修正に追随する必要が生じてくるのである．

5. 傍参与的協同における複数の志向性への対応

歯科診療という実践において，歯科衛生士は一見すると"3人目"として参与する存在である．すなわち，診療の進行を先導し，「いま何をすべきか」を決定するのは歯科医師であり，実際に診察や治療を受けるのは患者である．他方，歯科診療における参与構造の多層性(図3)に焦点を当てると，歯科衛生士は"2人目"，すなわち診療の補助者として参与する存在でもある．前節まで，このような歯科診療という制度が参与構造上の不均衡と多層性を生じさせる場面における，歯科衛生士の"3人目"かつ"2人目"としての参与のあり方，すなわち「傍参与的協同」の組織化過程を観察してきた．

歯科衛生士には，傍参与的協同の組織化において，同時に生じうる複数の志向性に対し，柔軟な対応が求められる．例えば，歯科医師と患者のどちらの都合に志向するか，という問題が生じうる．事例1では，歯科衛生士が無影灯を点灯／消灯すべきタイミングが焦点となっていた．視診において無影灯を点灯するという行為は，歯科医師の視診作業を円滑に進行させるためのものである．他方，問診において無影灯を消灯するという行為は，問診のやりとりにおいて，患者が光の眩しさに妨害されることのないようにするためのものである．すなわち，ある場面においては歯科医師の都合を優先して環境を整えなければならず，別の場面においては患者の都合に配慮することが優先的になる．むろん，歯科医師や歯科衛生士の全ての振る舞いは，究極的には患者に対する診療を滞りなく進行させるためにある．それでもなお，歯科診療という多人数インタラクションにおいて，歯科衛生士の志向すべき対象が歯科医師と患者という，当座の都合に不一致が生じうる2者であるという事情は，傍参与的協同の組織化過程をより複雑化していることは確かであろう．

さらには，まもなく終了される局面に志向するか，次に開始されるであろう局面に志向するか，という二者択一的状況にも対処しなければならない．つまり，現在の局面を遅すぎないタイミングで終了しなければ次の局面に進めないが，次の局面を開始するタイミングが早すぎると現在の局面に支障をきたす，ということである．歯科診療の場合は，問診，視診，治療という3つの局面の移行において，この二者択一的状況が生じうる．このような事情があるからこそ，歯科衛生士は，局面を移行すべきタイミングについての投射性の高まり (enhanced projectability: Lerner, 2002) に対して，敏感に反応しているのだと考えられる．次の局面への「開始」が投射されることで，当座の局面をいつ「終了」するかがより決定的な問題になるため，その意味では「開始」の投射性の高まりを適切に認識することが，歯科衛生士にとっては重要である．事例2で見たように，歯科衛生士は次の局面に移行すべきタイミングが投射され始めた時点で，素早くそのタイミングを認識し，移行のための準備動作を開始する．他方で，事例1で見たように，現在の局面が特異的に早く切り上げられてしまう場合など，その移行の投射が有標性を帯びる時，投射性が十分に高められるまで，その移行を保留する．このようにして，歯科衛生士は，まもなく終了される局面に志向すべきか，次に開始される局面に志向すべきか，というタイミングの適切さを常に認識し業務を遂行していると考えられる．

6. "3人目"としての傍参与

本章では，歯科診療という多人数インタラクションにおける参与の不均衡について，特に歯科衛生士の傍参与という観点から考察してきた．社会的に期待される振る舞いが異なる3者(以上)，あるいは知識状態に勾配がある3者(以上)によって展開される相互行為は，家族や職場，学校などのあらゆる場面で観察される．3者のうちの2者が話し手および受け手となって相互行為を展開している間に，"3人目"がいかにして相互行為に傍参与しているかを検討することは，以下の点において興味深い．

1つには，事例1で検討したように，"3人目"が3人目，すなわち傍参与者の参与地位を保ったまま参与しつつも，他の2者が相互行為を円滑に展開できるように環境を整えることが，時として求められうるという事情がある．特に，歯科診療のような複数の専門職が参与する制度的場面において，

歯科衛生士には，歯科医師との間で会話とは異なる新たな参与構造（図3）を構成し，歯科医師の発言や動作に呼応し，"2人目"として環境を整えることが規範的に期待されうる．ただしその貢献は，単に当人たちの専門的知識に基づいて機械的に達成されるだけでなく，事例1や2で見たような特異的な出来事にも臨機応変に対処することで，漸次的な相互行為の組織化によって刻一刻と達成されるものである．さらに，実は本章で観察した2つの事例は，いずれもベテランと言うべき（数年以上の）経験を持つ歯科衛生士が参与した場面であった[15]．両事例のように，通常とは異なる複雑な展開を見せる診療において，経験の浅い歯科衛生士が同様に対応できるかどうかは不明である．実際，事例2の映像を現場の歯科医師に見せたところ，「経験の浅い歯科衛生士には，このような振る舞いは難しいかもしれない」という主旨の発言も得られている．専門職としての経験を積むにつれて，より特異的な出来事に対しても円滑な傍参与的協同を達成できるようになる，という可能性がある．

　もう1つには，事例2で見たように，"3人目"がいかなるタイミングで，どのようにして，他の2者による中心的なやりとりに参入すべきかという問題がある．歯科診療のような制度的場面の場合，ある者が中心的に参与すべきか，傍参与すべきかは，相互行為の局面によって異なる．あるいは，例えば歯科衛生士が傍参与者として参与しつつ，さりげない動作によって歯科医師の振る舞いを先導するようなやりとりが見られたならば，もはやその貢献は「傍参与的協同」から逸脱しているであろう．また，医療場面における患者は，自らの身体に対する診察が始まると，聞き手として振る舞うことをやめ，診療の対象物（object）として振る舞うという指摘もある（Heath, 1986）．このような様子は，歯科診療場面においても見られるものである（坂井田・諏訪，2016）．これは傍参与とはやや異なる参与のあり方ではあるが，歯科診療において，歯科医師と歯科衛生士による治療の対象物として振る舞っている患者は，まさに"3人目"として参与しているように見える．

　これらの点に関連し，会話の参与構造を前提として，医療のような身体的やりとりを多分に含む相互行為的活動を記述するという分析者の態度は，諸刃の剣でありうる．例えば，確かに事例1における歯科衛生士の参与地位は，「会話」（ここでは「問診」）という観点からは，「傍参与者」である．しかし，「問診」から「視診」への移行について，特に身体的やりとりに焦点を当て

ると，歯科医師の動作に呼応し，当座の場面に必要とされる動作（無影灯の点灯）を繰り出すという点では，歯科衛生士はむしろ"2人目"の参与者である．実際は，歯科医師と患者による「問診」と，歯科医師と歯科衛生士による「視診（への準備）」という二重の志向性が生じていて[16]，それぞれの志向性についてそれぞれの参与構造が組織されている，と考えるのが妥当であろう．医療などの共同作業場面を研究の俎上に載せるにおいては，身体的やりとりを含めて参与地位を記述することができるような参与構造の精緻化が必要である[17]．

　他方，傍参与者としての参与地位を保ち続けること，それ自体が，相互行為上の貢献であるという見方もできる．例えば，両親の会話が展開されている時，幼児があえて傍参与者としての参与地位に回ることで，両親の会話環境を支援するという事例が観察され，言語発達研究の文脈で論じられている（伊藤，2015）．このことは，傍参与者としての地位において相互行為に参与すること自体が，相互行為を遂行するある種の能力であることを示している．傍参与という構造を組織すること自体，すぐれて相互行為的な営みであり，そもそも，いかにして傍参与という構造が成立，維持，解消されるのかを検討することも興味深い検討課題である[18]．

7. おわりに

　本章では，歯科診療場面を例として，会話の参与構造における「傍参与者」が，他者の身体の観察可能性を利用することで，「傍参与的協同」と呼べる貢献を見せていることを，事例分析によって示してきた．本章が展開した議論の相互行為研究における意義は，参与構造の不均衡状態において，主たる参与者でない（と捉えられがちな）「傍参与者」が，実際には「傍参与者」以上の貢献をしているという実態を例証することにあった．そこでは，会話の参与構造という考え方のみでは，身体的やりとりを多分に含む相互行為に妥当な記述を与えることができない可能性も示唆された．

　相互行為において，直観的に"3人目"として記述しうる参与者の実際的な参与は，多様なあり方／やり方に開かれている．その1つのあり方／やり方として，歯科衛生士たちによって遂行されていたのが，本章で「傍参与的協同」として記述してきたプラクティスであった．今後，共同作業のように，身体的やりとりを多分に含んだ相互行為場面に経験的研究のフィールド

を求めるにあたって，さらにさまざまな「傍参与」のあり方／やり方を検討していく必要がある．同時に，必ずしも会話の参与構造だけに依拠するのではなく，身体的やりとりを適切に記述するための参与構造の理論化を進めていくことが求められるだろう．

謝辞

データ収録に協力いただいた歯科医院の関係各位に深く感謝する．伝康晴氏，榎本美香氏，吉川正人氏をはじめとする Language & Communication 研究会の参加者各位からは，本章の草案に対して有益なコメントをいただいた．ここに記して感謝する．本章は，慶應義塾大学博士課程学生研究支援プログラム，慶應義塾大学森泰吉郎記念研究振興基金，JSPS 科研費(16J06084)の助成による研究成果の一部である．

注

1) 木村(2003, 2010)による SHU 図式では，「話し手」,「聞き手」,「発話送出行為」,「発話受信行為」という用語が用いられている．ここではその図式を，ある者が他者に対して，(発話や身体動作といったモダリティを問わず)「情報」を「送出」し，他者がその情報を「受信」するという構図に読み替えている．その文脈では，「話し手」は「発信者」,「聞き手」は「受信者」,「発話送出行為」は「情報送出行為」,「発話受信行為」は「情報受信行為」となる．

2) これは，いわゆる儀礼的無関心(Goffman, 1963)に準ずる態度である．木村(2003, 2010)は，アフリカの農耕民ボンガンドが，公共空間にて言いたいことを好き勝手に言い放ち，聞き手はあえて聞いていない素振りをする，という現象を「投擲的発話」と名付けている．そこでは，発話が聞こえているはずの「聞き手」があえて発話受信行為をしていないように振る舞う．

3) 特に，「駅のフォームに駆け上がる人を見て電車の到着を知る」というように，ここで取得される新情報がその場の環境に関するものである場合，この過程は「他者の認知の利用」(高梨, 2010)と呼ばれる．

4) 図 2 右では，参与者 B が繰り出した動作 Y を参与者 C が観察し，動作 Z の必要性に気づくという構図が描かれている．このように「暗黙的協同」は，必ずしも参与者 A と B の間に閉じるのではなく，相互行為のあらゆる参与者に連鎖しうる．他方，ここで参与者 B の動作 Y を観察し動作 Z の必要性に気づくのが，参与者 A の場合もある．その場合，参与者 A と B の 2 者による暗黙的協同の連鎖が続くことになる．

5) 直接発言を宛てられていない傍参与者が，いつも話し手の発言に対して発言を返すことができないとは限らない．しかし例えば，話し手が質問などの隣接ペア第一成分(Schegloff & Sacks, 1973)と，宛先表現などの次話者選択の技法を用いて，受け手を次の話者として選択する(Sacks et al., 1974)時，傍参与者の会話への参与は「制限されうる」．

6) 互いの存在を観察可能な対面的状況において，身体の観察可能性は(理論上)全ての参与者に対して平等に利用可能となっているはずである，という見方もできる．しかし実際は，この直後に論じるような参与構造による不均衡が多くの場合に生じうる．

7) 実際に歯科診療の参与者たちが，「問診」，「視診」，「治療」という表現を用いて自分たちの活動を記述する様子は見られない．しかし，後述されるように，彼らはこの3つの局面の相違に敏感であり，ある局面から別の局面に移行することや，同時に2つの局面を並行させることに志向しているように見える．

8) 患者が診療を受けるチェアの上部に設置された照明器具のことである．

9) 本章で観察する歯科診察場面の映像は，筆者が日本国内の歯科医院にて収録したものである．分析に際して理解できない発言内容や行為等の解釈は，歯科医師や歯科衛生士らへの事後インタビューによって補った．

10) トランスクリプト記号(西阪ほか(2008)，Mondada(2011)を参照)

=	発語同士の密着	↓言葉	音調の下降
(0.0)	無音区間の秒数	(言葉)	聞き取りが確定できない言葉
(.)	短い無音区間	(( ))	注記
言葉::	音の引き延ばし	+	歯科医師の動作の変化点
言-	不完全に途切れた言葉	†	歯科衛生士の動作の変化点
言葉	強勢が置かれた言葉	‡	歯科衛生士の視線の変化点
°言葉°	小さい音声	*	患者の動作の変化点
>言葉<	速い発語	-->	同一動作や視線方向の継続
<言葉>	遅い発語	#	図の位置
↑言葉	音調の上昇		

11) 本章の分析対象である歯科医師へのインタビューによると，歯科衛生士たちは事前に担当患者のカルテを確認し，診療の手順を把握しているという．

12) 筆者らは，このような身体動作のよどみや不適切さを解消する過程を(会話の修復とは区別して)「修正」と呼び，事例の検討を試み始めている(坂井田ほか，2016)．以下，本章でも「修復」ではなく「修正」と呼ぶ．

13) この直前で，Hのタオルを片付ける動作を観察したDが，自らの器具の間違いに気づいたという可能性は考えにくい．03行目でタオルを片付けようとするHに，

Dは「ひどい目に」と言いながら一瞬視線を向けるものの，その後Dはすぐに器具を持ち替えるのではなく，Pおよび自ら手に持った器具に目を向け，しばらく動作をホールドしながらPへの説明を続けている．もちろん実際には，歯科衛生士の産出する身体動作が，何らかの形で歯科医師によって視覚的資源として利用されることもあると考えられる．

14) 他の多くの治療開始場面で，歯科医師と歯科衛生士がそれぞれ手に持った器具を患者の口に挿入するタイミングが一致している．両者の器具が挿入されるべきタイミングは一致すべきであるという規範的期待があると思われる．その点において，本事例での歯科衛生士が器具を挿入するタイミングは，わずかながら（1.5秒ほど）遅れていることは確かである．

15) 事例1と事例2に参与していた歯科衛生士は，それぞれ異なる人物である．

16) いわゆるマルチアクティビティ（Haddington et al., 2014）に準ずる構造である．

17) 同時に，それでもなお，ひとまずこの場面を「傍参与」と記述したくなってしまう，という筆者自身の志向性についても言及しておくべきかもしれない．すなわち，会話について傍参与者の地位にある者は，たとえ身体的やりとりについては主たる参与を見せていても，直観的にまずは「傍参与」として記述してしまいがちであるという可能性がある．その意味で，会話的やりとりと身体的やりとりについての，いわば分析者自身の認識における不均衡が浮き彫りになっていると言えるのかもしれない．

18) この点に関連して，例えば，対面会話の非参与者は，まず「傍観者」，次に「傍参与者」になることを経て，「受け手」や「話し手」の参与地位を得る，という通時的な参与構造の遷移のモデルが提案されている（坊農ほか，2004）．

参考文献

坊農真弓・鈴木紀子・片桐恭弘（2004）．多人数会話における参与構造分析―インタラクション行動から興味対象を抽出する―　認知科学, 11(3), 214–227.

坊農真弓・高梨克也（編）（2009）．多人数インタラクションの分析手法　オーム社

Clark, Herbert H., & Carlson, Thomas B. (1982). Hearers and speech acts. *Language*, 58(2), 332–373.

Goffman, Erving (1963). *Behavior in public places: Notes on the organization of gatherings*. New York: Free Press.

Goffman, Erving (1981). *Forms of talk*. Philadelphia: University of Pennsylvania Press.

Haddington, Pentti, Keisenen, Tiina, Mondada, Lorenza, & Nevile, Maurice (Eds.) (2014). *Multiactivity in social interaction: Beyond multitasking*. Amsterdam: John Benjamins.

Heath, Christian (1986). *Body movement and speech in medical interaction*. Cambridge: Cambridge University Press.

伊藤崇 (2015). 幼児による家族内会話への傍参与の協同的達成　認知科学, 22(1), 138–150.

木村大治 (2003). 共在感覚―アフリカの二つの社会における言語的相互行為から―　京都大学学術出版会

木村大治 (2010).「Co-act」と「切断」―バカ・ピグミーとボンガンドにおける行為接続―　木村大治・中村美知夫・高梨克也(編) インタラクションの境界と接続―サル・人・会話研究から―, pp. 231–253.　昭和堂

Lerner, Gene H. (2002). Turn-sharing: The choral co-production of talk-in-interaction. In Ford, Cecilia E., Fox, Barbara A., & Thompson, Sandra A. (Eds.), *The language of turn and sequence*, pp. 225–256. Oxford: Oxford University Press.

Mondada, Lorenza (2011). The organization of concurrent courses of action in surgical demonstrations. In Streeck, Jürgen, Goodwin, Charles, & LeBaron, Curtis (Eds.), *Embodied interaction: Language and body in the material world*, pp. 207–226. Cambridge: Cambridge University Press.

西阪仰・串田秀也・熊谷智子 (2008). 特集「相互行為における言語使用―会話データを用いた研究」について―　社会言語科学, 10(2), 13–15.

Sacks, Harvey, Schegloff, Emanuel A., & Jefferson, Gail (1974). A simplest systematics for the organization of turn-taking for conversation. *Language*, 50(4), 696–735.

坂井田瑠衣・榎本美香・伝康晴・坊農真弓 (2016). フィールドに依存した身体相互行為の組織化過程―歯科診療における「修正」のやりとり―　人工知能学会研究会資料, SIG-SLUD-B503, 17–22.

坂井田瑠衣・諏訪正樹 (2015). 身体の観察可能性がもたらす協同調理場面の相互行為―「暗黙的協同」の組織化プロセス―　認知科学, 22(1), 110–125.

坂井田瑠衣・諏訪正樹 (2016). 受け手になるか対象物になるか―歯科診療における参与地位の拮抗と相互調整―　社会言語科学, 19(1), 70–86.

Schegloff, Emanuel A., Jefferson, Gail, & Sacks, Harvey (1977). The preference for self-correction in the organization of repair in conversation, *Language*, 53(2), 361–382.

Schegloff, Emanuel A., & Sacks, Harvey (1973). Opening up closings. *Semiotica*, 8, 289–327.

高梨克也 (2010). インタラクションにおける偶有性と接続　木村大治・中村美知夫・高梨克也(編) インタラクションの境界と接続―サル・人・会話研究から―, pp. 39–68.　昭和堂

第10章

展示制作活動における参与・関与の変化から見た参与者の志向の多層性

高梨克也

1. はじめに

　チームでの継続的な協同活動の分析においては,「今・ここ」の相互行為の中でのメンバの参与役割(Goffman, 1981)や関与(Goffman, 1963)[1]の変化を辿るだけでなく,こうした変化から垣間見える,より潜在的だが持続的な,協同活動に対するメンバ毎の志向性の違いにも注意を向ける必要がある.そこで,本章では,科学館での長期的な展示制作活動の中の一つのエピソードを対象として,そこでの基本活動の特徴を参与者が適切なタイミングで適切な対象物に視覚的に関与するという今・ここでの視覚的関与の連鎖的組織化という観点から分析した上で,各相互行為場面で必ずしも中心的な参与役割を担っていない参与者の振る舞いに注意を向けることによって,参与者間での参与や関与の不均衡を捉えるとともに,こうした不均衡の背後には,主に各参与者の組織上の役割分担に基づくより潜在的な志向性の違いが垣間見えることを明らかにする.組織役割やこれに応じた関心の異なるメンバからなる多職種チームによる協同活動は現在進行形のより顕在的な志向とより長期的かつ潜在的な志向とを共に含む多重の志向性によって支えられながら構成されていく.

2. 基本活動：視覚的関与における「今・ここ」の志向
2.1 活動の概要
　分析対象とするのは,日本科学未来館の常設展示「アナグラのうた[2]」の制作過程において,将来展示空間になる予定の現場で行われたやりとりの一場面である[3].この展示制作では,当該展示制作を担当する未来館スタッフ

以外に，展示空間内の入場者の動きを捉えるセンサチームや，このセンシング情報に基づき，展示空間内での映像や音楽などの表現をリアルタイムで提示していくコンテンツチームなど，大きく4種類の外部業者が制作に加わっており，多職種チームという点に特徴がある(高梨, 2015; 高梨, 近刊).

　対象データが収録された当日は外部業者が制作に加わり始めたごく初期であり，センサチームが制作現場でセンサの挙動を初めてテストすることが主な目的となっていた．分析する場面はこの日の後半にセンサの挙動をコンテンツチームが現場で見る最初の機会である．従って，ここで基本となる活動の目的は「センサチームがセンサの動作をコンテンツチームに見せながら説明し，今後開発を進めるコンテンツチームがこれを理解する」ことであるとひとまずはいえそうである．この活動に参与しているメンバはセンサ担当責任者の赤木とその部下の岡田，コンテンツチーム責任者の向井とその同僚の真下，石森，谷口，簑島，そして未来館スタッフで展示制作を統括している山田である．図1と図2は説明開始時点での参与者と関連機器の配置である．

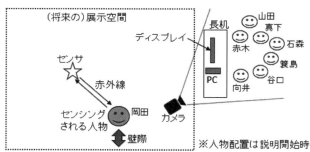

図1　説明開始時の空間配置

図2　説明開始時の参与者配置

2.2 視覚的マッピング：複数対象への関与を同時に含む活動

　赤木の説明が開始されると，事例1の＊1の時点までに，少し離れた場にいた簑島と谷口もディスプレイの前に集まってきて，同時にディスプレイの正面に立っていた赤木が少し横に立ち位置をずらして後方の参与者にもディスプレイが見えるようにする．ここから分かることは，センサの動作についての説明を理解するという活動にとって，ディスプレイが関与(Goffman, 1963)すべき主要な対象の一つであることを全員が既に理解しているということである．

(事例1)
　赤木：　いま，えーと，そこのセンサがあっちの方向に向いています．
　　　　　((展示空間内のセンサの方向にポインティング(PTG)))
　　：　　で，これが，あの，その壁です．((展示空間にPTG))＊1
　向井：　ああ，はい．
　赤木：　で，えーと，まあ，えーと，ま，自由に，あの使っていただければいいと思っていますけど，
　　：　　まあ，えーと，まずやりたいのは，えーとー，壁際の人間っていうのが，ま，解像度が悪い，
　向井：　はい．
　赤木：　っていう話．
　向井：　ほう．

　ただし，センサの動作を理解するために関与しなければならない対象はディスプレイだけではない．このセンサは，展示空間内での入場者の位置や移動を赤外線照射によって捕捉し，その結果を時系列的な数値データとして獲得するものであり，センシング結果をリアルタイムにディスプレイ上の2次元空間に表示することによって，空間内での人物の位置や移動をモニタできる仕組みになっている．そこで，上記の部分の直後に，赤木は部下の岡田を展示空間内に立たせ，自分の指示通りに歩かせることにより，センサによってセンシングされる入場者の役割を担わせる(事例2)[4]．そのため，コンテンツチームのメンバは，時々ディスプレイに接近して覗き込む以外に，展示空間の方にも視線を向けることになる(イラスト＊2〜＊4の向井，簑島，

谷口).しかし,これらの二つの対象に視覚的に関与することを二つの別の活動だと見なすのは適当ではない.なぜなら,「センサの動作を理解する」という活動においては,空間内での人間やその他の物体などの状態・行動とディスプレイ表示という二つの視覚対象の間で視線を交互させることによって,両者を視覚的に「マッピング」することが核心となるからである.視覚空間内のどこに,いつ,視線を向けることによって何を読み取らなければならないかを学習しようとしているという意味で,これはプロフェッショナル・ビジョン(Goodwin, 1994)の習熟の一形態であるといえる.

(事例2)
赤木: はい,次,*1 えーと,*2 へばり付いて.
岡田: こ,こう歩きます.
赤木: うーん,それでおねがーい.*3
岡田: いきまーす.
赤木: はい.*4
   ((約5秒間,岡田が展示空間内を歩く))
  : 止まって.

2.3 言語的指示への連鎖的反応

さらに，ここでコンテンツチームのメンバは単に視線を空間的に交互させているだけでなく，これを赤木の言語的な発話に合わせて行っていることも重要である（事例2）．まず，それまでディスプレイを注視していた谷口と簑島（＊1）は「へばり付いて」の直前までに視線を展示空間の岡田の方に移動させており（＊2），やや遅れて向井も直後の岡田の「こう歩きます」の直後（＊3）にはやはり視線をディスプレイから展示空間の岡田に移動させている．つまり，岡田が「壁際」にへばり付いて実際に歩き始める直前までの間に，谷口，簑島，向井は展示空間内での岡田と壁の位置関係や距離感に関する視覚的な確認を既に終えているのである．次に，谷口と簑島は上記＊3の時点で，また向井も「いきまーす」の直後までの間に（＊4），視線を再びディスプレイに戻しており，岡田が空間内を歩いている最中には，岡田の方ではなくディスプレイを注視している．これにより，直前までに確認を終えた実空間での位置関係を現在ディスプレイ上で起こっている変化と視覚的にマッピングさせることが可能になる．

このように，コンテンツチームのメンバによる視覚的マッピングは説明者であるセンサチームの赤木の発話という「言説実践」(discursive practice: Goodwin, 1994)と岡田の動作という「探究領域」(domain of scrutiny)内の事象とを相互に対応づけていくことを通じて達成される．しかし，赤木がここでは丁寧体で発話していないことに端的に現れているように，赤木の言語的指示はコンテンツチームに宛てられているのではなく，その受け手は実際に動作を行う岡田である．その意味で，赤木と岡田との間での相互行為の連鎖構造に志向しながら視覚的マッピングを行うというコンテンツメンバの振る舞いは形式的には傍参与者(side-participant: Goffman, 1981)の立場でのものであると見なすことができ，従って，特にこの部分に関しては，センサチームからコンテンツチームへの「説明」というよりも「実演」と表現する方が適切であると考えられる．

なお，同じコンテンツチームのメンバの中でも，実は真下と石森は上記三人ほど積極的な受け手性を示していないが，この点が第3節の焦点となる．

2.4 ハイライト化

次に，参与者たちは単に対象物に視覚を向けるだけでなく，視覚対象の中

の「どの部分・側面に対して」「何のために」注意を向けるのかという点に関して焦点化した視覚行為を行っていると考えられる（平本・高梨, 2015a, 2015b）．こうした焦点化は，言語表現や，ディスプレイや展示空間内の対象へのポインティング（PTG），ジェスチャなどのハイライト装置によって導かれる（Goodwin, 1994, 2003, 2007）．

事例3では，赤木が「この距離感がほしいんですよ」と言いながら，ディスプレイ内の特定の位置をポインティングし，これを保持したまま背後のコンテンツメンバの方を振り向いて視線を向けると（＊1），後列にいたコンテンツメンバの簑島がディスプレイに接近して覗き込む（＊2）．

（事例3）
赤木：　止まってくれる．（（岡田への指示））
　　：　で，ええと，要は，この距離感がほしいんですよ．＊1
　　：　壁際って．＊2

*1：3:38　　　　　　　　　　　　　*2：3:39

　　：　要は．
　　：　あとでお見せしますけれども，この距離感で，要は，
　　：　壁と壁の違い＊3　を見ていますんで．
　　：　で，ま，こういう距離感がほしいんです．

ここでのやり取りは，赤木の指示によって開始された岡田の動作が停止させられた直後のものである．このように，赤木の説明とこれに対応した岡田の行動によるセンサ動作の説明は，前半の実演部分だけでなく，その直後にこの実演についての解説部分を付加した二部構成となっていることが多い．

また，繰り返される「要は」という表現からも分かるように，ここでの赤木の「この距離感がほしい」という発話は，当該の瞬間における展示空間内での人物の位置とディスプレイ上での表示との間の関係に関して，特にどのような点が要点であるかを強調しようとするものである(Goodwin, 1994)．同様に，赤木は「壁と壁の違い」(＊3)の際にはポインティングの先を画面上の2地点の間で複数回往復させている．従って，こうした赤木の解説を聞くコンテンツメンバたちは，単に展示空間内の人物の動きがディスプレイ上にどのように表示されるかに関する漠然としたイメージを持てればよいのではなく，展示空間とディスプレイのそれぞれの中での「2点間の距離」に関する具体的な感覚を身に付けることを求められているのだといえる．

以上のように，今・ここでの基本活動においては，現在進行形の相互行為の連鎖組織の中の適切な位置で，各参与者がそれぞれの参与役割に応じた適切な振る舞いを行うことによって，センサ動作の説明と理解という，複数の対象物への視覚的関与が核心となる活動が遂行されていることが分かった．しかし，こうした参与者間での現在の志向の共有が注目されがちな相互行為場面においても，当該の活動への各参与者の関与の仕方や度合いは必ずしも均質的なものであるわけではなく，その参与や関与の不均衡の背後には，主に各参与者の組織上の役割分担に基づく，より潜在的な志向性の違いが垣間見えることもある[5]．この点について，以降では，各相互行為場面において必ずしも中心的な参与役割を担っていない参与者に着目することによって明らかにしていく．

3. 会話の分裂に現れた潜在的志向の分岐
3.1 基本活動の終結から活動の分裂へ

事例4の場面は，赤木による説明が一通り終わり，谷口が展示空間に持ち出したタオルを使ったテストをしている部分であり，赤木は「あとは自由に，なんか歩いていただいて，何かイメージをつかんでいただければと思いますけど」(→行)と言って，ここまでの説明活動に一区切りを入れようとしている．しかし，コンテンツチームの向井，谷口，簔島はこの発話には直接応答せず，タオルを使ったテストに引き続き没頭している．

（事例４）
　　向井：　　タオル，上げたり，下げたりしてみて．
　　蓑島：　　上げ下げは出ない．
　　向井：　　おおお．((背後の蓑島もディスプレイに接近して確認))
　　蓑島：　　おお．
　　　　　　　((中略))
　　赤木：　　ま，あとは．
　　複数：　　はっははははは．
→赤木：　　あとは自由に，
　　向井：　　ちょ，ちょ，ちょっと．
→赤木：　　なんか歩いていただいて，何かイメージをつかんでいただければ
　　　　　　と思いますけど．
　　向井：　　あ，ごめん．
　　　　：　　もう１回，こう上げ下げ．
⇒真下：　　で，こっから解析した，
　　赤木：　　はい．
　　真下：　　○○情報をいただけるという．
　　赤木：　　そうです，はい．

　これに対し，同じコンテンツメンバでも，真下はこのテストには参与せず，「で，こっから解析した，○○情報（センサ仕様情報のため秘匿化）をいただけるという」(⇒)という確認発話を赤木に向けて行うことによって，赤木との会話を継続する．しかし，「で」や「ここから〜いただけるという」などの表現からも分かるように，より正確に言えば，この発話は必ずしも現在進行中の出来事に直接言及したものではなく，むしろこの現場ではない将来の出来事についてのものである．そして，次の事例５では，タオル組のやり取りとは関わらないタイミングで再び真下が赤木に質問することによって(→)，２つのサブグループに完全に会話が分裂する(Egbert, 1997)．

（事例５）
→真下：さっきのタオルとかは，　　　谷口：ぶっちゃけ，膝から下
　　　　　　　　　　　　　　　　　　　　　　だけえぐれていれば

→真下：あのー，反応しないってことですよね．
赤木：反応しないっていうのは．
真下：人，人として・・・しない．
赤木：あのう，そうです．
　　：立てば，ああいうふうにね．

　　：形状が，真っ平らに．
　　　ほかに人がいない．
　　　あれが例えば，角が見えてしまうと，

　　　　　いいんでしょう．

石森：離れていればいい．
向井：あ，こういうふうにね．
　　　((身体を使ったジェスチャ))
　　：こっちが出ているか，
谷口：ここがこういう壁で，
　　　こっから，こう，
　　　なってる形だと．
　　　((実寸大で壁の形状の輪郭をなぞるジェスチャ))

　　：車いすの可能性もある・・
　　　　　　　　　　　　　　：もう入っていけないから
　　　　　　　　　　　　　　向井：ああ．
　　　　　　　　　　　　　　谷口：足がね．
　　　　　　　　　　　　　　向井：なるほど．

　次の事例6は事例5のように会話の分裂が生じ始めた少し後の一方のグループの活動に焦点を当てたものである．向井，谷口，簑島はセンサを使ったテストを継続しているものの，今度はコンテンツチームの石森が赤木に向けて質問を開始する（→）．

（事例6）
　　向井：　　すごーい，これー．((簑島も会話場を離れ，展示空間へ))
　　　：　　見える，見える，全然見えるじゃん．
→石森：　　これ，これって，この，
　　向井：　　あっ，見えなくなった，見えなくなった．
　　　　　　((ディスプレイから一瞬視線を外し，展示空間の方をモニタ．展示空間に移動していた谷口か簑島が何かの動きをしていると思われる))
→石森：　　この差分って，どんぐらいまで取れるんですか．
　　　　　　((向井の背後からディスプレイに接近し，PTG しながら))
　　　：　　あ，あ，これ，これラインみたいなのやっぱり引いてある（・・・）．
　　赤木：　　あ，えーと，これは，
　　　　　　((赤木もディスプレイ内の石森と同じ位置を PTG))

((センサの仕様情報の秘匿化のため中略．約5秒間))

石森：　で，この，この距離を見た，距離っていうか，まあ，壁と定義したところと，実際，ひ，何だろう．	簑島：　何かあるよ，でも．((展示空間から一瞬だけディスプレイのところに戻ってきて))

　　　：　　引いたところ．
　　　：　　何か，この，何て言うか，判断がつく厚みって，

:	けっこうもう微妙なあれなんですか．
	((石森はディスプレイへのPTGを繰り返しながら))
:	それなりに離れていないと駄目．
赤木：	ああ，ここですか．
石森：	そう，そう，そう，そう．
赤木：	ああ，ここはそうです．
:	ここに対しては，それなりに離れていないと．
石森：	駄目ですか．　　　　　　　　　((再び谷口と簑島がディスプレイのところに戻ってくる))
赤木：	はい．
:	あのう，結局，こういうところを見ていただくと分かるんですけどー，ま，センサー自体が，あの，構造的に少しこう，点が揺れるですね．
	((赤木のPTGの際に，谷口と簑島もディスプレイを覗きこむ))
石森：	ああ．
赤木：	静止物で．
石森：	ああ．
赤木：	だから，こういうこう，やっぱりこう，これも実は微妙にこう，
石森：	揺れてますね．
赤木：	はい．
:	揺れているので，
向井：	すご．
赤木：	その誤差を抑えるために，そういう，
	((谷口が再び展示空間の方に移動する．谷口や簑島による活動は引き続き継続している可能性が高い))
石森：	これ，え，例えば，えーと，
→向井：	揺れているのが格好いい．
複数：	はははは．
赤木：	そういう．
向井：	揺れているのがすごいいい．
⇒石森：	例えば，これ，一番最初に，
	この施設の中に，だれも　　　　｜簑島：見た目そのまんま，

第10章　展示制作活動における参与・関与の変化から見た参与者の志向の多層性　　209

いない状態っていうのを作って，　　　　何かこれを使いたいって気がしますよね．

11:14

赤木：　ああ．

向井：　うん．その話をいま相談してるところなんですよ．

石森：　((・・・)），そのときのデータを，キャプチャーして，何つか，それで点を，何だ，そ，点の何だろう，初期位置みたいなものを作っちゃって，で，そっからどれぐらいのところだと動いていないと判断させる．
　　　　((身体やディスプレイなどは使わず，ジェスチャだけで表現))

赤木：　ああ，なるほど．

　ここでは向井は基本的にセンサのテストをしているグループの方に参与しているが，2つのサブグループがディスプレイを共有しており，ディスプレイの前にしゃがんでいるということもあり，石森と真下の間のやり取りも聞いている．そして，その中の「揺れている」という表現を受けて，このやり取りに割り込む形で「揺れているのが格好いい」(→)と発言すると[6]，赤木と簔島が声に出して笑い，真下と山田も笑顔を見せる．つまり，ここで，分裂していた両サブグループの会話は一旦再合流しかける．
　しかし，この笑いの際，石森だけは表情もほとんど変えておらず，むしろ向井の割り込みによって始まったやり取りが早く終結しないか待っているよ

うに見える．そして，向井の繰り返しの「揺れているのがすごいいい」が終結した直後に，「例えば」という，割り込み前の自身の発話と同じ表現によって，先ほどの赤木とのやり取りの続きを再開する(⇒)．一方，これまでセンサのテストをしていたサブグループに参与していた簑島は，ディスプレイに接近しながらこの向井の発言の方に応答するが，その開始のタイミングからは石森の再開発話との重複を回避することに志向していないことが明らかであり，向井もこれに再応答することによって，再び会話は分裂する．

3.2 参与者間の潜在的な志向性の相違

以上の例からは，一連の場面で会話の分裂が生じる理由を単に赤木の説明が一旦終了したということだけによって説明するのは適切ではないという可能性が見えてくる．実際，真下と石森は，既に赤木による説明の最中から，その場での実演に必ずしも直接関わらない，センサのメカニズムに関するより抽象的な質問を散発的に差し挟んでいた．同時に，この二人は上述のように，展示空間とディスプレイ表示との間のマッピング活動には必ずしも積極的に関与しておらず，また，ここでのタオルを使ったテストに関与することもほとんどなかった．このことからは，同じコンテンツチームのメンバの間にも，おそらく役割や専門性のより細かな相違に基づく，やや異なる志向が働いているということが推察される[7]．

まず，事例6については，最後の発言からも分かるように，ここでの石森の関心は「今・ここ」で観察できる事柄よりも，むしろ今後に向けた「提案」にある．この点は事例5の真下の質問が現在進行中の出来事に直接言及したものではなく，むしろこの現場ではない将来の出来事についてのものであったことと類似している．同様に，赤木による説明の中の比較的早い段階で，それまで視覚的モニタリングに積極的に関与していなかった石森が最初に行った発言も，「センシングされるのが望ましくない対象物についてはレーザー（赤外線）を反射させない素材を使えないか」という趣旨のものであり，今・ここでの展示空間内での行動やディスプレイ表示からは離れた内容のものであった．

このように，どの活動にどの程度積極的に関与するかという観点からは，同じコンテンツチームのメンバの間にも，「現在あるセンサによって何がどのようにセンシングされるのか」（向井，谷口，簑島）と「センシング結果を

自分たちがこれから開発するプログラムによってどのようにデータ処理すべきなのか」(真下,石森)という,二つのやや異なる志向が潜在していることが垣間見えてくる.おそらくこうした潜在的な志向の違いはチーム内での役割や専門性のより詳細な相違に関連しているのではないかと考えられる.実際,赤木によるセンサの説明とタオルなどを使ったテストという基本活動の流れが一通り終結する頃には,「センシング結果としてのデータをどのように処理すべきなのか」への関心を示していた真下と石森がメモを取り出して,図示しながらの会話を始め(図3),以降はこの二人がコンテンツチームの会話の中心的な参与者となっていく[8].

図3 「僕が書いたここは予測できるんですよ」

内容的にも,さまざまな描写はメモを中心として,そこから将来の展示空間内での入場者の行動を想像するものへと移行しており,これに応じて,先ほどまで視覚的関与の対象となっていた展示空間やディスプレイという今・ここの対象物からはいわば徐々に「離陸」していくことになる.このように,コンテンツチーム内での複数の志向の間での焦点の移行に応じて,各参与者が関与する対象物もまた変化していく.

4. 基本活動が埋め込まれた継続的な組織活動への志向

前節までは,ここでの基本活動を「センサチームがコンテンツチームにセンサの動作について説明する」と表現してきたが,以上の一連の活動において,未来館展示統括の山田がどのように参与しているかに注目すると,この見方も変わってくる可能性がある.

事例7では，センサチームからコンテンツチームへの説明の最中に，山田が両者の間を仲介している．山田は，ディスプレイを正確に参照するために，ディスプレイの前に移動してから説明を開始するが，同時にこの位置はセンサチームの赤木とコンテンツチームの中心人物である向井の中間の位置でもある．また，説明内容の言語的な構造としても，前半で赤木への確認を行った上で，説明の本体部分は向井に向けられている．

(事例7)
　　山田：　向井さん，これ，あのー，センサーの，
　　　　　　((しゃがんでいる向井の後ろから話しかける))
　　向井：　ええ．
　　山田：　えっと，センシングしているレートの，
　　向井：　ええ．
　　山田：　半分ぐらいが表示だそうです．
　　向井：　はい．
　　山田：　だから，これの倍のみつ，時間，時間的にはこれの倍の密度で，
　　向井：　はい．
　　山田：　あの，点の情報が，
　　向井：　はい．
　　山田：　取れている．
　　向井：　取れているってことですね．
　　　　　　((コンテンツチーム内部での確認のための真下と向井の短いやり取り(略)の間に，向井の後方にいた山田がディスプレイ正面に移動し，しゃがみ込む))
→山田：　きのう言っていた，あの4点って，
　　　　　　((右手にペンを持ち，ディスプレイをPTGする準備をしながら，赤木を振り返り，赤木の視線を確認))

```
        例えば，この足だと，この，ここ，ここ，ここ，ここ，
        ((ディスプレイ内をペンで正確にPTG))
山田：  みたいなことですね．
赤木：  そうです，そうです，そうです，そうです，はい．そうです．
        ((引き続き山田がセンサのメカニズムについて説明．中略))
山田：  で，ここに人が，あの，2本足のやつがいるって分かるじゃん．
        ((ここでは描写のスケールを変更し，両手で二本足を描写))
向井：  はい，はい．
山田：  で，それにこう，くるまれなかった，
向井：  はい．
山田：  何か余計なやつ，
真下：  うん，うん．
向井：  はい．
山田：  も，来ると．
向井：  はい．
⇒向井： 面白いね．
山田：  面白いでしょう．
        ((向井に視線を向けるとともに，ペンでも向井にPTG))
```

向井： 面白い，面白い．
　　： まさに，情報そのままじゃないですか．
山田： これ，いけるでしょう．
向井： いける，いける．

　この場面では，山田による一連の説明の直後に，センシング結果がリアルタイムで画面に表示される様について，向井が「面白いね」(⇒)という評価的応答をしている点が興味深い．つまり，向井はここでの山田による仲介を単なる補足説明のようなものではなく，自身が評価を表明すべきものとして受け取っているといえる．そして，さらに興味深いのは，この向井の第一評価に対する山田の第二評価(Pomeranz, 1984)が「面白いですね」といった表現でなく，「〜でしょう」という，向井の肯定的評価を予測していたことを示す表現になっており，同時に，我が意を得たりとばかりに，ペンを使って向井へのPTGも行っている，という点である．ここからは，山田はこの説明をすることによって向井からこうした肯定的な評価を引き出すことを予め目指していたのではないかという推測がもたらされる．
　同様に，次の事例8からも，山田によるこうした仲介が偶然的なものではなく，長期的な組織活動の観点から意図されていたものであることがうかがえる．ここで山田は，赤木による説明の最中に，ディスプレイでも展示空間でも，また説明者の赤木でもなく，説明を聞く向井に視線を向け，向井がセンサの動作に対して極めて強い関心を示していることを確認している．

（事例 8 ）（事例 3 の再掲）
　　赤木：　あとでお見せしますけれども，この距離感で，要は，壁と壁の違いを見ていますんで．
　　　　　　((ディスプレイを見ていた山田が視線を向井の方にずらし，しばらくその反応を確認))

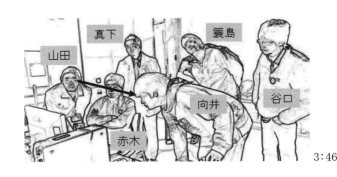

　ここから想像されるのは，山田は単に現在の活動においてセンサチームとコンテンツチームの間のやり取りを仲介しているだけでなく，ここでの基本活動である「センサチームがコンテンツチームにセンサの動作について説明する」（第 2 節）場を何らかの目的を持って設定した張本人であり，今・ここでの活動が埋め込まれることになる，多職種チームによる継続的な組織活動をもデザインしているという可能性である．実際，未来館では，このセンサに関しては既に別の展示に活用した実績があったのに対して，コンテンツチームのメンバはゲーム業界という，これまでは科学館展示の制作に携わることの少なかった業種の者であり，未来館スタッフとしては，この点はいわばチャレンジであった．山田が向井の反応に配慮していることに背景にはこうした事情も関わっているのではないかと考えられる[9]．

5. まとめ：参与者の志向の多重性

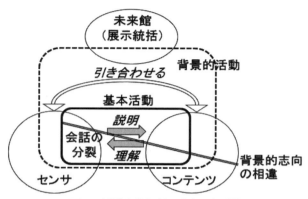

図 4　活動と参与者の志向の多重性

　本章では，科学館での展示制作のための多職種チームによる活動の一場面を対象として，あるチームから別のチームへの説明という基本活動において参与者が適切なタイミングで適切な対象物に視覚的に関与するという，今・ここでの志向性に基づく活動の組織化について例証した（第 2 節）．しかし，こうした現在進行形の志向に加えて，会話の局所的な分裂からは一つのサブグループの中のメンバ間でさえ潜在的な志向性の相違が垣間見えることや（第 3 節），制作責任者の観点からは，ここでの基本活動を複数チームの協同による展示制作という長期的な組織活動の中に有効に位置づけようとする志向性もうかがわれた（第 4 節）（図 4）．このように，今・ここでの活動には，参与者の組織役割などに基づくさまざまな潜在的志向性によって支えられているという側面もある．

謝辞
長期のフィールド調査にご協力いただきました日本科学未来館と「アナグラのうた」制作メンバ，ビデオ撮影を担当していただいた株式会社らくだスタジオの皆様に感謝いたします．編者の皆様には，「参与（関与）枠組みの不均衡を考える」ラウンドテーブルでの発表内容を別書に含め，本書向けには別の内容を書き下ろすことをご快諾いただきました．本研究は JST 戦略的創造研究推進事業さきがけ「多人数インタラク

ション理解のための会話分析手法の開発」の一環として行われたものです.

注

1) これらの Goffman の知見についての著者の立場からの概観については坊農・高梨（2009: 5.1節）および高梨（2016）を参照されたい.
2) http://www.miraikan.jst.go.jp/exhibition/future/information/anagura.html
3) 撮影は指向性マイク付のビデオカメラで移動しながら行っていたが，対象部分では，カメラは基本的にほぼ同じアングルに向けられており，大きな移動や方向転換などはなかった.
4) 従って，ここで岡田は将来の展示空間内での入場者の位置・行動に関する「実寸大の表象」（Takanashi & Hiramoto, 2012; 高梨, 近刊）となっているといえる.
5) 加えて，ここでの活動の動機を考えるならば，この活動は将来完成する展示空間における実際の来館者の行動を予測しながら行われているものであるという点も見逃すことができない．現在現実に行われている相互行為には，将来の可能的な出来事との関連を考慮しなければ理解できない側面も含まれている（Takanashi & Hiramoto, 2012; 高梨, 近刊）.
6) このように，会話の分裂時にも，それぞれのサブグループの活動の状況が互いに視覚的にモニタできる場においては，必ずしもすべての参与者がどちらかの会話のみに排他的に参与するわけではなく，両者の境界に位置している参与者がいる場合もある（高梨, 2011）.
7) これは菅原（1997）のいう「自己中心的な連関性」とも通じるものかもしれない.
8) 制作クレジットでは石森が「リードプログラマー」，真下が「チーフプロジェクトマネージャー」であるというエスノグラフィー的な情報からもこの点は裏づけられる．しかし，より重要なのは，メンバ間にこのような何らかの志向の違いが潜在しているという可能性は，こうした背景知識を持たない観察者にとっても，その場での相互行為の中での各参与者の関与状態を観察することから推測できるはずだという点である.
9) これらの点は山田と著者とのインフォーマルな会話でも複数回確認されている.

参考文献

坊農真弓・高梨克也（編著）（2009）．多人数インタラクションの分析手法　オーム社
Egbert, Maria M.(1997). Schisming: The collaborative transformation from a single conversation to multiple conversations. *Research on Language and Social Interaction*, 30

(1), 1–51.
Goffman, Erving (1963). *Behavior in public places: Notes on the social organization of gatherings*. New York: Free Press.（丸木恵祐・本名信行訳（1980）.集まりの構造─新しい日常行動論を求めて─　誠信書房）
Goffman, Erving (1981). *Forms of talk*. Philadelphia: University of Pennsylvania Press.
Goodwin, Charles (1994). Professional vision. *American Anthropologists*, 96(3), 606–633.（北村弥生・北村隆憲訳（2010）.プロフェッショナル・ビジョン─専門職に宿るものの見方─　共立女子大学文芸学部紀要, 56, 35–80.）
Goodwin, Charles (2003). Pointing as situated practice. In Kita, Sotaro. (Ed.), *Pointing: Where language, culture and cognition meet*, pp. 217–241. Mahwah: Lawrence Erlbaum.
Goodwin, Charles (2007). Environmentally coupled gestures. In Duncan, Susan, Cassell, Justine, & Levy, Elena (Eds.), *Gesture and the dynamic dimension of language: Essays in honor of David McNeill*, pp. 195–212. Amsterdam/Philadelphia: John Benjamins.
平本毅・高梨克也（2015a）.社会的活動としての想像の共有─科学館新規展示物設計打ち合わせ場面における「振り向き」動作の会話分析─　社会学評論, 66(1), 39–56.
平本毅・高梨克也（2015b）.環境を作り出す身振り─科学館新規展示物制作チームの活動の事例から─　認知科学, 22(4), 557–572.
Pomeranz, Anita (1984). Agreeing and disagreeing with assessments: Some features of preferred / dispreferred turn shapes. In Atkinson, J. Maxwell, & Heritage, John (Eds.), *Structures of social action: Studies in conversation analysis*, pp. 57–101. Cambridge: Cambridge University Press.
菅原和孝（1997）.会話における連関性の分岐─民族誌と相互行為理論のはざまで─　谷泰（編）　コミュニケーションの自然誌, pp. 213–246. 新曜社
高梨克也（2011）.複数の焦点のある相互行為場面における活動の割り込みの分析　社会言語科学, 14(1), 48–60.
高梨克也（2015）.懸念を表明する─多職種ミーティングにおける野生の協同問題解決のための相互行為手続─　認知科学, 22(1), 84–96.
高梨克也（2016）.基礎から分かる会話コミュニケーションの分析法　ナカニシヤ出版
高梨克也（近刊）.多職種チームで科学展示をつくる─日本科学未来館「アナグラのうた」ができるまで─　シリーズ「フィールドインタラクション分析」（高梨克也監修, 第1巻）, ひつじ書房
Takanashi, Katsuya, & Hiramoto, Takeshi (2012). Designing a future space in real spaces: Transformation of heterogeneous representations of a "not yet existing" object. In Okumura, Manabu, Bekki, Daisuke, & Satoh, Ken (Eds.), *New frontiers in artificial intelligence: JSAI-isAI 2011 Workshops, LENLS, JURISIN, ALSIP, MiMI, Takamatsu, Japan, December 1-2, 2011. Revised selected papers*, pp. 277-290. Berlin/Heidelberg: Springer.

第11章

通訳者の参与地位をめぐる手続き
―手話通訳者の事例から―

菊地浩平

1. はじめに

　本章では手話通訳者を介したろう者と聴者との相互行為場面(以下，通訳場面と呼ぶ)を事例として，特に手話通訳者の参与地位(participation status: Goffman, 1981)が人々による特定の活動の中でどのように扱われているのかを，会話分析の手法に依拠しながら議論する．このことを通して通訳場面における参与の均衡・不均衡がどのようなものかを考えてみたい．

　Goffmanは1981年の著書，*Forms of Talk* の中である相互行為の中で人々が演じる役割，足場(footing)の議論を展開しているが，その分析のためには参与枠組と産出フォーマットの記述が必要不可欠であるとし，参与地位という概念を導入している．Clark & Carlson(1982)の整理によると，これらの概念は「発言者」(speaker)，「発言の直接の受け手」(addressee)，「傍参与者」(side-participant)，「傍観者」(by-stander)，「盗み聞き者」(eavesdropper)，「立ち聞き者」(overhearer)という6つの分類が可能なもので，「ある活動中の1つの発話に対して人々がとりうる相互行為上の地位」だと言うことができるだろう．たとえば友人同士での雑談中になされた「明日は大学に行くの？」という発話を軸とするなら，質問をしている発言者，直接その質問を宛てられている受け手，質問を宛てられてはいないがその場で発言を聞いている傍参与者，といった具合である．当然この参与地位は相互行為を通して可変であり，その場にいる参与者たちは周囲の環境や他の参与者の行為に依存しながら特定の役割を演じ，活動を達成していくことになる．こういったGoffmanの議論は，従来「話し手－聞き手」の二項関係として捉えられてきた聞き手の概念を場面に対する関わり方の観点から拡張したものであり，

人々の相互行為の多様性をシンプルな枠組にそって捉えることを可能にしたという点で重要である．

この参与地位の概念を用いて通訳者という存在を捉えることが本章の1つの目的になるが，そのまま適用することでは捉えきれない特殊性が浮かび上がってくる．例えば通訳者は，発言者から直接発言を宛てられてはいないが単に傍参与者として発言を聴いているわけでもない．また発言者が話し終えた直後に話し始めることが期待されているという点では，発言を宛てられた聞き手のように振る舞う一方で，その発言はあくまでも通訳として直前の発言の内容に依存している．つまり自発的な発言者としてのものであるとは言い切れない部分がある．こういった通訳者の特殊な参与の在り方は，参与者の属性（通訳者／非通訳者，複言語話者／単言語話者など）に依存している部分がある一方で，それらは間違いなく通訳場面の参与者たちの相互行為の中で具体化されていると考えられる．次節ではいくつかの先行研究を参照しながら，通訳者の参与地位を考える上で重要になる「通訳者の介在による相互行為の変化」「通訳者の発言の聴かれ方」「相互行為主体としての通訳者」という3つの論点を導入する．

2. 通訳者の参与地位をとりまく論点
2.1 通訳者の介在による相互行為の変化

最初に触れたように，本章の主たる関心は参与枠組・参与地位という考え方を通して，通訳者という役割を捉え直すことにある．古典的な通訳・翻訳研究の中では，通訳者は言語間・文化間の翻訳を一手に引き受ける存在として扱われてきた．一方で，その場で進行中の相互行為の参与者としては扱われず，言語Aから言語B（あるいはその逆）への言語変換のみを担うある種の機械として位置付けられてきた．しかし近年ではGoffmanの枠組を拡張して通訳場面に適用したWadensjö (1998)の議論などを経て，相互行為の参与者としての通訳者像に注目した研究が始められ成果が蓄積されてきている（Roy, 2000; 吉田, 2011; 菊地・坊農, 2015）．いずれも通訳者がある種の特殊性を帯びた役割を与えられた相互行為者であることを主張しているが，この特殊性については，たとえば次のような隣接ペア (Schegloff & Sacks, 1973)の例を考えてみるとわかりやすい．隣接ペアは2つの適切な行為タイプのセットから構成され，それぞれ異なる2人の参与者によって産出されると

いう特徴をもっている(例えば「質問(第1成分)」と「答え(第2成分)」).
このことを踏まえつつ,質問−答えの隣接ペアが逐次的に通訳されている場
面を考えてみると,各参与者の発言はおおよそ次のような順序になる.

質問−答えの隣接ペアの変化
1. 質問者の発言(言語A)
2. 通訳者の発言(1の通訳で言語Bによって行われる)
3. 質問を宛てられた参与者の答え(言語B)
4. 通訳者の発言(3の通訳で言語Aによって行われる)

まず,隣接ペアを構成する質問と答えは1と3で行われているが,この
間に通訳発話である2が入り込む.また3の答えの産出は2の通訳に依存
しており,質問者にとっての答えの理解も4に依存している.すなわち隣
接ペアが2つの発言順番で完結しないという点でも,それぞれの発話の関
係が同一言語間の場合とは異なる依存関係によってつながれているという点
でも,非常に入り組んだ構造である.このように,それぞれの話し手が同一
の言語にアクセスすることができない状況下では,言語間翻訳の問題解決を
通訳者の介在によって達成せざるをえないが故に相互行為の形そのものが変
わる.言い換えれば相互行為の形を変えることによって異言語間のコミュニ
ケーションが成立可能となっているのである.これは通訳場面の相互行為を
考える上で重要な論点であると思われる.

2.2 通訳者の発言の聴かれ方

もう1つ別の観点から通訳者の特殊な参与地位を例示してみよう.前述
したように参与地位・参与枠組を巡る様々な手続きが「その場にいる全員の
参与地位が可変である」ために行われるものであるのだとするならば,基本
的には通訳者にも以下のような可能性を認めることになる.

(1) 通訳者は,他の参与者から直接発言を宛てられた受け手になること
ができる.
(2) 通訳者は,他の参与者が発言をしていないときに自ら発言を開始す
ることができる.

（3）　通訳者は，現在進行している会話からの離脱／再参入を他の参与者と同様に行うことができる．

　このことは，通訳者は Sacks et al.(1974)が指摘する他者選択・自己選択・自己継続の3つの順番交替技法を，その場の相互行為の文脈に依拠しながら駆使することができる存在だということを示している．つまり，通訳者は他者の発言を通訳するだけでなく，その場の相互行為の文脈に基づいて，自発的に発言することができるということになる．しかし，実際の通訳場面において通訳者が上述のように振る舞うという事態は確かに生じるものの，いわゆる通常の会話の順番交替とは明らかに異なることが起きているように思われる．というのも，先の「質問－答えの隣接ペア」における2番目の通訳発話産出に注目するならば，この発言は1番目の質問を受けて通訳者が産出してはいるものの，通訳者は直接質問を宛てられているわけではなく，したがって第2成分である答えを産出することを期待されているわけではない．さらに第1成分である質問の直後は，質問を宛てられた参与者が答えを産出することが期待されている順番だが，発言するのは通訳者で，かつその内容も答えではなく質問そのものだということになる．このように発言の連鎖にある種のねじれが生じているにも関わらず，参与者にとってはこのような発言は適切なものとして聴かれているはずである．すなわち，先行する発言との関係が本質的には「別言語形式を用いた繰り返し」になっているという意味で，通訳者の発言の聴かれ方は他者の発言に依存しているということができるだろう．一方で，先述したように通訳者がいわゆる通常の会話の一参与者として自発的な発言をまったくしないわけではない．このように考えると，通訳場面における参与者の振る舞いを考える上で重要なのは，同じ参与者の振る舞いが，通訳者のものとして理解されたり，そうではない普通の参与者のものとして理解されたりする相互行為上の仕組や手続きがあるということである．こういった相互行為における通訳発話と発話連鎖上の位置の関係については分析の中でも繰り返し立ち返ることになる．

2.3　相互行為主体としての通訳者

　最後の観点は，相互行為主体としての通訳者という観点である．これは実は2.1と2.2で導入した2つの観点とは逆の，通訳者が必ずしも言語形式の変

換だけをしているわけではないという理解に基づくものである．2.1と2.2で触れたような特殊性の発揮は，「あの人は通訳者だ」という認識が予め参加メンバーの間で共有されているという特徴に依存しているのは間違いないだろう．一般的に通訳者は事前に主たる発言者(議事進行役や発表者)と打ち合わせをしたり，会議の開始前に参加者に通訳であることを周知したりすることで，その場に初めて参加する人にとっても，その人が何者であるのかがわかるような手続きをとることが多い．また通訳者の発言が，直前の発言で用いられている言語とは異なる言語で構成されていることも，通訳者の発言が質問にたいする答えとしては理解されない1つの理由だろう．ただし本章で議論しようとしていることは，そういった認識が相互行為の中で具体化される手続きである．言い換えれば，予め誰がどういった順番で何を話すかが決まっていない場面でも，特定の参与者の振る舞いを通訳者の振る舞いとして，あるいは通訳者のものではない振る舞いとして相互行為の中に位置付けていく手続きこそが，特定の場面における通訳活動を支えているはずである．したがって，通訳者の役割として理解されている言語変換を相互行為の中で実現する／支える手続きを，参与地位をめぐる手続きという観点から捉え，通訳場面での参与枠組および参与者の参与地位の特徴を示すことが本章での目的となる．

3. 分析：相互行為連鎖の中での通訳発話産出

ここでは2つの事例を通して通訳場面での参与枠組および参与者の参与地位を分析していく．はじめに分析対象となる通訳場面の概要と，参与者の属性について触れておく．

対象となる場面では読書会が行われている．この読書会は継続的に開催されているもので，データになっている回は開始してから1年程度経った時点で開催されたものとなっている．その場にいる参加者は6名で，内訳は以下の表1の通りである．参与者の名前はすべて仮名である．なお文字化資料での識別も兼ねて，H(聴者)，D(ろう者)，I(通訳者)，O(見学者)の識別子を付した．また参与者5名は図1のような配置で着座しており，大野Hのみ遠隔地からSkypeを利用して参加している．土田Oはこの読書会には見学のために参加しており，ほとんどの参加者と初めて顔合わせをしたという状況である．通訳業務に従事したり，他の参加者との議論に加わったり

することはなかったため，ここで紹介するにとどめる．

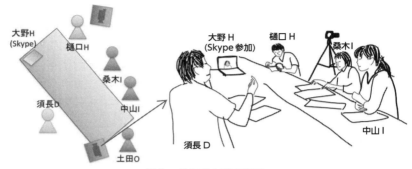

図1　参与者の着座位置

表1　参与者の概要

名前	属性	使用可能な言語
大野H	聴者，女性	日本語，日本手話
樋口H	聴者，男性	日本語，日本手話
須長D	ろう者，男性	日本手話
桑木I	手話通訳者，女性	日本語，日本手話
中山I	手話通訳者，女性	日本語，日本手話
土田O	見学者，女性	日本語，日本手話

　須長Dは唯一のろう者としてこの読書会に参加していて，テキストの内容をまとめて発表する担当を一貫して引き受けている．通常は事務職を担当しており研究経験はほとんどない．大野Hと樋口Hは研究職に就いていて，この読書会では主に須長Dの発表に対してコメントしたり，他の参加者と関連領域の内容について議論をしたりといった形で参加していることが多い．またこの2人は日本手話を話すことができるため，須長Dとのやりとりには手話通訳者が必須というわけではない．それにも関わらず通訳者が配置されていた理由は，次のような環境による制約に対応するためである．まず，大野Hは遠隔地からSkypeを通じて参加しているため，撮影の角度や精細度の問題で須長Dや樋口Hの手話を読み取ることは難しかったと考えられ

る．また大野Hの手話を通訳者が読み取るにも画面サイズが充分ではなく，直接会話ができる環境ではなかった．したがって樋口Hと大野Hの発言は基本的に音声で行われており，通訳者がそれを手話に通訳することで須長Dとのやりとりが成立する（その逆も同様）という環境が用意されていた．桑木Iと中山Iの2名はこの読書会での通訳業務を何度も経験しており，参加者間でもよく知った間柄である．

文字化にあたっては日本語と日本手話の両言語の使用を表現する必要があるため，一般に会話分析で用いられている音声産出の表記法と，日本手話の会話を分析するために開発された単語区切り表記法とを混成させたものを用いる[1]．また場面の特性上日本語と日本手話とが飛び交うことになるため，音声で産出されている発話には「音」，手指で産出されている発話には「手」という識別子を参与者名の後ろに付した．使用している記号の一覧については注を参照されたい．分析に当たって必要になる視線や参与者の位置関係等の身体の振る舞いについては文字化資料下に画像として示した．文字化資料中の[a]と画像の(a)とが対応しており，図中の矢印は視線の方向を示している．

3.1 相互行為連鎖上の位置と通訳発話

第1節で触れたように，通訳場面における通訳者は単に言語形式の変換だけに従事しているわけではない．その存在によって相互行為の形を変化させるが故に，相互行為連鎖上期待される役割が他の参与者とは明確に異なる存在である．本節では扱う事例では，通訳者が他者の発話内容の言語形式を変換する「通訳発話の産出」と，通訳発話の産出を含めた活動そのものの達成に関わる「通訳活動のための発話の産出」という2つのタイプの発話を取り上げ，時間的前後関係をある種の基本フォーマットとした原発話と通訳発話の理解，そして相互行為の調整に関わって基本フォーマットから限定的に外れる，という通訳者の参与地位の動的な変化を捉えたい．

以下は読書会中に須長Dがテキストの内容を日本手話で説明しているところだが，須長Dはその中で生じたある疑問を表明する．中山Iはその内容を日本語に通訳しているが，この一連の発話連鎖の中で中山Iの参与地位のあり方がどのように変化しているかに注目して分析を進める．

3.1.1 通訳発話の産出と理解

　文字化資料1の分析の最初に「通訳発話は原発話(言語変換の対象となる発話)よりも後に産出される」ということについて確認しておきたい．このことは通訳という活動の原理的な仕組みを考えれば当然のことだが，ここで改めて確認をしておくことには，通訳者の参与地位の動的な変化を捉えるうえで重要な意味がある．一般的に言って通訳は，一発話ないし一定時間ごとに発言者と通訳者が入れ替わりつつ通訳が行われる逐次通訳と，発言者の発話中に通訳者が後を追いかけるようにして通訳が行われる同時通訳[3]とに分かれる．逐次通訳の場合は原発話の完了後に通訳発話が開始され，同時通訳の場合は原発話の発話中に通訳発話が開始されるということになる．この2つはどちらかが終始一貫して行われる場合もあるが，本章で扱う事例では，その時々に応じてどちらかの形式が選択的に用いられている．これらの形式で通訳が行われるとき，原発話と通訳発話との重複が様々な形で起こることになるが，通訳場面において，通常これらの重複は解決すべきものとしては扱われない．たとえば逐次通訳であれば発話重複は基本的に起こらず，重複する場合でも発話末付近に集中することになり時間も短くなる[4]．また同時通訳であっても，特に手話通訳に限定して言えば音声と視覚ではメディアの干渉がないため，原発話と通訳発話とが同時進行したとしても音声の場合ほど致命的な衝突は起こらないということになる．このように通訳場面におけるある発話が，重複の程度・形式とは独立に，他者の発話順番への介入とはみなされないとすると，特定の参与者の発話を原発話／通訳発話として理解するための手続きが存在しているはずである．当然，この手続きは通訳者が通訳者として発話を産出することにとって重要なものとなってくる．以下ではこういった観点から，原発話と通訳発話の時間的前後関係を軸に，通訳者の参与地位をめぐる手続きを分析していく．

文字化資料1：時間的前後関係を基にした発言の理解[2]
01　　須長D　手　／開ける／入ってくる(2.0)／誰(1.0)／違う
02　　　　　　　　(1.6)
03　　中山I　音　どういう(.)んでしょう［ねぇ(　　)普通の =
04　　須長D　手　　　　　　　　　　　　［／普通／入ってくる／ノック ==

```
05    中山 I    音    = その入ってくるときに :] 自分が入るときに :=
06    須長 D    手    == する / 開ける / どうぞ ]
07    中山 I    音    =.hh その : 迎え入れる側は : どうぞ : っていうんでしょ
08                    うかねぇ ノッ [ クして : どうぞ : ] ですかね =
09    須長 D    手                  [/ 開ける / どうぞ ]
10    中山 I    音    = どうぞって言われ - 言いますか
11    須長 D    手    / わからない
12                    (.)
13    中山 I    音    ⓐどうなんでⓑしょう
14                    (1.0)
15 →  中山 I    音    質問にも °(きこえる)°
16                    (0.4)
17 →  中山 I    手    ⓒ / 質問 / 誰 / 質問
18    須長 D    手    / 聴者 /(違う)/ わから [ ない / 理由
19 →  中山 I    音                          [あえ : と聞こえる方はどういう
20 →                  ふうにどのように : この入室の時の - .hh に : やりとりが
21 →                  > 通常は < あるのかちょっと比較ができないので : イ
22 →                  メージがちょっとわかないです .須長.
```

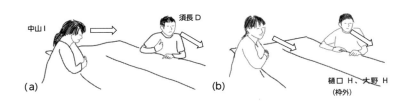

(a)　(b)

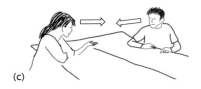

(c)

01-13行目が須長Dの日本手話による発話を中山Iが日本語に通訳している箇所である．文字化の都合上入り組んだ表記となっているが，須長の手話発話（04，06）と中山Iの日本語発話（03，05，07，08，10）は，それぞれ切れ目なく一続きに産出されている．両者の対応を見ていくと，中山Iが須長Dの後を追いかけるような格好で，先行する手話発話の継続中に日本語発話が重複しながら進行していく．すなわち，03行目の中山Iの発話は01行目の須長Dの発話に対応しており，03行目末尾「普通の」から後の部分は04行目から始まっている須長の発話に対応しているという同時型の通訳が行われていることがわかる．この同時型については特に顕著だが，発話の重複はまったく問題としては扱われていないと言えるだろう．
　さらに11行目の須長Dの発話と13行目の中山Iの発話の対応は，先行発話である須長Dの手話発話が完了した後に中山Iの日本語発話が産出されるという逐次型の通訳となっている．この11-13行目の対応は，語彙の水準では原発話－通訳発話という枠組から外れているように見えるが，画像(a)のように中山Iはこの箇所に至るまでの間も含め一貫して須長Dに視線を向けており，最後の「しょう」の直前で樋口Hと大野Hの方へと視線を向け変えている（画像(b)）．すなわち，この視線変更は須長Dの発話の通訳が完了したことに加えて，樋口Hと大野Hのいずれかが次の話し手として発言を開始することを投射していると考えられる．
　このように2つの発話が異なる言語形式によって産出されている場合，逐次／同時あるいは重複の有無を問わず，先行発話／後続発話という時間的前後関係が原発話／通訳発話という主従関係として立ち現れてくる．このことを踏まえた上で15行目以降の発話連鎖に注目していこう．

3.1.2　通訳活動のための発話の産出

　中山Iの参与地位をめぐる手続きの中でも，その変化を捉える際に最も重要なのは15行目の発話（「質問にも°（きこえる）°」）だと考えられる．この中山Iの発話は日本語によって産出されていることに加えて視線が樋口Hと大野Hの方向へと向けられているため，少なくとも須長Dに聴かれることを前提とした発話産出であるとは考えにくい．また須長Dの質問に対する答えではなく，11行目まで継続されていた須長Dの発話内容に，ある種の判断のしにくさが含まれていることの主張として理解することができる．こ

の主張がここで行われていることの意味については次段で詳述するとして，この発話が行われている相互行為上の位置こそが，中山Ｉの参与地位の変化にとって本質的な重要性を持っていると考えられる．

　直前の14行目には1秒ほどの沈黙が生じており，さらにその前（13行目）の中山Ｉの発言は，11行目にある須長Ｄの日本手話による発言を日本語に変換した通訳発話である．この11行目までの須長Ｄの発話内容は本節冒頭で触れたようにテキストを説明する中で生じた疑問を述べるもので，視線は樋口Ｈと大野Ｈの方へと向けられている．ただしその場にいる特定の（一人の）参与者に宛てた質問ではなく，自らが疑問を持っていることを表明するものとなっている．つまりこの1秒の沈黙は，他者選択の技法によって選ばれた特定の参与者が話していないために生じた沈黙ではなく，自己選択の技法によって次に誰も話し始めていないために生じた沈黙だということができる．

　こういった文脈で開始されたのが中山Ｉによる15行目の発話である．中山Ｉによる通訳が須長Ｄの発話にたいして時間的に後続する位置で発話を産出することによって達成されてきた状況は，この15行目の発話産出によって一変する．すなわち自己選択による発言開始が可能な位置かつ原発話がない状況で中山Ｉによる発話産出が行われたこの瞬間に，中山Ｉの参与地位は「他者の発言の通訳者」からある種の「発言者」へと変化した，ということができるだろう．15行目の中山Ｉの発言は話者自体が変わっているわけではないため，一見して自己継続であるように見える．ただし，15行目で中山Ｉの参与地位が「他者の発言の通訳者」から「発言者」へと変化しているという前述の知見を踏まえるならば，13行目までの発言と15行目からの中山Ｉの発言は，異なる参与地位間での自己選択による順番交替と見なすことができるだろう．このことについて，15行目と17行目の中山Ｉの発言，および18行目の須長Ｄの発言の関係に着目しながらさらに詳しく検討する．

　まず15行目の中山Ｉの発言は，通訳活動とはまったく無関係のものであるようには聞こえない．15行目の発言では直前まで続いていた須長Ｄの発言内容に判断のしにくさが含まれていることが主張されていると述べたが，これは須長Ｄの発話の通訳が完了したことが明らか（3.1.1の分析を参照）であるにもかかわらず，誰も次の順番を開始していないことを受けたものであるように見える．仮に須長Ｄの11行目までの発話（および中山Ｉによる13行目

までの通訳発話)が特定の参与者に宛てた質問として聴くことができるものであるならば，それに対する答えは質問を宛てられた参与者が話し始めることが強く投射されるだろう．逆に特定の参与者に宛てられた質問としては聴くことができないとしても，この読書会の残る参加者である大野Hか樋口Hが自己選択によって話し始めるか，須長Dが自己継続によって何らかの内容を付け足してもよいだろう．いずれにしても中山Iの15行目の発話は，こういった状況を受けて，須長Dの発言が完了した後の位置(11行目)を何らかの形で次の順番を開始することが期待されている位置としてデザインしようとすることに関わっているように思われる．

次に17行目に注目すると，中山Iは日本手話に言語を変更し，須長Dに宛てて「誰かに質問してるの？(/質問／誰／質問)」という質問をしている(画像(c))．17行目で中山Iから質問を宛てられた須長Dは，直後の18行目で「聴者じゃないからわからないっていうこと(/聴者／(違う)／わからない／理由)」と答えており，質問−答えの隣接ペアが構成されていることがわかる．すなわち17行目の中山Iの発言は，誰かの発言を別言語形式で繰り返しているわけではないことが18行目の須長Dの反応からも明らかである．したがって15行目と17行目では，中山Iの発言者としての参与地位が前景化した状態が維持されつつも，発言の宛先のみを使用言語によって変更するという形で通訳活動のための発話が産出されていると考えられる．

そして最後に，中山Iは18行目の須長Dの答えを受けて19-22行目の発話を日本語で産出することで須長Dの発言の意図を解釈してまとめなおし，末尾に「須長」と付け加えている．これは19-22行目の発言が自分の独自の意見ではなく，須長Dの発言内容をまとめたものであることを主張するものとなっている．この一連の流れで行われているのが「通訳活動のための発話の産出」である．言い換えれば，時間的に後続する位置での発話産出という基本フォーマットから限定的に外れることによって，原発話の通訳者という参与地位から，通訳活動を行う発言者という参与地位に移行しているのである．また3.1.1で議論したように，19行目で開始される中山Iの発話は日本語で行われていることに加えて，18行目の須長Dの発話に後続しているという特性によって，相互行為の中に通訳発話として位置付けられている．

ここまでの議論では「通訳発話の産出」と「通訳のための発話の産出」という2つのポイントから通訳者の参与地位をめぐる手続きを検討してきた．

すなわち，先行－後続という時間的前後関係をある種の基本フォーマットとした原発話の通訳者・通訳活動を行う発言者という参与地位の理解，そして相互行為の調整に関わって基本フォーマットから限定的に外れることで参与地位を変更する，という2つの手続きである．

3.2 通訳発話の産出に関わるトラブルとその解決

　本節では，一定の条件下で通訳者が通訳発話を産出することができない場合に，その産出の不可能性が問題として顕在化し解決されるまでの連鎖を追うことで，通訳者の参与地位をめぐる手続きを分析する．分析にあたって重要になるのは「発話連鎖の二重構造」と「二重構造の解消手続き」の2点である．以下の事例は読書会開始時に須長Dによって参加者が紹介されている部分で，通訳を担当しているのは桑木Iである．

3.2.1 発話連鎖の二重構造

　この事例で注目するのは，文字化資料の2-1の07, 09, 11行目の樋口Hの発話である．事例の冒頭部分からそこに至るまでの連鎖を見ていこう．須長Dの参加者紹介は01, 04, 06の3行にわたって継続していて，これに対応する桑木Iの通訳発話は02, 05, 08, 12の4行にわたって産出されている．これは前節での中山Iの発話が原発話に対して時間的に後続する形で産出されていたのと同様で，内容的に見ても過不足なく須長Dの発話が訳出されていたと言える．このことを踏まえた上で，それぞれ重複している桑木Iと須長Dの発話との関係から，樋口Hの07行目の発話に注目する．

文字化資料2-1: 異なる言語間で生じる発話連鎖の二重構造
```
01    須長D   手  [/PT: すなが /PT: ひぐち /PT: おおの /3人]
02    桑木I   音  [参加者は 須長と 樋口さんと 大野さんの3人]とい
03                うこ [とになります．他はまあちょっと =
04    須長D   手       [/ 他 / メールをもらう / ない /3人 / だけ ==
05  → 桑木I   音  = 来るというメールがな     [いんですけど] も =
06  → 須長D   手  ==/ 進める / したい / 思う /G: [お　　じ　　ぎ]
07  → 樋口H   手                              [d / 東 -
```

```
08 → 桑木I   音  = そういったな - 形で進めたいと思いま [す
09 → 樋口H   音                                    [あ°[つうや -=
10    須長D   手                                        [/PT: 樋口
11 → 樋口H   音  [=> すいません(.)えと <° 東沢く [んは =
12 → 桑木I   音  [よろしくおねがいいたします
13 → 桑木I   手                                    [/PT: 樋口 ==
14 → 樋口H   音  [= あの : ちょっと用事があって これないというので(.)
15              私が(.)聞いて(.)います > すいません < 伝えるの(.)
16              遅くなりました
17    桑木I   手  [==/ 東沢 / 用事…
```

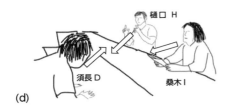

(d)

　まず樋口 H の発話を桑木 I の発話との関係から検討する．樋口 H の発話が開始された位置（07 行目）は桑木 I の発話産出途中（05 行目）である．この通訳発話は 08 行目まで切れ目なく続いているもので，須長 D の 06 行目までの発話を通訳するものとなっている．したがって樋口 H の 07 行目は桑木 I の発話にとっては発言開始が適切ではないところで開始されていて，ある種の介入（割り込み）となっていることがわかる．ただし日本語で構成されている発話の継続中に日本手話による発話が開始されており，いわゆる発話重複とは異なる事態が生じているように見える．この違いについては後述するが，一言で述べると「手話発話（原発話）を基にした連鎖と日本語発話（通訳発話）を基にした連鎖という 2 つの連鎖からなる二重構造」という問題が生じていると考えられる．

　次に，06 行目の須長 D の発話との関係から見てみると，樋口 H の発話は「/ 3 人 / だけ / 進める / したい / 思う /G: おじぎ（3 人だけで進めたいと思います，よろしくお願いします）」という発話中の，「/ 思う」の直後に開始

されていて，須長Ｄの発話の完了可能点の直後であることがわかる．こういった連鎖上の位置で開始された樋口Ｈの発話は，日本語ではなく日本手話によるものであること，視線が須長Ｄに向けられていることからも明らかなように(画像(d))，須長Ｄの発言の完了可能点を参照して須長Ｄに宛てて開始されたものとして理解できる．樋口Ｈは日本語だけでなく日本手話を運用することができるため，須長Ｄの手話発話の中に次の順番を開始してもよい位置を見いだすことは充分に可能だったと考えられる．さらに樋口Ｈの07行目の発話は須長Ｄにも確実に見られていて，少なくとも発話を開始しているという事実は観察可能になっている．なぜここで樋口Ｈが手話発話を開始したのかについては推測するしかないが，樋口Ｈの発話の組み立てられ方を検討することで１つの可能性を示すことはできる．すなわち，①07行目の「／東-」が須長Ｄの発言の完了可能点で開始されていること，②発言しようとしていた内容が14行目以降で語られるように「東沢の欠席という自分が伝え忘れていた須長Ｄの知らない事実」であること，③すでに須長Ｄが参加人数を確定して読書会を開始しようとしていることの３点から，樋口Ｈは07行目以降で言おうとしていたことを，桑木Ｉの通訳発話が完了するのを待たずに開始するだけの緊急性があるものとして組み立てていると考えることはできるだろう．

　このように「時間的前後関係に基づく原発話と通訳発話の理解」という通訳場面の特性は，原発話と通訳発話それぞれの発言の完了可能点のズレという副産物を伴うことになる．そのため発言者と通訳者以外の参与者が次の話し手として発話を開始する場合，それぞれの発言に対して異なる相互行為上の位置での発話開始という二重構造が現出する可能性がある．そしてこの場面がもつ日本語－日本手話の通訳が行われているという特徴は，二重構造の観察を一部の参与者にとって困難にしている．一部の参与者とは，ここでは桑木Ｉである．手話言語は手指や身体といった視覚的資源を利用して産出されるため，必然的に桑木Ｉは須長Ｄの正面に座り視線を向けながら通訳を行っている．また先行研究で指摘されてきたように，手話言語における視線は単に見ているという事実だけでなく，誰が誰に宛てて話しているのかという発言のアドレスの問題(van Herreweghe, 2002)や順番交替システムの運用そのものに関わる重要な要素(Baker, 1977; Martinez, 1995; 菊地, 2011)となっている．つまり桑木Ｉの右横に座っている樋口Ｈが日本手話を用いて

話し始めた場合，桑木Iはそれを見ることができないという以上に，割り込みが起きているということに気づくことができないのである．したがって，自らの通訳発話に対して割り込みが生じているということにも気づくことができず，さらに割り込みという形で開始されているものが「通訳すべき原発話」であることを認識できないという問題が生じることになる．次節ではこのようにして顕在化した問題が，解消される手続きについて分析していく．

3.2.2 二重構造の解消手続き

　ここまでの議論では，発話連鎖の二重構造が解決すべき問題として顕在化する可能性を確認した．菊地・坊農(2015)で明らかにしているように，問題は「音声発話連鎖と手話発話連鎖の相互接続点としての通訳者」によって解消されることもある．しかしこの事例では通訳者だけがその役割を果たしているのではなく，むしろ通訳者を含む全ての参与者が協働して問題を解消していると考えられる．この手続きを明らかにするには，樋口Hの07行目と後に続く発話がどのような関係にあるのかを考える必要がある．まず，樋口Hの07行目の発話は「/東-」と言いかけるものの続かずに中断されている(7行目，画像(e))が，後に11行目から言語を変更してやりなおされている(11行目，画像(g))．このやり直しとの関連から09行目で何が行われているのかを考えていく．

文字化資料2-2(一部再掲)：二重構造の解消手続き(07-11行目)
```
07 → 樋口H  手                          [d]/東-[e]
08    桑木I  音  =そういったな-形で進めたいと思いま[す
09 → 樋口H  音                          [f]あ°[つうや-=
10    須長D  手                          [/PT:樋口
11 → 樋口H  音  [=>すいません(.)えと<°[g]東沢く[んは=
12 → 桑木I  音  [よろしくおねがいいたします
13 → 桑木I  手                          [/PT:ひぐち==
14    樋口H  音  [=あの:ちょっと用事があってこれないというので(.)
15             私が(.)聞いて(.)います>すいません<伝えるの(.)
16             遅くなりました
17    桑木I  手  [==/東沢/用事…
```

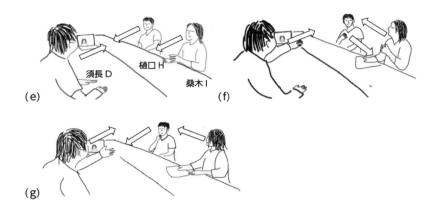

(e) 須長D 樋口H 桑木I　(f)

(g)

　09行目の中でも，特に「あ」から開始されていることに注目しよう．これは音声的な特徴からは言い淀みのように長音化されておらず，ごく短く，アクセントのついた形式で言い切られていて，Heritage (1984) が状態変化符 (Change of state token) と呼ぶものに相当すると思われる．状態変化符は話し手の知識状態が変化したことをしるしづけるやり方の1つであり，ここでは次に続く言いさしとすばやい謝罪を合わせた構成 (09, 11行目「つうや->すいません(.)えと<」) によって，樋口Hが気づいたことがおそらくは通訳に関連するもので，かつ謝罪を伴うものであることが主張されている．この，まさにたった今通訳に関する何事かについて気づいたことの表明が行われているという理解が妥当なものだとすると，この表明が行われている相互行為上の位置はいくらか奇妙なものであるように見える．

　まず07行目での樋口Hの発言開始は明らかに須長Dに気づかれている (画像(d)) にも関わらず，直後に樋口Hは手を下ろしてしまう (画像(e))．この位置は3.2.1で述べたように須長Dの発言の完了可能点であり，「須長Dの発言との連鎖」という観点からは発言の開始に支障はない．樋口H自身の運用可能な言語を見ても，自らの手話によって須長Dに事実を伝えることは充分に可能だったはずだが，ここではそうはならなかった．他方で桑木Iの通訳発話との連鎖という観点からは，発言開始が適切ではない位置であり，二重構造が生起する原因となっている．すなわち09行目で表明されている気づきがこういった二重構造の生起に関連したこと（たとえば開始す

第11章　通訳者の参与地位をめぐる手続き　　237

る位置を間違ってしまったという気づき)であるならば，その表明が手話による産出では中断という形ですぐさま行われている一方，日本語による産出では先送りされているということになる．この先送りされた表明が現れるのが桑木Ｉの通訳発話の完了可能点(08行目の発話末尾付近)であり，これが樋口Ｈによる日本語でのやり直しの契機となっていることには注意が必要である．すなわち，ここで気づきの表明をしているのは，単なる偶然や気の迷いでそうなっているのではなく，二重構造を生じてしまった発言の連鎖それぞれに対応する必要から行われた極めて制度的な振る舞いだと考えられるということである．07行目の時点では桑木Ｉの通訳発話がまだ継続している／継続することが明らかである以上，手話を中断したとしても日本語でのやり直しが新たな別の発話重複を生じさせることになる．実際，樋口Ｈの発言のうち，07行目冒頭の状態変化符から後の部分が桑木の発話音量よりもかなり小さい音で産出されていることは，発話重複の問題と無関係ではないだろう．逆に07行目を中断した後にすぐさま日本手話で発言をやり直す場合，メディアの衝突は起きないが他の参与者(特に大野Ｈ)にとっては見えにくい発話産出となってしまうことに加えて，画像(e)や画像(f)のように，桑木Ｉが樋口Ｈを見ていない状況で手話による発話産出を続けても訳出されない可能性が極めて高い．こういった状況において，樋口Ｈは「手話発話を中断する」(07行目)，「日本語の状態変化府を用いる」(09行目)という二種類のやり方を用いて，手話発話連鎖と日本語発話連鎖の二重構造の生起を明らかにしている．その上で直前の通訳発話が終了し，かつ桑木Ｉが樋口Ｈに視線を向けていることが明らかである位置(画像(f)および(g))，すなわち通訳発話をするための準備が整ったことが明らかである位置で，発言のやり直しを行っていると考えられる．

　ここまでの議論をまとめておこう．時間的前後関係を基にした発話理解二重構造の解消のために樋口Ｈがとった手続きは，①須長Ｄの発言の完了可能点で開始した発言を中断すること(07行目)，②07行目の発言開始によって生じた二重構造の問題に桑木Ｉの発話の完了可能点で気づいて見せること(09，11行目)，そして③桑木Ｉの通訳発話のもう1つの完了可能点(12行目の「よろしくおねがいいたします」)の到来を待って07行目をやりなおす(11行目の終わり「東沢くんは」以降)ということになる．つまり生じてしまった二重構造に，それぞれにとって適当な形・位置で気づき，発話連鎖を組み

立て直すというのがここで行われていたことの全容である．このように，通訳場面における発話産出に関するトラブルは通訳者自身の調整を待たずに，他の参与者による調整手続きによって解決されることがある．もちろん，この手続きの中で通訳者は蚊帳の外に置かれているわけではない．確かに通訳者が産出していたのは原発話に対応する通訳発話ではあるが，彼女たちの発話は次に開始される発言順番の参照点として利用されている．つまり相互行為の中で発せられる発言の確固たる発言者という地位をもち，会話が進行する時の単位を作り出すことができる者として活動に参与しているということができるだろう．

4. 考察とまとめ：通訳者の参与地位をめぐる手続きと参与の均衡・不均衡

本章ではデータとなる通訳場面の2つの断片を事例として，その中で用いられている手続きを詳細に記述することで通訳場面における参与地位のあり方を明らかにしてきた．分析を通して得られたのは，「時間的前後関係を基本的フォーマットとした発話の理解」「発話連鎖を組み立てる参照点としての通訳発話」，そしてそれらを基盤とした問題の解決手続きという知見である．こういった知見は先行研究の中でも指摘されてきた「相互行為主体としての通訳者」という議論の延長上にある．本章で明らかにしてきたように，通訳場面における通訳者の参与地位は，確かに他の参与者の地位に依存して決定されている側面がある．しかしその地位は，依存という時でさえ言語変換のための透明な導管(Reddy, 1977)というような非主体的なものではなく，実体を伴った主体が相互行為における様々な手続きをとおして具体化されていく動的なものである．ただし，そういった様々な手続きは通訳場面に特有なものではなく，我々の日常的な相互行為の枠組の延長線上に位置付けられるものであることも付け加えねばならないだろう．

本章で取り上げた事例はわずかだが，最後にこれらの知見を，参与の均衡・不均衡という本書の問題意識に立ち返って検討してみたい．まず第3節で分析したように，通訳場面においては手話通訳者とそれ以外の参与者との参与地位は必ずしも均衡状態にあるわけではない．例えば3.1で取り上げたような時間的前後関係をもとにした発話の位置付けは，複数の話し手が一時に発話を産出することで生じる発話重複の問題を，原発話と通訳発話の重複として見なすための基盤となっていると考えられる．この知見を「原発話

の発言者」に対する「原発話の通訳者」という参与地位の対比として捉え直すならば，これを参与地位の不均衡状態であると言うことは可能だろう．そしてこういった不均衡状態は，何が問題のある重複で何が問題のない重複なのかを決定する時の基盤となっているはずである．また3.2では通訳者の通訳発話と次の話し手の原発話との発話重複を，発話連鎖の二重構造と見なし，発言のやり直しによってこれを解決する手続きがあることを指摘した．これは通訳者の発話産出を原発話に対して従属的なものとしてのみ位置付けるのではなく，現在進行中の相互行為を構成する単位の1つとして位置付けることで発話連鎖を組み立て直すために利用するものだった．このことも「通訳発話の発言者」という参与地位と「通訳発話の聞き手」という参与地位の対比として捉えることができる．すなわち相互行為の中で生じた同時発話を一定の手続きに沿って解決する時に，参与地位の不均衡が前提とされているということができるだろう．もちろん今回取り上げたのは手話通訳場面であり，視覚言語－聴覚言語間の通訳が行われているという点で，他の通訳場面とは異なる特徴を多く備えている．今後は通訳者の参与地位をめぐる手続きという観点を深めつつも，言語やモダリティの違いを含め，より多様な通訳場面の状況を明らかにしていく必要があると考えている．

謝辞

本章は日本学術振興会特別研究奨励費（課題番号25-5740），および若手研究B（課題番号23700135）の成果の一部です．データ収録に協力していただいたみなさまに厚く御礼申し上げます．

注

1) 文字化記号の一覧

/	手指による単語産出の開始点（他の単語や動作との認識可能な切れ目）を示す.	(0.4)	括弧内の数字は沈黙の長さを示す
		[ ]	角括弧で括られた区間は，発話が重複していることを示す
/PT:	PTは指さしの略記で，コロンに続く対象が指さしによって指し示されていることを示す	> <	山括弧でくくられた区間は，他の箇所と比べて発話産出の速度が速いことを示す
/G:	スラッシュに続くG:は産出さ	(発話)	括弧でくくられた区間は，音声／手指

	れている動作が手話語彙ではなく身振りとして産出されていることを示す		動作が判別しにくいか，判別できないことを示す
		° °	半濁音記号で囲われた区間が他の箇所と比べて小さい音で産出されていることを示す
.	下降調イントネーションを示す		
:	音が引き延ばされていることを示す		
-	発話が途中で中断されていることを	=, ==	等号で結ばれた行末と行頭が切れ目なく続いていることを示す．2人の話者の発話が一時に行をまたいで続いている場合は等号と二重等号で区別する
h	呼気音		
.h	吸気音		

2) 手話言語を用いた相互行為の文字化手法はまだ充分に確立・普及しているわけではないが，いくつかの先行研究において相互行為の分析に耐えうる文字化手法が開発されてきている（坊農, 2011; 菊地, 2011; Kikuchi & Bono, 2012; 菊地・坊農, 2013, 2015など）．

3) さらに言えば同時通訳は，通訳者が専用ブースで通訳した音声を無線装置等で飛ばす形態を同時通訳，ブースではなく通訳を必要とする相手の近くでささやき声程度の大きさで通訳する形態をウィスパリング通訳と呼ぶのが一般的である．ただし手話通訳の場合は音声言語とのメディア上の干渉が起こらずウィスパリングをする必要がそもそもない．さらに本章の事例では手話通訳者がその場にいるためウィスパリング通訳が行われているようにも見えるが，手話をもちいたささやきによって通訳が行われているわけではない．したがって本章で扱う事例のうち該当するものについては同時通訳という呼称を用いる．

4) こういったタイプの発話重複は，解決すべきもの（たとえば介入）としては扱われないという点で，Jefferson（1984）の指摘する移行関連開始（transitional onset）と似ている部分がある．ただし本章の事例は異なる二言語間で起こる特殊な・限定的な順番交替であるため，単純な比較はできない．むしろ「解決すべきものとしては扱われない」ということの枠組が異なっていると考える方が妥当だろう．

参考文献

Baker, Charlotte (1977). Regulators and turntaking in American sign language discourse. In Friedman, Lynn A. (Ed.) *On the other hand: New perspectives on American sign language.* pp.215-236. New York: Academic Press.

坊農真弓 (2011). 手話会話に対するマルチモーダル分析―手話三人会話の二つの事例分析から― 社会言語科学, 13(2), 20–31.

Clark, Herbert H., & Carlson, Thomas B. (1982). Hearers and speech acts. *Language*, 58(2), 332–373.

Goffman, Erving (1981). Footing. *Forms of talk*, pp. 124–159. Philadelphia: University of Pennsylvania Press.

Heritage, John (1984). A change of state token and aspects of its sequential placement. In Atkinson, Maxwell J.& Heritage, John (Eds.), *Structures of social action: Studies in conversation analysis*, pp. 299–345. Cambridge, U.K.: Cambridge University Press.

Jefferson, Gail (1984). Notes on some orderliness of overlap onset. In D'Urso, Valentina, & Leonardi, Paolo (Eds.), *Discourse analysis and natural rhetorics*, pp. 11–38. Padova: CLEUP.

菊地浩平（2011）．二者間の手話会話での順番交替における視線移動の分析　社会言語科学，14(1), 154–168.（特集：マルチモダリティの相互作用）

Kikuchi, Kouhei, & Bono, Mayumi (2012). Interpretation as a situated activity: An analysis of participation framework in reading session with hearing and deaf participants. In Proc. *Coordination of multimodality in multispace interaction (MiMI)*, JSAI-isAI 2012, 38–48.

菊地浩平, 坊農真弓（2013）．相互行為における手話発話を記述するためのアノテーション・文字化手法の提案　手話学研究，22, 37–61.

菊地浩平, 坊農真弓（2015）．相互行為としての手話通訳活動―通訳者を介した順番交替のための聞き手獲得手続きの分析―　認知科学，21(1), 167–180.（特集：フィールドに出た認知科学）

Martinez, Liza B. (1995). Turn-taking and eye gaze in sign conversations between Deaf Filipinos. In Lucas, Ceil (Ed.), *Sociolinguistics in Deaf Communities 1*, pp. 272–306. Washington, DC: Gallaudet University Press.

Reddy, Michael J. (1977). The conduit metaphor: A case of frame conflict in our language about language. In Ortony, Andrew (Ed.), *Metaphor and thought,* pp. 284–324. Cambridge, U.K.: Cambridge University Press.

Roy, Cecilia B. (2000). *Interpreting as a discourse process*. New York: Oxford University Press.

Sacks, Harvey, Schegloff, Emanuel A. & Jefferson, Gail (1974). A simplest systematics for the organization of turn-taking for conversation. *Language*, 50(1), 696–735.

Schegloff, Emanuel A., & Sacks, Harvey (1973). Opening up closing. *Semiotica*, 8, 289–327.

van Herreweghe, Mieke (2002). Turn-taking mechanism and active participation in meeting with deaf and hearing participants in flanders. In Lucas, Ceil (Ed.), *Sociolinguistics in deaf communities 8*, pp. 73–106. Washington, DC: Gallaudet University Press.

Wadensjö, Cecilia (1998). *Interpreting as interaction*. New York: Longman.

吉田理加（2011）．法廷談話実践と法廷通訳―語用とメタ語用の織りなすテクスト―　社会言語科学，12(2), 59–71.

第12章

理容室でのコミュニケーション
―理容行為を〈象る(かたど)〉会話への参与―

名塩征史

1. はじめに

　螺旋を描く赤，青，白の緩やかな回転．「サインポール」と呼ばれるその目印を，誰でも一度は目にしたことがあるにちがいない．「理容室」や「床屋」と呼ばれるその店で「髪を切る」という日常的な活動は，どの理容室の，どの理容師が，どんな客を相手に行うのかによって，それぞれに固有の様相を呈する活動であると考えられる．

　理容師と何気なく交わす会話も理容室での過ごし方を多様にする．江戸時代の滑稽本や落語で知られる『浮世床』にも描かれる床屋の社交場としての側面が，現在の理容室にも受け継がれているのかもしれない．もちろん，交流を望まない客もいるだろうが，そうした客との会話に対する理容師の志向／態度が，理容師を選ぶ，ひいては理容室を選ぶ条件の一つとして意識されることも少なくないだろう．

　本章では，そうした理容室における理容行為と会話の観察と分析を通して，実業における参与の一側面を記述する．理容師と客の間に存在する様々な不均衡，理容室／理容行為に特有の慣習や手続き，各理容室に固有の物理的・空間的な環境といった多様な枠組みが，理容行為と会話への参与の様式にどのように反映されるのか．その複雑に絡み合った枠組み群の中で並行・両立する二つの行為を巡って，各主体(理容師・客)は参与の様式にどのような工夫を強いられるのか．

　次節以降では，まず理容行為と理容室(実践と環境)との相互依存的・相互特定的な関係について確認する．その上で，その理容行為に並行する会話の様相，特にその会話が理容行為とは独立したシークエンスを保持しながら継

続されうる構造について論じる．そして最後に，そうした会話が，理容行為の進行を優先しつつ，その前提となる環境的・認知的枠組みの合間を縫うように，結果としてそれらの枠組みを露わに象りながら共創されていく様子を，具体的な事例分析をもとに明らかにする．

2. 理容室：理容行為を支える環境
2.1 データの概要

本章で扱う「理容室」および「理容行為」とは，次のようなものである．2014年4月から断続的に，某理容室にビデオカメラを設置し，観察・分析の対象データとして理容師Sによる理容行為を撮影した．ビデオカメラは店内奥のシート（図1 a）に客を座らせて行われる理容行為の全容が撮影範囲内に収まるように設置された．

Sは理容師として20年以上の実務経験があり，約10年前から同理容室を経営している．従業員はSの他に，Sの妻でもある女性スタッフが1名いるが，理容行為の主な作業はSが行い，女性スタッフはその補助的な作業を行うのみである．

撮影中，ビデオカメラの撮影範囲内に収まる従業員と客以外に，店内手前に設置されたシート（図1 b）にもう1名の客がいる場合もある．またその他の訪問者（荷物の配達や設備の点検に訪れる業者など）がカウンター（図1 c）や入り口（図1 d）で対応を待つ様子もたびたび観察された．

本章における観察と分析は，①散髪，②（顔や襟足等の）剃毛，③洗髪，④マッサージ，⑤仕上げ（スタイリング）といった5項目によって構成され，同理容室において「総合調髪」と呼ばれる理容行為を受ける客7名分のデータに基づくものである．7名はいずれも男性で，同理容室に概ね定期的に足を運ぶ顧客（常連客）である．

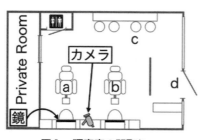

図1　理容室の間取り

20代の学生から50代の会社員まで年齢や職業はさまざまで，理容師Sとは単に〔理容師－顧客〕[1)]の関係を長く続けてきた者もいれば，家族ぐるみの付き合いがある，または共通の趣味を持つなど，理容室外でもSと活動を共

にし，経験を共有している者もいた．便宜上，以降は理容行為を行う者を「理容師」，理容行為を受ける客を「被理容者」として用語を統一する．

2.2 〈象る〉モノ・〈象る〉ヒト

　冒頭で触れた「サインポール」は，そこに理容室があること，その店が理容室であることを我々に教えてくれる．さらに店内に一歩踏み込めば，そこには理容室ならではのモノたちが散在していることだろう．大きな鏡と向かい合う革張りのシートには背もたれを倒すためのスイッチや，シートの高さを調節するペダルが付いている．鏡の横の棚にはシャンプーやコンディショナーのボトルが並べられ，鏡の下に設置された白いシャンプーボウルからはシャワーヘッドが飛び出している．シートの背後から1.5メートルほど離れた場所には，腰の高さほどでキャスター付きのアルミ棚があり，そこにはドライヤーやタオル，合わせ鏡などが収められている．また棚の側面には黒いシザーズケースが吊り下げられ，その中にはハサミや櫛など様々な小物が差し込まれている．まさに理容室の光景，理容行為に最適な環境がそこには広がっている．

　そうしたモノたちに囲まれた中で，来店する客に「いらっしゃいませ」と声をかけ，シートの座面に手を差し出して「どうぞ」と促すそのヒトは，まさしく理容師である．客をシートに座らせた理容師は，気候の話題などに軽く触れながら，ケープやタオルを客の首に巻き，客の髪を触りながら鏡越しに「いつも通りで？」と問いかける．その時，理容師を背後にシートに座り込み，鏡越しに「うん」と答えるそのヒトは，まさしく被理容者である．

　その場を理容室として象る多種多様なモノは，時に境界や指標となってその場に集うヒトを意味付ける．各主体は，鏡とシートの配置の中に自己を配置することで，理容師はより理容師らしく，被理容者はより被理容者らしく象られていく．菅原(2011)が，「身体とモノの関わりは，前者が後者を参照したり，志向したり，導き入れたりすることから始まる」(p. 50)と述べる通り，多くのモノの第一義的な機能は，環境を分節化する境界や指標として，また道具として用いられることで発揮されると言えるだろう．ハサミやカミソリ，櫛やドライヤーが，理容師の身体に適宜連接され理容行為を遂行するシステムとして構造化される(西阪，2010)．またその理容師とモノの志向的な連接が，鏡やシートを介して被理容者とも連接し，〔理容師－モノ－被理

容者〕間でのより大きな「三項関係相互行為」(triadic interaction: Reed, 1996)
となって，協調的に理容行為が実践されていく．理容師による道具の操作や，
操作される道具に合わせた被理容者の姿勢の調整，そうした一つ一つの振る
舞いが，理容室におけるある出来事を理容行為として象り，理容行為が，他
の出来事と区別され，切り出されることを可能にする．

　Goffman (1959) では，ヒトが集まり互いに影響を与え合うあらゆる共在の
場を劇場に見立てて捉える枠組み（ドラマトゥルギー）が提唱された（草柳，
2005）．その枠組みを援用すれば，理容師や被理容者は，多種多様なモノに
よって象られた理容室という舞台装置の中で，理容行為という演目において
共演するパフォーマーとして捉えることができる．行為と環境との相互特定
的な関係の中で，モノの存在や現れ，またはヒトの振る舞いが次なる行為の
キュー (cue) となり，理容師・被理容者それぞれの理容行為に関する知識や
経験が台本 (script) となって，理容行為の実践を組織化し，そこに秩序を生
み出す．理容師と被理容者は，自己の行為を理容行為として象るモノ（道具
や境界），知識，経験に支えられ制限されながら，互いを理容師／被理容者
として象り合うパフォーマーであると言えるだろう．

3. 理容行為と会話
3.1　会話への志向

　理容行為にかかる時間は，客の希望や店の混み具合などによって30分程
度で終わるケースから，長ければ90分程度かかるケースもあった．そのう
ち理容師・被理容者のどちらからも5秒以上発話がなかった無会話期間を
記録し合計してみると，その時間数は概ね理容行為にかかる時間全体の10
〜20%程度であった．なかには，背もたれを倒しての剃毛（顔そり）の段階
で被理容者の口元が蒸しタオルで覆われるのを起点に会話が中断され，無会
話期間が30%を超えるケースもあったが，もっとも無会話期間が長いケー
スでも，その割合は32.1%（理容行為63分中，無会話期間20分14秒）にとど
まる．こうした会話の多さは本研究の対象となった理容師，もしくは被理容
者の特徴である可能性もある．しかしながら重要なのは，両者の間で会話が
交わされることが理容室という場の活動の一つとして許容され，実践されて
いるということである．そして実際，本章が観察の対象とした理容行為デー
タにおいては，理容行為の成り行き上，どうしても発話しにくい状況に陥ら

ない限りは，理容師と被理容者の間で何かしらの会話が交わされていた．

　実業の場である理容室での主たる活動は，理容師が被理容者に提供し対価を得るサービスとしての理容行為である．したがって，理容師が行う理容行為では原則としてミスは許されず，営業時間内にできるだけ多くの被理容者を受け入れるために，限られた時間で手際よく作業を進めなければならない．〔理容師－被理容者〕間の会話は，そうした専門業種に特有の巧みな実践に並行し，その実践とは直接関連のない話題で行われるわけだが，当該会話への理容師Sの参与は，そうした込み入った状況下であるにもかかわらず，決してなおざりなものではなかった．被理容者からの問いかけに気の無い返事を返したり，当たり障りのない質問を投げかけたりといったこともなく，その会話の様相は，以下の事例からもわかる通り，他に特別な活動を伴わない通常の会話に比べても遜色のない有意な情報連鎖によって構成されていた．

　事例（1）は，大学で軟式野球をしているという被理容者Aと理容師Sとの会話である．Sにも野球（の指導）経験があり，この場面ではバッティングをよくするためにはどのような練習が必要かについて話している．

事例（1）：理容師Sと被理容者Aの会話（野球の練習法について）[2]

```
01  A:   や，僕が最近思ったのがー，高校ん時なんすけどー，
02  S:   [うん．
03  A:   [ティーバッティングってあるじゃないですかー，
04  S:   うんうん．
05  A:   ネットに向かって，
06  S:   うんうん．
07  A:   あれがいっちばん大事だなって．
08  S:   ティー大事だと思う？
09  A:   ティーが一番大事ですね．
10  S:   あーほんとおう．
11  A:   はい．
12  S:   そうなんだ，俺ティーバッティングが超苦手な人だからー，
13  A:   あーそうなん[すか．
14  S:              [うん，ガキの頃に特にティーやっても意味ねん
15       じゃねえかって[思って．
```

16　A:　　　　　　　　　　[＠＠＠

　言うまでもなく，事例（1）の会話も理容行為（ここでは散髪）と並行して交わされたものである．多くの場合，Sが話題を提示したり，質問したりすることで被理容者から情報を引き出すといった構造で会話が進められているが，Sの発話は決して「言いっぱなし」の単発的で自己完結的な発話ではない．先行する発話を踏まえた上でさらに質問を続けたり，多様な相づちを駆使して被理容者の発言に評価的な反応を返したりしていた．つまり，Sは発話と発話の結束性や一貫性が，互いに関連し合う情報の連鎖的選択によって保たれるように，相手の発話や会話全体の流れを十分に考慮した上で会話に参与しているのである．事例（1）の07-16行目では，ティーバッティングの重要性を巡り，AとSで異なる意見が表明されている．Sは，Aの意見をあえて問い直すように繰り返し（08行目），異なる意見を述べる際の前置きとして驚きを込めた声色の相づちを添えてから（10, 12行目），Aとは異なる自分の意見を述べている（12-15行目）．こうした振る舞いを見る限り，Sによる会話への参与は，安易に話を合わせ，聞かれたことだけに答えるといった消極的なものではなく，十分な志向のもとに情報が整理され実践される主体的・積極的な振る舞いであると考えられる．

　さらに別の観点から，理容師の会話に対する志向の様相を探ってみよう．事例（2）では被理容者Bとの共通の趣味であるゴルフについて話している場面である．その中でSは何度かサングラスをかけたり外したりする「表象的ジェスチャー」（喜多, 2002）を見せている（事例（2）下線部，および図2-3）．表象的ジェスチャーとは，そのジェスチャーの形式と意味の関係が社会的慣習として完全に定まっておらず，「形と意味の関係に自由度が残されており，表現内容に応じてその場その場で形を変えて使うことができるもの」である（喜多, 2002）．McNeill（1992）によれば，ある事象を言語化する思考過程には，その事象のある側面がジェスチャーによって別途表されるに値するイメージ的側面（imagery）として区別され，ジェスチャーが発話から独立した表現形式として展開（成長）し始める起点／基点が存在する．同書ではそうした発話とジェスチャーの共同における心的単位を「成長点」（growth point）とした（McNeill, 1992, 2000; 喜多, 2000）．つまり，ジェスチャーとは，伝達内容の表出において言語化（再概念化）と共同するイメージ的側面の発露

であると言えるだろう．

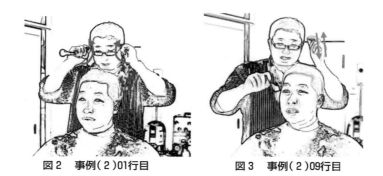

図2　事例（2）01行目　　　　　図3　事例（2）09行目

事例（2）：SとBの会話（ゴルフのサングラスについて）
01　S：　　や俺ー，韓国人の友達も<u>いっつもここにしてるんだけど</u>，
02　B：　　うん．
03　S：　　逆光の時にはやっぱりしてるね．
04　B　　　んほんと．
05　S：　　うん．
06　B　　　俺ずっとしてるよ．
07　S：　　あーほんと．
08　B：　　やきっ，［しかも，
09　S：　　　　　　　［<u>あっ逆に外したり付けたり</u>しないほうが，
10　B：　　うん，俺ずっとしてる．

　事例（2）の01行目（図2）や09行目（図3）におけるSのジェスチャーは，ゴルフをする際のサングラスの着脱のイメージ的側面を表出するものであり，現行の理容行為とは関連のない語りにかかるイメージ的側面の発露である．このようにSの身体は，理容行為の実践と，その理容行為とは関連のない会話にかかるジェスチャーの両者に，必要に応じて適切に配分されている．理容行為か会話かのどちらかに志向を偏らせることなく，両者を並行・両立させる「マルチアクティビティ」（Haddington et al., 2014）の実践に成功していると言えるだろう．

3.2 〈理容の発話〉

　発話の中には，会話に志向するもの以外にも，理容行為に直接言及する事務的な発話も観察された．こうした〈理容の発話〉は，概ね定式化された理容行為における特定の時点で，もしくは特定の振る舞いと共起する形で現れる(表1)．〈理容の発話〉は身体との協調によって理容行為を支える発話であり，その瞬間，身体と発話の志向は理容行為の実践に向けて統合される．来店のたびに逐一確認すべき事柄の交渉として他の行為に優先させ，被理容者からしかるべき情報提供を求める発話(4.3の事例(4)(5))も当然含まれるが，〈理容の発話〉のほとんどは，熟練の理容師Sや常連である被理容者にとって儀礼的で，「わかりきったことを言う」発話であることが多い．そのため表1右に示すようなタイミングを跨いで会話が切れ目なく続いている場合には，現行の会話に志向する発話が優先され，省略されてしまう〈理容の発話〉も少なくない．なかには，「いつもぐらい？」というSの問いかけに被理容者が「うん」とだけ答える2，3秒の事前交渉を最後に，理容行為終了までの約40分間で一度も〈理容の発話〉が見られないケースもあった．しかし，基本的には，たとえそれが儀礼的で，一見すると実質的な機能を持たない発話であっても，〈理容の発話〉はやはり決まったタイミングで行われる．そしてこうした約束事が，ある時には理容行為の進捗状況を被理容者に伝え，被理容者の理容行為への参与を規範化し，理容行為をある程度枠づけられた相互行為として組織化するための役割を果たしている．〈理容の発話〉もまた，そうして当該の行為を理容行為として，また相互行為として象る振る舞いの一つであると言えるだろう．

表1　主な〈理容の発話〉

代表的な発話形式	発話時点／共起する振る舞い
「いつもぐらいで」「長さは？」	事前交渉
「起こします」「倒します」	シートの背もたれを倒す／起こす
「ちょっと代わりますね」	〔理容師－スタッフ〕間の交代
「こんな感じで」「大丈夫？」	合せ鏡による最終チェック
「何かつけときますか」	スタイリング時の整髪料の選択
「はいどうも」「お疲れ様でした」	終了時：図1c/dへの誘導

〈理容の発話〉は，理容行為の実践には欠かせないが身体的行為によっては担いきれない交渉を担い，必要に応じて被理容者の意思を確認することで，〔理容師－被理容者〕間での協調によって進められるべき理容行為を言語的に支える振る舞いとして捉えることができるだろう．こうした身体的行為を基調とする理容行為への発話の動員は，先の事例（2）における表象的ジェスチャーの現れ，すなわち，発話を基調とする会話への身体的行為の動員と，ちょうど相対する振る舞いの統合・協調であると考えられる．

3.3 理容室におけるコミュニケーションの基本構成

Gibson（1979/1986）をはじめとする生態心理学が論じるところでは，身体的な行為は，行為を通して利用可能な情報を抽出（知覚）し，その情報を利用して次なる行為を調整するといった〔知覚－行為〕の連鎖によって実践される（Gibson, 1979/1986; 三嶋, 2000）．さらにGibson（1982）では，言語を介した他者からの伝達を理解（understanding）するような情報抽出は，身体的な〔知覚－行為〕サイクルを担う直接知覚とは異なる間接的な知覚であるとされている．つまり，発話による伝達内容の言語化（encoding）および言語の理解（decoding）を支えるシステムは，身体的行為の実践を支える〔知覚－行為〕システムとは切り離し可能な心的活動を基盤とするものと考えられる．こうした身体的行為と言語的行為がそれぞれ基盤とする心的（認知的）システムの質的な異なりが，両行為シークェンスが各々異なる目的の達成に向けて組織され，並行・両立することを可能にしていると言えるだろう．この点は，本章における理容行為と会話の並行のみならず，他の身体的行為と会話の並行（食事中の会話，運転中の会話など）にも共通する側面であると考えられる．

理容行為は身体的な非言語行為を基調とし，限られた〈理容の発話〉しか必要としない．しかも，〈理容の発話〉は現行の理容行為の次なる展開を方向付けるための交渉／確認に用いられ，また理容行為の節目を明示し，必要に応じて被理容者に身体配置の変更を促すなど，理容行為の展開を左右する情報の提供／共有を担う発話である．つまり〈理容の発話〉は，身体的行為として実践される理容行為と共同し，それを必要に応じて補助する発話として意味づけることができるだろう．一方，会話は言うまでもなく，言語的思考の表出である発話の応酬が基調となる行為である．そして会話に志向する身体的行為である表象的ジェスチャーは，発話（言語化）と共同し，会話に資

するイメージ的側面の発露である．こうしたジェスチャーの会話における意味機能は多種多様であるが，発話を基調とする会話への参与に志向し，その実践を部分的に支える振る舞いであることには違いない．つまり，理容行為は専ら身体的行為に志向する活動として，会話は専ら言語的思考の表出に志向する活動として捉えられ，両者の並行については，すでに述べた心的システムの異なりを前提に，身体的行為と言語的行為の並行として概ね説明可能であると考えられる．

ただし，食事や車の運転などの他の身体的行為ではなく，理容室という特定の環境で実践される理容行為だからこその特徴もある．そして本章における焦点は，そうした特徴が，理容行為と並行する会話の様相にも影響を及ぼし，その会話が理容行為に並行するものとして組織されるという事実にある．理容室という場であるからこそ，また理容行為の最中であるからこそ，理容師にも被理容者にもそれぞれの立場に応じた物理的・空間的制限，儀礼的・慣習的な制限が課せられる．裏を返せば，理容行為に並行する会話の様相から理容室がどのような環境で，理容行為がどのような活動かが見えてくるのではないか．次節では，当該データにおける「理容行為を〈象る〉会話」としての側面に改めて注目し，その様相を分析・記述する．

4. 理容行為を〈象る〉会話
4.1 切り結び(encountering)

一旦，ここまでの議論をまとめ，理容室と理容行為の相互依存的な関係を確認してみよう．

理容室は，理容行為を行うのに適した場として象られている．そのように理容室を象るのは，理容行為に必要とされるモノ(道具)の存在や配置，またそれらのモノの間に自己を適切に配置し志向的に連接するヒトの存在や振る舞いである．そうした連接と振る舞いを介して，理容師はより理容師らしく，被理容者はより被理容者らしく浮かび上がる．その〔理容師－モノ－被理容者〕といった三項関係システムの動向が，さらにその場をより理容室らしく描き出すことだろう．生態心理学の立場から行為主体(動物／有機体)の環境への機能的な適応について述べた Reed(1996)では，行為主体が周囲の環境から特定の情報をピックアップし，それを利用しながら環境の内部に自分の道を切り開くことを「世界との切り結び」(encountering the world)と呼んだ．

その時その場でのダイナミックな切り結びは，行為と場の相互依存的・相互特定的な関係をより強固に，もしくはより儀礼的・慣習的にしていくものと考えらえる．つまり，〔理容師－被理容者〕間での理容行為の実践により，その理容行為が特定の出来事として他の出来事と区別され，また理容室が特定の場として他の場と区別されるようになる．理容室という環境とのあらゆる切り結びが，その出来事を理容行為として象り，その場を理容室として象るのである．

　理容行為に並行する会話もまた，同様に理容行為を象る実践の一つであると言える．理容行為の優先的な実践が求められる環境下にあっては，「振り向く」，「目を合わせる」などといった普段の会話では当たり前のように可能な所作ですらも遂行不能となる局面もある．そのため〔理容師－被理容者〕間の会話は，概ね円滑な中にも幾分の淀みや特異性を孕む様相を見せる．これらの淀みや特異性は，理容行為に志向するヒトとモノに大半を占められたこの理容室という環境にあって不可避な現象と言えるだろう．そうした現象こそが，その会話を理容行為と並行する会話として他の会話から区別し，また同時に理容行為を象ることにもなる．

　理容室という特殊な環境との切り結びを余儀なくされた会話，理容師・被理容者を演じるパフォーマーによる会話への参与が，どのように実践され，結果としてどのように理容行為を象るのか．以下では，その様相をいくつかの事例分析をもとに明らかにしていく．

4.2　物理的・空間的制限との切り結び

　理容行為中の被理容者の姿勢はシートに座った状態からほぼ変化がない．このような状況は被理容者の視野を，シート正面に設置された鏡（高さ120cm×幅100cm）が映し出す範囲に限定することになる．理容師が鏡の中に映り込むか否かで被理容者との関係を一時的に断ち切ったり，再び結び直したりするような振る舞いもたびたび観察され，〔理容師－被理容者〕間相互行為の（視覚的な）場は，この鏡によって切り取られていると言っても過言ではない．この両者が相互に「見る・見られる」という対面状況は，「焦点の定まった相互作用」（focused interaction: Goffman, 1963）を実現する上での前提条件の一つであると考えられるが，理容行為と並行する会話の場合には，こうした前提条件も鏡なしには成立しない．シートと鏡の配置は理容行為を

支える環境である一方で，他の行為（例えば会話）の実践をも支え，時には制限を加えるものであると言えるだろう．

事例（3）：SとBの会話
　（ゴルフ用の車について）
01　S：　　これで行くの？
02　B：　　［いや，
03　S：　　［あ，イイオくん迎えにき
04　　　　　てくれ［る##＠＠
05　B：　　　　　　［うん，
06　　　　　これでは行けないわ．

図4　事例（3）01行目

　事例（3）は，SとBが共通の趣味であるゴルフについて会話をする中での場面である．Sは，店の前に駐車されているBの車をガラス越しに見て，それを指差し「これで行くの？」と発話している（01行目，図4）．これに対しBは「いや」（02行目）「これでは行けないわ」（06行目）と何気なく返答しているが，実際にはBの視野（すなわち鏡に映る範囲）に車は入っていない．通常の対面コミュニケーションでは，一方の指差しによる直示行為に対して，もう一方はその直示された対象に直接視線を向ける．こうして二者間の共同注意が成立し，その対象やそれを巡る情報が直接的・間接的に現行の行為へと取り込まれることになる．しかし，理容行為の実践によって制限を受けたBは，Sが直示する対象に視線を向けることができない．Bが鏡によって切り取られた視野から直接知覚できるのは，Bから見て左側を視線とともに左手で指し示すSの姿とそれに伴うSの発話だけである．その他の情報は，これらの直接知覚された情報を頼りにB自身の記憶・知識・経験から抽出されなければならない．つまり，Sの指し示す方向はガラス張りになっていて外が見えること（経験的知識），Sの発話に含まれる「行く」という語の意味（言語的知識），また自分が店の外に車を止めていること（近過去の記憶），Bはこれらの情報を認知的な手続きによって抽出・統合し，Sが指す「これ」が「店の外に止めてある自分の車」であることを間接的に知覚（認知的に理解）したのである．

　理容行為の前提となるヒトとモノの配置，鏡の前のシートに被理容者を固

定する手続きは，被理容者が会話に参与する際の身体配置に制限を加え，直接知覚可能な範囲を著しく狭めることとなる．しかし，事例（3）でのBは，そうした物理的・空間的な制限との切り結びを，自己の記憶・知識・経験といった認知領域へと接続し，自己の内部に構築された情報環境との切り結びによって，理容師の指示対象を特定することに成功している．また，SとBが，実際には離れた場所にあって，本来なら「あれ」で言及指示されるべき車を，あたかも目の前にあるモノを指示するかのように「これ」で言及している（01行目，06行目）という点も興味深い．理容行為の場を切り取る鏡の中にSの指し示す振る舞いが映り込むことで，その指示対象である車もまた，鏡の中に収まる範囲で，SとBにとっては「これ」で言及可能なほどに近接した存在になっているということなのかもしれない．

このような見えない部分を見える部分に基づく推測・推論で補う認知力なくしては実現し得ない局面の現れは，理容行為に伴う視覚的な制限を象る現象としても捉え直すことができる．

4.3 儀礼的手続きとの切り結び

状況に応じて多少の変化はあるにせよ，理容行為は通常，日々の実践の積み重ねによって手順が固定されている．そのため熟練の理容師になればなるほど，「体が勝手に動く」といったような理容行為の身体化が進み，その分，認知的な思考／志向を会話へと配分する余裕も生まれてくるだろう．この意味では，理容行為は儀礼的であり，決められたタイミングで決められたことが行われる秩序立った行為であると言える．

理容行為と並行する会話の展開はそうした理容行為の秩序に従う必要はないが，理容行為に必要とされる手続きの中には，物理的に会話の実践に支障をきたすものもある．本章の3.2で述べた〈理容の発話〉の中には，その典型的な例とも言える発話が含まれている．

事例（4）は，被理容者Cのコンタクトレンズに関する話題から始まる場面である．07行目で理容師Sは06行目のCの発話に相づちを打っているが，その直後から突如焦点を理容行為に切り替え，Cの頭部側面をどのように調髪すべきかをCに問いかける発話を行っている（08行目，図5）．この08行目の〈理容の発話〉が起点となり，14行目まではCの頭髪を巡る発話の応酬が続き，1.5秒の間をおいて（15行目），16行目からはまた新たな話題（同窓

会の話題)で会話が再開されている．

事例(４)：理容師Ｓと被理容者Ｃの会話(〈理容の発話〉による中断１)
01　C：　あー．
02　S：　あ，見えづらいときあるよねー．
03　C：　[ほー．
04　S：　[俺も乱視強くてたまにすげー見づ，
05　　　　見えづらいときあるんだよねー．
06　C：　まま．一応使い捨て二週間は買ったんだけど[さー，
07　S：　　　　　　　　　　　　　　　　　　　　　　[うんうん．
08　　　　どうしよ，この辺は？
09　C：　うん．
10　S：　[切る．
11　C：　[切って，うん，いつも通りで．
12　S：　うん，前髪も伸びると，くるってくるねー．
13　C：　そう，癖っ毛なんさー．
14　S：　うーん．
15　　　　(1.5)
16　S：　こないだノブくん来てくれて，おぅおあれ，クラス会，
17　　　　つ，同窓会か．
18　C：　うん．
19　S：　いつだっけーつって．

図５　事例(４)08行目

　さらに事例(５)でも同様に，〈理容の発話〉によって突如会話が中断されているのがわかる．理容師Ｓと被理容者Ａは子供の頃に経験した野球の練習について話していたが，03行目までのＡの語りに04行目の冒頭で「んー」と短く相づちを打ったＳは，唐突に焦点をＡの頭髪へと切り替え，白髪染めの必要性についてＡに確認する発話を行っている(04行目下線部，図６)．その確認作業が完了する06行目の発話の後，6秒という長い間隔を置いて(07行目)，08行目からＡが，01-03行目までと同じ話題で会話を再開している．

事例（5）：SとAの会話（〈理容の発話〉による中断2）
01 S: なかなか難しいよねー．
02 A: あー，僕も，その時は何も考えずに，［やってたんですけど，
03 S: ［@@
04   んー，染めなくても，大丈夫そうだね，今日はね，［まだね．
05 A: ［そうっすね．
06 S: うん．
07   (6.0)
08 A: 今になって，あの練習はこういう意味だっ［たん，だなー，
09 S: ［あー，ねー．

事例（4）と（5）における共通点は，①〈理容の発話〉を機に唐突に会話が中断され，被理容者の頭髪・調髪を巡る交渉が挿入されていること，そして②その交渉が終了し会話が再開されるまでの間に，明らかに空白として認識できるような沈黙があることである．一方，相違点はその沈黙の後の会話が，事例（4）では交渉前

図6　事例（5）04行目

とは異なる話題で再開されており，事例（5）は同じ話題で再開されている点である．

共通点①は，決められた手順を辿って実践される理容行為の節目や確認のタイミングが，それとは独立したシークエンスを構築する会話の節目と，必ずしも一致するわけではないことに由来する現象であると言えるだろう．事例（4）（5）における〈理容の発話〉が理容行為の展開を左右する重要な交渉の起点となっているということもあり，この場合では，先述の通り，理容室という実業の場において当然優先されるべき理容行為の手続きが会話に優先されることになる．そのため会話の展開としては不自然な中断であるにもかかわらず，〈理容の発話〉の挿入が許容されているものと考えられる．

また共通点②の沈黙は，唐突に挿入された理容行為を巡る交渉が，それまでの会話における「発話の順番取り」（turn-taking: Sacks et al., 1974）にも影響を及ぼした結果として捉えることができる．今までどちらが発話者でどちらが次発話者となるかという順番取りの秩序が，それとは無関係の交渉が突如

挿入されたことで乱れ，交渉後にどちらが発話者となるべきか，どのような内容の発話でターンを獲得すべきかの選択にかかる一瞬の合間が生じているように見受けられる．

〈理容の発話〉を起点とする交渉は，現行の会話から派生する予備活動としての「サイド・アクティビティー」(林, 2005)や「副次連鎖」(side sequence: Jefferson, 1972; 西阪, 2005)とは質的に異なるものではあるが，形式上は同様に会話の途中に挟み込まれたやりとりであるため，交渉後には元の会話に戻る手続きが期待される．事例(4)の場合は，〈理容の発話〉によって唐突にターンを奪い，現行の会話の流れを断ち切ったSが，交渉後に自ら会話を再開しており，先行する会話の終了と新たな話題での会話の再開を明確にすることで聞き手としてのCの参与を適切に先導していると言えるだろう．しかし事例(5)では，Sは現行の会話の流れを唐突に断ち切っておきながら，交渉後に元の会話に戻る手続きを自ら開始しようとはしなかった．その一方で，Aは元の会話の再開に適切な振る舞いの選択に迷い，その迷いが交渉終了直後のひときわ長い沈黙(事例(5)07行目)となって現れているのかもしれない．

こうした理容行為を巡る交渉の唐突な挿入が会話にもたらす秩序の乱れや再開の手続きは，理容行為の儀礼的な側面を象る現象としても捉え直すことができる．

4.4 慣習との切り結び

理容室を利用するにあたって，または理容行為を行うにあたって，理容師・被理容者には共にある程度の決まった所作が求められることは言うまでもない．予め説明されるわけでも，明文化されているわけでもないが，繰り返し理容行為を実践する中で自然と身につく暗黙のルールやマナーがあることを，我々は経験的に知っている．理容室ごとに異なるものもあれば，あらゆる理容室・理容行為に共通するものもあるだろう．そうした経験的に身につく慣習への意識が，会話の様相に変化をもたらすこともある．

図7-8は，概ね調髪が完了し，理容師Sが被理容者Dにドライヤーをかけている場面である．この時，隣のシート(図1b)では別の被理容者Eがスタッフの対応を受けていた．Eはモンゴル出身であり，明らかに母語話者ではないとわかる日本語によってスタッフと会話を行っていた．それに気づ

たDはドライヤーをかけるSの行為に身を任せる流れの中で隣のEに視線を向け，明らかにEの様子を窺うような仕草を見せる（図7）．その状態が4秒ほど続いた後，Sは同じくドライヤーをかける流れの中でDの頭部を正面の鏡と向かい合う位置へと戻した．そして，鏡越しにDに向けて，声を出さずに「モンゴル」と発話するように口を動かし（図8），それに対してDも声を出さず小刻みに二，三度首を縦に振った．

図7　隣のEの様子を窺うD

図8　SのDに向けた声のない発話

　この一連のやりとりを適切に捉えるためには，この理容室におけるある慣習に言及しておく必要があるだろう．その慣習とはすなわち，「隣のシートには干渉しない」という，いわば「儀礼的無関心」(Goffman, 1963)の推奨である．この慣習は理容師にも推奨される態度であり，隣のシートで行われている会話が明らかに聞こえている場合でも，Sは聞いていないふりをする．Sは現行のシートに座る被理容者の視界を離れ，もう一方のシートに座る被理容者の視界に入り込む（鏡を介して向き合う）までは，その被理容者を会話の相手としないのである．この慣習を踏まえると，図7でのDの振る舞いがこの理容室では望ましくない行為である事は明らかである．そこでSはドライヤーをかける所作を利用する事でさりげなくDの視線を正面に戻し，声を出さずに「モンゴル」と口を動かした．この声のない発話は，おそらくDが気になっていたであろうEの素性を明かすだけではなく，本来は望ましくないやりとりである事を暗示し，しかもそのような「望ましくない」という意を，直接的な注意表現を避け，あえてDの要望に応える発話と調和させる形式で示すという客への配慮をも含んだ巧みな振る舞いであると言えるだろう．この声のない発話もまた，理容行為を巡る慣習と，理容師として

意識すべき客への配慮を象る現象として捉えることができる.

5. むすび

　本章では，理容室でのコミュニケーション，すなわち〔理容師－被理容者〕間での理容行為と会話の並行について，いくつかの事例分析をもとに考察した.

　理容室での理容行為を巡るヒトとモノとの切り結びは，互いに指標し合う多様な事物事象となって現れ，〈今ここ〉の出来事を他でもない理容行為として幾重にも象る記号論的システムとして捉え直すことができる．またその〔理容師－環境－被理容者〕といった三項関係システムの動向といつ交錯してもおかしくないほどの距離で並行する会話は，理容行為を優先的に実践する各主体に対し，理容行為を象る様々な枠組みの合間を縫うような特異な参与を要請する．理容室という実業の場においては，会話もまた，そうした特異性を持って理容行為を象る記号として捉え直すことができる.

　本章での議論は，会話をその場の主たる活動として捉えるのではなく，実業の場においては無視し難い職務の優位性を尊重し，職務の遂行に不可避なノイズを許容しつつ中断と再開を繰り返す随伴的な活動として会話を捉え，それに値する変性や適応性を示唆する結果となった．そもそも会話は，基本的には聴覚的な情報のやりとりだけで成立しうるがゆえに，身体的行為を基調とする他の活動との共同・調和に適した活動であると言えるだろう．実業の場には，職務の「補助・促進」といった目的で会話を活用するという実状がある．特定の目的に向けて組織される複雑な活動の一部として，発話／会話が体系的に組み込まれる場合，発話／会話のどのような特性や機能が，作業の効率化にどのように貢献しうるのか．またそのように他の活動と合理的に切り結ぶ発話／会話と，他の「おしゃべり」とは具体的にどう異なるのか．他の活動を支える会話に改めて注目することで，会話・発話・言語の可能性に関する新たな記述の糸口が見えてくるかもしれない.

　「日常の何気ない活動を支え彩る会話」へのアプローチが，今後の会話研究に新たな可能性をもたらすことを期待したい.

注

1) 本文中の記載の表記法
   〔 - 〕　　共に行為や活動を共創する一対(一組)
   〈 　〉　　本文特有の用語として特に重要な語句

2) 　　　　　　会話事例の表記法
   [　　　　　発話や非言語的な振る舞いの重なりが始まる時点
   (数字)　　沈黙の期間：1秒単位
   ,　　　　　発話が続く音声的な区切り(1秒未満の短いポーズを含む)
   .　　　　　発話が終わる音声的な区切り
   ―　　　　 音の伸ばし(相対的に際立つ長さでない限りは1つで表記)
   ?　　　　　上昇調(問いかけ)のイントネーション
   #　　　　　聞き取り困難な発話
   @　　　　 笑い声

参考文献

Gibson, James J.(1979/1986). *The ecological approach to visual perception.* New York: Psychology Press.

Gibson, James J. (1982). *Reasons for realism: Selected essays of James J. Gibson.* Hillsdale, NJ: Lawrence Erlbaum Associates.

Goffman, Erving (1959). *The presentation of self in everyday life.* New York: Doubleday & Company.(石黒毅(訳)(1974). 行為と演技―日常生活における自己呈示― 誠信書房)

Goffman, Erving (1963). *Behavior in public places: Notes on the social organization of gatherings.* New York: Macmillan. (丸木恵祐・本名信行(訳)(1980). 集まりの構造―新しい日常行動論を求めて― 誠信書房)

Haddington, Pentti, Keisenen, Tiina, Mondada, Lorenza, & Maurice, Nevile (Eds.)(2014). *Multiactivity in social interaction: Beyond multitasking.* Amsterdam: John Benjamins.

林誠(2005).「文」内におけるインターアクション―日本語助詞の相互行為上の役割をめぐって― 串田秀也・定延利之・伝康晴(編) 活動としての文と発話, pp. 1-26. ひつじ書房

Jefferson, Gail (1972). Side sequences. In Sudnow, David (Ed.), *Studies in social interaction*, pp. 294–338. New York: Free Press.

喜多壮太郎(2000). ひとはなぜジェスチャーをするのか 認知科学, 7(1), 9–21.

喜多壮太郎(2002). ジェスチャー―考えるからだ― 金子書房

草柳千早(2005). 演じる私 井上俊・船津衛(編) 自己と他者の社会学, pp. 41–59. 有斐閣

McNeill, David (1992). *Hand and mind: What gestures reveal about thought.* Chicago:

University of Chicago Press.
McNeill, David (2000). Growth points, catchments and contexts. 認知科学, 7(1), 22-23.
三嶋博之 (2000). エコロジカル・マインド―知性と環境をつなぐ心理学―　日本放送出版協会
西阪仰 (2005). 複数の発話順番にまたがる文の構造―プラクティスとしての文法Ⅱ―　串田秀也・定延利之・伝康晴（編）　活動としての文と発話, pp. 63-89. ひつじ書房
西阪仰 (2010). 道具を使うこと―身体・環境・相互行為―　好井裕明・串田秀也(編)　エスノメソドロジーを学ぶ人のために, pp.36-57. 世界思想社
Reed, Edward (1996). *Encountering the world: Toward an ecological psychology.* New York: Oxford University Press.（細田直哉（訳）(2000). アフォーダンスの心理学―生態心理学への道―　新曜社）
Sacks, Harvey, Schegloff, Emanuel, & Jefferson, Gail (1974). A simplest systematics for the organization of turn-taking for conversation. *Language,* 50(4)-1, 696-735.
菅原和孝 (2011). 潜むもの，退くもの，表立つもの―会話におけるものと身体の関わり―　床呂郁哉・河合香吏(編)　ものの人類学, pp. 47-68.　京都大学学術出版会

第13章

ラジオ番組収録における多層的な参与フレームの交わりについて
——制度的制約に伴う現象を中心に——

片岡邦好・白井宏美

1. はじめに

　本章では,「参与枠組み」(participation framework: Goffman, 1981)の不均衡が(無)意識的に操作される環境として, 放送局におけるラジオ番組収録場面を取り上げ, 複数の人(工)的認知により維持される参与枠組みの操作実態を分析する. 番組収録という活動は, 参与者の異なる専門技能, 分散した認知, 個別の実践が功利的に統合される制度的実践の産物である. それがどのように参与枠組みと関わり「統合の中心」(center of coordination)(当該業務中のディレクター)により運営されるかを検証することで, 参与/関与フレームの特殊姓と流動性を探り, 従来の参与枠組みモデルの精緻化を試みる. それを通じて参与者が命題的に保持する「宣言的知識」(declarative knowledge)のみならず,「実践のコミュニティー」(Wenger, 1998)が暗黙知として依拠する「手続き的知識」(procedural knowledge)の一端を明らかにする.

　以下における「複数の認知」は, 各々の専門技能を携えて相互行為に臨むディレクター, プロデューサー, 音声技術者, 出演者等によって言語化・身体化された相互行為の中に観察される. そこでは, ことば(音声と発話内容), 身体(ジェスチャー), 機器(録音・再生機や種々のコントロールパネル)といった異なる記号媒体と, 環境的要因(F陣形, ブース/コントロール・ルーム内の参与者と各種機器の配置など)が関与し, それらが織りなす参与枠組みは暗黙裡に形成され, 流動性を持つ. しかし以下に示す通り, 参与者間の人間関係を指標する呼称やモダリティ, さらに視線や身体表象などの観察を通じて,「今・ここ」において誰/何が前景/後景化されているかが浮かび上がる.

2. 先行研究における参与／関与のフレーミング

「分散した認知」(distributed cognition) という理念の下に行われた研究は，「文化歴史的活動理論」(Cultural-historical activity theory: Vygotsky, 1978; Cole & Engeström, 1993) に端を発しながら，1980年代以降の Hutchins (1995) の研究に遡るとされ，特に1990年代以降はマルチモーダル分析との接点の中で大きな発展を遂げてきた．その理念として，従来の「水槽の脳」(brain in a vat) モデル (Putnam, 1981) に立脚した認識論に懐疑的姿勢を打ち出し，状況依存性 (situatedness)，身体化／具現化 (embodiment)，実践 (enaction) といった外界との接触における認知活動の重要性を標榜した．

その活動の特徴は，他者，他の人工物，環境との「共有された認知」(shared cognition) と，認識の主体からそれらへの「除荷」(off-loading) という実践に集約される (Salomon, 1993: cf. Wilson, 2002)．前者の典型は「会話」であり，その場の理解と認識にもとづき間主観的に随時刷新されていく認知行為を指す．後者の例は，買い忘れを防ぐために買い物リストを作成することから，演算処理のためにコンピューターを用いるような場合も含め，個人の認知操作を軽減するための事物・環境の利用を指す．つまり認知操作とは，人間の内的な思考に限定されず，それを補助，補強，代替する人工物や環境——「認知的人工物」(cognitive artifacts) ——にまで拡張されるため，その在り方とプロセスは環境内の他者・物体・道具・伝達媒体などに埋め込まれている (embedded) という前提に立つ．それゆえ認知過程は，内的および外的な相互作用を介して，時空間をまたいで社会集団内に分散していると想定される．

ただし，分散した認知の実践・統合様式は社会集団を通じて共有され，ある種の慣習や伝統として獲得されるため (Rogoff, 2003)，伝達される知識や技能も多様で往々にして個別の様相を示す．この認識は職場，学校，病院，法廷，ウェブといった制度的環境におけるフィールドワークに基づく様々な応用研究を生み出してきた (Engeström & Middleton, 1996)．例えば，運輸・交通業務における複数の認知を介した運行管理 (Hutchins, 1995; Heath & Luff, 2000)，手術や問診などの医療場面における機器と身体の統合的操作 (Mondada, 2003; 西阪, 2008)，展示や発表における視聴覚的調整 (Yamazaki et al., 2010; 高梨, 2016)，スポーツやゲーム，音楽などにおける道具使用を通じた協調／競合的行動 (Kataoka, 1998; Keating & Sunakawa, 2010; Haviland, 2011) といった，複数の認知の実践と統合過程が分析対象となってきた．

これらの研究に常に付きまとうのは，誰が，何時，どこで，どのように，誰と，どういった相互行為の枠組みを創発・共有・改変するのかという問題である．活動への参与形態については，Goffman(1981)のモデルをもとに様々な可能性が指摘され(Levinson, 1988; 本書第1章)，今や参与の役割と形式が多様で流動的であることは共通認識となっている(Goodwin and Goodwin 1996; Goodwin, 2007)．また，フレームの変遷に関しては，複数の会話が並行することで参与枠組みの重複が生じる「バイプレイ」(Goodwin, 1997)や「分裂」(Schisming: Egbert, 1997)の機序も明らかにされつつある．
　一方本章は，「スタジオにおける番組収録」という特殊な制度的環境を扱う．そこにおいて参与者の配置は固定され，特定の参与者(ディレクター)が共有された手順に基づいて排他的なフレーム操作権を持つ．それゆえ自然会話とは異なる重複や分裂の様相を呈し，個々の参与役割が職責のスクリプトに沿って瞬時に変遷する「フレーム・ホッピング」という現象が観察される．したがって以下の分析では，データ中に生起した参与／関与(以下，「参／関」)フレームの多様性と選択性に焦点を当て，番組収録という制度的環境下における「フレーム操作問題」の実態を明らかにしたい．

3. 分析方法およびデータの特徴

　本データは，日本の公共放送を担う事業者，NHKが製作・放映するドイツ語学習ラジオ番組「まいにちドイツ語」の収録場面におけるフィールドワークに基づく(https://www.nhk.or.jp/gogaku/german/kouza/message.html)．データ収集は2012年2月〜4月，NHK本社にて4回にわたって行われた．その際の参与者は，本章の共著者でもある白井(番組講師，テキスト執筆者)，サンドラ・ヘフェリン氏(番組パートナー)，マルコ・ラインデル氏(テキスト共同執筆者)ほか，ディレクター／プロデューサーを含む番組製作スタッフ5名，そして音声技術者1名(ただし番組制作そのものには関与しない)であった．その他に，データ収録要員としてK大学学部生・大学院生数名と，参与観察を行う片岡(本章共著者)が同席した．本番組が収録されたスタジオ内の配置は以下の通りである(図1)．

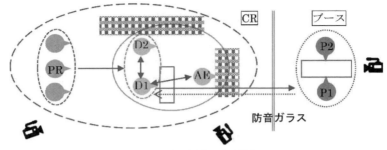

図1　番組収録の発話状況

　当該スタジオは「コントロール・ルーム（以下，CR）」と「ブース」に分かれ，それらは防音ガラスによって仕切られている（ただし双方とも視認は可能）．CRには録音・編集のための機材・機器が配備され（図1中の格子模様の四角形はコントロールパネルと音声機器を，白抜きの四角形はテーブルを示す），それらに対応した役割の異なる参与者が着席している．その中心には，（メイン）ディレクター（Director: 以下，D1）が作業用テーブルに座って全体の進行を統括するとともに，アシスタント・ディレクター（Assistant Director: D2）がその傍らに控えて，様々な助言，確認業務，音声操作（おもに音声再生）を行う．また，D1の前方にはその視界をさえぎらない位置に音声技術者（Audio Engineer：以下，AE）が座り，D1の指示に従いながら収録の進行に合わせて録音レベルの調整や音声入力／出力の切替えを行う．さらにその三者の背後には，この語学番組のプロデューサーら（Producer: 以下，PR，時折関係者含む）がソファに座って進行を見守っている．ただし，プロデューサーが番組収録の最終責任を負うため，大局的な観点からコメントや意見を加えたり，収録の進行に助言を行うこともある．
　一方，ブースは2重の防音ドアにより無音環境を確保された小部屋であり，出演者とディレクター以外はめったに出入りしない．ブース内にはドイツ語学習番組の講師を務める白井氏（Participant: 以下，P1）と日独バイリンガルである番組パートナーのヘフェリン氏（P2）がテーブルを挟んで向かい合って座る．まれに，ヘフェリン氏に代わり，白井氏と教材を共同執筆するラインデル氏が同席して収録が行われることもある．以上の過程を3台のビデオカメラにより録音・録画した（図1）．

コントロール・ルーム(CR)の参与者は，全員が異なる役割とステータスに則り，重複・段差をなす「横並び(aligned)F陣形」(Kendon, 1990)を形成してブース内でのパフォーマンスと対峙する(図2)．一方，ブース内には椅子が2脚しかないため，出演者がテーブル越しに「対面(facing)F陣形」を形成する．

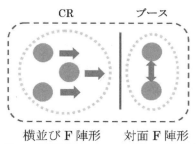

横並びF陣形　　対面F陣形
図2　番組収録における2種類のF陣形

　このように，「番組収録」とは，固定された異なるF陣形の並立・共存を前提とする，様々な発話事象(speech event)を内包した環境であると言えよう．参与者は全員が共通の台本を所持し，逐次パフォーマンスと進行状況を確認しながら個々の業務を担っているが，主な参与／関与はD1, D2, AE, P1, P2によってなされる．ただし，焦点化される活動に応じて主／副参与者が随時(かつ自主的に)変化する．この点で，本環境における「傍参与者」(side participant: Clark & Carlson, 1982)というステータスは流動的かつ不明瞭である．
　また，両陣形間のチャンネルは常に開かれているわけではない．ブース内の会話・環境音は，CR内の全参与者がスピーカーを通じて聴取可能であるが，CR内の音声はブースには遮断されている．唯一の交信チャンネルは，D1眼前にあるマイクのみであり，D1がスイッチを押さない限り交信はできない．以上からわかる通り，ここには参与者のステータスに加え，参／関の陣形や通信媒体，聴取可能性における不均衡が存在する．したがって，陣形をまたいで多様な参与枠組みが創出され，収録の進行に伴い変遷する．また，発語や身体動作は参与者に緩く宛てられ，誰を「承認された」聞き手として指定(あるいは想定)するかは必ずしも明示的ではない．「緩く宛てる」とは，

発話(スタイルシフトやレジスター),視線(Kendon, 1967),身体配置や「身体ねじり／捻作」(body torque: Schegloff, 1998),ジェスチャー(口を開く動作や指さし: Streeck & Hartge, 1992; Mondada, 2007) などの(単一または複数の) モダリティにより,スタジオ収録のスキーマ(手続き的知識)に沿って,(往々にして)暗黙裡に,不特定の参与者を,時に同時に,聞き手／宛て手として指定することを意味する.

　ここで,上述の並行する F 陣形(図2)がデフォルトとして作用した場面を実例から見てみよう.抜粋(1)は収録開始のタイミングを窺っていた P2 が,D1 のキュー(前腕を肩から前方に投げ出す動作:1行目)を視認して収録用の朗読を始めた場面である[1].ただし P2 が誤った個所を朗読し始めたため,CR 内の参与者が一斉に驚きの反応を示す.

(1) 並行する F 陣形(ブース内の参与者は右側に表示)

		<CR内の発話: D1, D2, AE, PR>	<ブース内の発話: P1, P2>
1	D1:	((キューを出す))	
2			P2: *Der Satz des Tages* ((「今日のキーセンテンス」))
3	D1:	え::?	
4	AE:	[₁え:::?	
5	D2:	[₁え:::?	
6	PR:	[₁え[₂:::?	P1: [₂それでは,で.
7			それでは,です.
8	D1:	ここにきて！	
9	D2:	ここにきて戻っちゃう.	
10	PR:	へ@へ@もっかいやりましょう.	
11	D1:	びっくり<@した:@>	

　抜粋(1)では,D1のキューを視認した P2 が "Der Satz des Tages"(「今日のキーセンテンス」)と述べると,CR にいる D1 に追随して AE, D2, そして PR までもが「え:::?」と驚きの評価的反応を示している(3-6行目). P1 はすぐさま「それでは,で.」と本来 P2 が読むべき箇所を明示した後,再び敬体を用いて指示を繰り返す(6-7行目).その間,CR 内では誤って読まれた箇所がすでに終了した箇所であることを追認するとともに(8-9行目),それが重大な瑕疵には当たらない行為であることを,笑いとともに述懐する(10-11行目).この後,D1 はマイクを通じて(つまり CR からブースへのチャンネルを

開いて）再演を要請し，当該のパフォーマンスが完了した．このような典型的 F 陣形の対立が常に表面化するわけではないが，ブースと CR（行為者と観察者）という 2 つの異なる F 陣形が参与の基層をなしていることがわかる．

抜粋（1）が示す通り，ブース内の参与者（P1/P2）による台本会話は，あたかも舞台上の演技さながら，審査員（D1, D2, AE, PR ら）からの評価と検閲に晒されているように見える．つまり，スタジオ収録という制度がステータスの不均衡と目的に特化した F 陣形を前提とすることを示している．ただしこの参与枠組みは流動的であり，当事者性が変化するのに応じて，参与者は「フレーム操作問題」を調整し，先制的に解決していくのである．この点で，参与枠組みは参与者全員に開かれてはいるものの，逐次「今・ここ」の活性化による選択と変容を経る．以下の分析では，そのような状況依存的かつ創造的な参／関の様相を 4 件の事例から考察していく．

4. 分析と考察：番組収録という制度

本節では，この制度的環境に顕著と思われる特徴を，（1）「反復許容性」，（2）「ターンの宛て先の不透明性」，（3）「複数の（人工的）認知による職責の遂行」，そして（4）「フレーム・ホッピングと応答可能性」の 4 点から検討してみたい．

4.1 反復許容性に伴う現象：並列発話と「強制的」他者修復

ラジオ番組収録における顕著な相互行為的特徴は，「反復許容性」である．番組収録は，台本に基づいてその場で「練り上げる」ことが可能かつ不可欠な活動であり，出演者（P1/P2）の発音・なまり・イントネーション，感情移入の程度や実践上の不作為，あるいは収録時の録音レベルの修正や不都合な周辺音の除去などのために，しばしば「再演」を求められる．つまり，一回性ではなく反復許容性という制度的な特徴に基づいている．そしてこの特徴は，単なる実践の反復を超えて，CR 側（から）の「並列発話」と「強制的他者修復」[2]という現象となって表面化する（抜粋（2））．

抜粋（2）で問題となるのは，P1 による 5-6 行目の発話に対する並列発話（二重角カッコにて表示）である．この制度的環境においては CR 内の会話がブース内の参与者には届かないため，演技者の発音に関する評価的発話が P1 の発話と同時進行している（4-10 行目）．さらに D1 の介入（13 行目）に見

る通り，他者の発話を遮り（interruption），強制的に他者修復を行うことへのためらいも皆無である．以下，その詳細を検証してみよう．

（2）並列発話と強制的他者修復

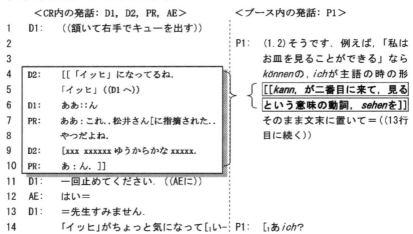

まず，D1による開始のキューに従って，ブース内のP1は収録用の解説文を朗読し始める（2行目）．一方CR内では，P1のich（「私」）の発音（4行目）に対して，D2よりichは子音で終わっているのに，そのあとに母音/i/が入って「イッヒ」と聞こえるという疑義が呈され（4-5行目）[3]，D1とPRも「ああ：」と反応してその問題が既知の（かつ指摘済みの）問題であったという「気づき」が順次共有される．そこで，再収録の必要性を感じたD1がAEに録音の停止を求め（11行目），さらにP1に対してichが介入の理由であると告げる（14行目）．この中断に先立ち，例えば「バイプレイ」（Goodwin, 1997）の実践に見られるような，声を潜めたり重複を最小化しようとする配慮は観察されない．こういった無配慮は，CR内の会話はブース内の参与者には聞こえないという環境要因に加え，D1が発話管理を行う上での反復許容性という必然性—「疑わしきは再録せよ」—に起因するものと考えられる．

ここに見られるような，音声の遮断にもとづくフレームの完全分離という環境は，健聴者間の通常会話には生起しない．さらに，発音・発声指導のような（学習）環境で，会話の運営権限を持つ参与者（教師）が一方的に他者（生

徒)の発話を制することはあっても，上述のような持続的な重複は原則として生起しない．つまりこの場合，ブース内の台本発話は人工的に構築された操作対象として客体化され，スタジオは演技者(P1/P2)に気付かれることなくその発話を観察・評価・制御できる制度となる．また被管理者であるP1とP2も，音声収録という目的のために率先して制度の構築と維持に寄与している．このような言語的警察権を行使するための装置は，Foucoult(1995)が「パノプティコン」(panopticon)と呼ぶ全展望監視システムを彷彿とさせる．その「見え」の中心に配置される役職がD1なのである．

4.2 ターンの宛て先の不透明性

　第二の特徴は，認知的人工物を介したターン(あるいは「行為タイプ」)の宛て先の不透明性である(Drew, 2013; Levinson, 2013)．ここで述べる「不透明性」とは，「どのような要素(語，句，文，行為)がターンを構成するか」に加え，ターンを授受する行為主体の認定に関わる不透明性であり，ひいては「ターンとは何か」の再考を迫る特徴でもある．かつて Labov & Fanshel (1977) が示した通り，一つの発話・行為が多機能性を持ち，同時に複数の行為を遂行することは珍しくない．さらに，以下のデータで「先制的完結」(anticipatory completion) の達成を促す要因は，Lerner(1991)やTanaka(1999)に見られる音調や語義・文法の要素以上に，番組収録という共有されたスクリプト(手続き的知識)であると考えられる．つまり，進行中の業務に応じて異なる反応が期待され，適切に反応された(同時かつ複数の)行為がターンを形成するように見える．まず抜粋(3)を見てみよう．

(3)　ターンの多機能性と不透明性

```
              <CR内の発話：D1, AE>           <ブース内の発話：P1>
1    D1:   で「エッセントリンケン」..もう
2          ちょっとゆっくりめ[₁にお[₂願い      P1: [₁あ [₂は：い，
3          しま[₃す．                              [₃はい．
4    D1:   >は：いくではテープを回しま：す．
           ((発話後3.4秒でキューを出す))
5    AE:   (4.5)はいどうぞ＝
6                                          P1: ＝「タバコを吸う」は．．rauchen
                                                です．
```

ここで詳述したいのは，抜粋（３）の終結部あたる4-5行目のやり取りである．書き起こしから，「テープを回す」というD1の予告に対してAEが了承の返答をしていることがわかる．ただし，「テープを回す」という予告は，先行する連鎖からブース中のP1に向けて「緩く宛て」られているように見える．つまり本項の考察対象は，4.5秒のポーズ後に「はいどうぞ」という返答を発したのがなぜAEなのかという点である．以下では，4行目の発話が職責を念頭に置いたD2とAEへの「予告」かつ「依頼」であり，同時に番組収録にかかわる参与者全員に向けた状況報告であったことを指摘する．なぜなら，職責への意識と信念，それを前提とする手続き的知識の蓄積と共有なくして，以下のやり取りを理解することはできないからである．ここで抜粋（４）（＝抜粋（３）：4-6行目の詳細）を見てみよう．

（４）抜粋（３）：4-6行目の詳細

4　D1：　>は：いく[ではテープを回しま：す[．

　　　　((a：D1は予告を発しながら左側の機材に目を向ける))
　　　　((b：D2はD1の発話終了と同時に左を向き，すぐに向き直る))
　　　　((c：AEはD1の発話終了と同時に左手で録音ボタンを押す))

(4.5)

　　　　((d：D1はD2が向き直った後も機器を注視し，赤ランプが点燈（録音開始）したことを確認してから向き直る))
　　　　((e：D1は向き直ってP1を確認しキューを出す))
　　　　((f：AEはまだ音量調節をしている))
　　　　((g：P1がキューを出すD1をブースから視認する))

5　AE：　はいどうぞ＝((D1のキュー出しに1.1秒遅れるが，音量設定がかろうじてP1のパフォーマンス収録に間に合う))

6　P1：　＝「タバコを吸う」は．．．*rauchen* です．

抜粋(4)から，4行目に後続する4.5秒のポーズ中，実にさまざまなことが生起していることがわかる．まずD1は，ブースへの通信ボタンを押しながらP1に「は：い」(4行目)と述べて収録準備を促している．D1は同時に右手をあごの位置に持ち上げ，何らかのジェスチャーをするための「準備」(preparation: McNeill, 1992)を行うが，これがキュー出しのジェスチャーであることは慣行として参与者に共有されている．(この動作は約4.5秒間保持された後，収録開始のキューとして「実施」(stroke: 同上)される．)そしてD1は，「は：い」と述べた直後にD2に顔を向けると(4a)，D2はそれに呼応して録音機器に目をやり(4b)，すぐに正面に向き直る．またAEも，D1の予告(4行目)と同時に左手で録音ボタンを押す(4c)．D1はD2が向き直った後も機器を注視し，AEの操作により録音開始を示す赤ランプが点燈したことを確認してから(4d)，正面に向き直る．この時点でAEはまだ音量調節をしているが(4f)，D1はAEが職責にもとづき手続きを完了するものと想定して，右手で実施のキューを出す(4e)．ブース内のP1はそれを視認すると朗読の体勢をとる(4g)．AEはD1のキュー出しに1.1秒遅れるものの，音量調節を完了して「はいどうぞ」(5行目)と了承発話を返すと同時に，P1が朗読パフォーマンスを開始したのであった(6行目)．こうしてD1の予告発話に対して参与者全員が各々の職責を果たすべく，「寄ってたかって」「発話によらない」ターンを共に達成していることが見て取れる．

　以上の行為連鎖は番組収録において共有されたスクリプトにもとづき，発話の多機能性と反復許容性により慣例化された手続き的知識の産物であると考えられる．特にD1がAEの了承(5行目の「はいどうぞ」)を先取りする形でキューを出す行為は，「テープを回す」というP1への宣言により，D2とAEがそれに伴う操作を完了するという想定に基づき発されており，逆説的にターン・システムへの依拠を例証しているとも言える．

　以上の分析からわかるように，一連の行為の中で4行目の発話の宛て先がP1のみであったとは考えにくい．また，それに続いてD2とAEが成した行為はターンと呼ぶべきなのか，5行目のAEの発話(第二ペア部分)が対応する第一ペア部分は何なのか，どれもが不透明でありながら，適切に職務が遂行されている．つまり，スタジオ録音のスキーマに沿ってある特定の合図が提示されることで，職責に応じた行為の連鎖と並列の開始が期待されているのである．このような手順の共有と任務の除荷こそがスタジオ録音を固有

の制度的環境として特徴づけるものといえよう．

4.3 複数の（人工的）認知の交点

本項では，非明示的な制度的相互行為が複数の認知により達成された事例を考察する（抜粋（5））．書き起こしからは，D2が何らかのトラブルを知覚し，それが数秒後に解消したことしか読み取れないが，この数秒の間に認知的人工物を含む複数の認知が絡み合いつつ展開していることが以下の分析から明らかとなる．

（5）認知的人工物の振る舞い

```
        ＜CR内の発話：D1, D2＞          ＜ブース内の発話：P1＞
1                                    P1:  「それではここでもう一度..
2                                          ディアロークを聞いてみましょう.」
3   D1:   MO*です.
4   D2:   <X °最初から回します.°X>
5         (0.8) あれ?
6         (3.5) °失礼しました°=
7   D1:   =°いえいえ.°
```

　＊ MO = magnetic opticals という録音媒体を指し，ここでは台本に沿って当該の音声を再生する合図として用いられている．

まずP1の朗読後，D1による音声再生の言明（「MOです」）がなされると（3行目），D2はそれを音声編集担当である自己への再生要求と聞くことで，「<X 最初から回しますX>」という説明とともにその操作を開始する（4行目）．仔細に検討すると，この操作には拡張された認知行為が介在するように見える．つまり，再生ボタンを押すという行為が音声再生への要請となり，ランプが点燈する（そして再生が始まる）という機器からの反応が受諾という認知的行為に対応すると考えられる．従来，電話会話における呼び鈴が「召喚」となり，"hello"などの「応答」と隣接ペアをなすことは広く認知されてきた（Schegloff, 1968）．上述の音声を再生するという行為にも，「呼び鈴（やノック）⇒『はい（○○です）』」と同様に，「ボタン操作⇒音声再生」という「召喚－応答」ペアが想定できる．ただし前者は，それ以降の連鎖が主目的となるのに対し，後者は一義性／一回性に依拠する点で異なる．また，後

者における実行の蓋然性は前者より一般的に高いため，要請が受諾されなかった場合（=再生の不履行）の意外性はより強いと考えられる．したがって，再生を告知（4行目）した0.8秒後，D2が発した「あれ？」（5行目）というトラブルの表明はその前提を具現化したものと言えよう[4]．その過程（抜粋（5）の4-7行目）を詳述したものが抜粋（6）である．

（6） 抜粋（5）：4-7行目の詳細

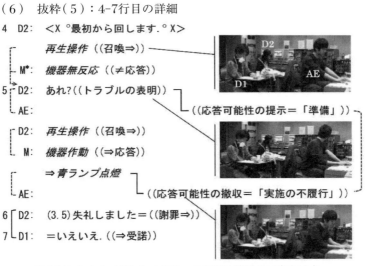

4　D2：　＜X °最初から回します．°X＞
　　　　　再生操作（（召喚⇒））
　　M*：　機器無反応（（≠応答））
5　D2：　あれ？（（トラブルの表明））
　　AE：　　　　　　　　　　　　　　　（（応答可能性の提示＝「準備」））
　　D2：　再生操作（（召喚⇒））
　　M：　機器作動（（⇒応答））
　　　　　⇒青ランプ点燈
　　AE：　　　　　　　　　　　　　　　（（応答可能性の撤収＝「実施の不履行」））
6　D2：　(3.5)失礼しました=（（謝罪⇒））
7　D1：　=いえいえ.（（⇒受諾））

＊書き起こし中の「M」とイタリック表記は機器の反応を示す．

　5行目の「あれ？」という発話は，通常他者への注意喚起を意図しないが，その直後に，AEが「身体ねじり／捻作」(body torque: Schegloff, 1998)によってD2の方を振り向き，両者の共同注意が音声再生機器に注がれる．この動作は，音量調節を職責とするAEが，その任務に基づき「応答可能性」(responsibility＝責任)を表明したものと考えられる．AEが見守る中，D2は再度，再生操作を行うことで好まれる応答（受諾＝「青ランプ点燈」）が得られた．その3.5秒の間，何ら発話はなされないが，D2と再生機器の間で「召喚－応答」ペアが完了したことで，D2は収録チームに音声の再生が遅れたことを謝罪する（6行目）．その時，AEの下半身はコントロールパネルに正対することで主業務への関与を示しながら，捻作によって職責に基づく関与の「準備」（援助の意

思)を示していた．しかし幸い「実施」(援助の提供)には至らず，音声トラブルが解消されたことで AE は元の体勢へと戻っていった．

　さらに興味深いのは D1 の対応である．3 行目の発話終了から 7 行目までの約 6 秒間，D1 は手元の台本を見据えたまま微動だにしない．トラブルの表明に際して D1 が左側を向くことにさほどの労を要しない点で，AE が身体を捻ってほぼ後方を向くという対応を見せたこととは大きく異なる．それにもかかわらず，D2 の謝罪に対してその気遣いを懐柔したのは D1 の「いえいえ」という応答である (7 行目)．つまり D1 は，(人工物を含む)個々の認知を他の参与者に分割委託すると同時に，自身は「番組収録を円滑に遂行する」という高次の職責から，遅延への謝罪を受け入れる立場にあることを表明したと解釈できる．

　以上の観察から，認知的人工物を含む連鎖を概観すると，抜粋 (6) は「隣接ペア」(実線カギ：6-7 行目) と「実践ペア」(片岡 近刊) (その他破線カギ) を含む多層の相互行為から成ることがわかる．ここで観察されるように，どのような行為が次のターンを構成するかには無数の可能性がある (Drew, 2013; Levinson, 2013)．しかし状況に敏感な反応対 (実践ペア) を分析に含めることで，実業における何気ない行為が職責に則った配慮と推意を基盤として，複数の (人工的) 認知とペアをなして暗黙の連鎖を達成していることが見て取れる．

4.4　フレーム・ホッピングと応答可能性

　最後に，番組収録という制度的環境においては参与枠組みの重複が既定であることから，異なる参与役割を持つ参与者が形成するフレーム間での漸次的／瞬間的変遷 (ここで「フレーム・ホッピング」と呼ぶ現象) が頻繁に観察されることを指摘する．複数の認知が錯綜する環境において，各参与者は個別の任務を遂行する一方で，一人 D1 はその分散を統括する責務を負う．各フレームで分散した認知は D1 によって交通整理がなされ，滞りなく推移する．もちろんフレームの変遷は視認できる現象ではないが，「今・ここ」でどのフレームが前景化され，どの参与者を優先的に参／関させるかという意図は，D1 および参与者の微細な身体表象と参与者間の待遇表現等を介して察知しうる．以下では，その一端を取り上げ，パフォーマンスがどのように推進・完遂されたかを検証する (抜粋 (7))．

(7) フレーム・ホッピング

	<CR内の発話：D1, D2, PR, AE>	<ブース内の発話：P1>
1	D2: もうちょっと「マール」が短いバージョ	
2	ンがいいな．((「mal」：D1を見る)) ①	
3	長すぎず短すぎずがいいな．	
4	D1: すいませんマールなん**です**実は．	
5		P1: え!? ②
	23.5秒省略	
6	D1: ((キューを出す))	
7		P1: に...なりますね？ ③
8		この文に「mal」が入った文-
9	D1: ((PR, D2の方を向く))	
10	PR: 大丈夫じゃ[**ない**?=	
11	④	P1: [@h
12	D2: =大丈夫**でした**ね．．<X 今のxxxxx X>	
13	D1: ((頷いて通信用ボタンを押す))	
14	はい大丈夫[₁**です**．	
15		P1: [₁大丈**夫でし**[₂**た**? ⑤
16	D1: [₂はい．	
17	AE: ((左手でボタンを押す⇒[赤ランプが消	
18	える⇒]計器を見て確認))	
19	D1: ((通信用ボタンにかけた手を緩める)) ⑥	
20	止めてください．((AEへ；AEは対応済み))	
21	D2: ((D1の発話でランプ消燈と時計を確認))	
22	D1: でもちょっとはさめる**よね**？((D2へ))	
23	D2: そうでもいい[°と思う°．((頷く)) ⑦	
24	D1: [はい．((D2に頷き，通信ボタンを押す))	
25	ありがとうございま**す**．((P1に))	
26	オッケー**です**． ⑧	

抜粋(7)のやり取りは，収録中にドイツ語単語の発音の修正を求めた場面である．その口火を切ったD2は，アシスタント・ディレクターであるという職責ゆえ，番組収録におけるP1/P2の発音・発声上の適切さを判定する任を負っている．ここでD2は，ドイツ語副詞 *mal* の長母音の短縮を推奨し（1行目），それを受けてD1がP1に対して「マール」に問題がある（長母音が /a:/ が長すぎる）と告げる（4行目）．この要請は，D1の「すいません」（4行目）という謝罪から特別な労を伴うこと，さらに「マールなんです実は」

第13章　ラジオ番組収録における多層的な参与フレームの交わりについて　277

において「実は」が倒置されたことから，恐らく聞き手にとって新奇／想定外であることが推測され(藤井, 1995)，事実P1もそれを驚きとともに受け止めている(5行目)．さらにこの後20秒以上にわたって，D2およびPRからも再読を要請したことへの釈明がなされ(抜粋(7)中では省略)，CRとブースの参与者全員による一斉参加型の会話が展開する．

それを経て，6行目でD1が再演のキューを出すと，P1は台本テクストの一部を朗読するのみで発話を終える．これは，収録後の編集によって*mal*の部分のみを差し替えることができると知っているからである．その発話後，D1は左側(D2とPRが視野に入る方向)に目を向けると，両者から承認の回答を得て自らも頷く(10-13行目)．ただしPRの常体による評価(10行目)，それに対するD2の敬体による追認(12行目)はステータスの不均衡を如実に示している．そこでD1はすぐさま通信用のボタンを押し，ブース内のP1に再演が良好であった旨を告げるが，まだ録音の終了は宣言しない(14-16行目)．

実はこの直後，抜粋(3)と同様に，ただし今回はAEにより，期待される隣接ペアの第二ペア部分が先取りされる．CR内にいるAEは，D1がP1に再演の成功を告げると同時に録音終了のボタンを押し，「録音中」を示す赤ランプが間違いなく消灯したかを確認するために左側の計器に視線を向けている(17-18行目)．AEのその動作を後追いするように，D1は第一ペア部分に相当する「(録音を)止めてください」という依頼を行う(20行目)．ここにおいて，AEがボタンを押して録音を終了するタイミングは，D1による録音終了の依頼に先行しており，AEが音声収録のスキーマを共有するがゆえに，この先取りが可能になったと考えられる．事実D1は，その依頼の際も特にAEに視線を向けることなく，淡々と平板な音調で依頼を行っている．続いてD1は，すぐさまD2に視線を向けてP1の朗読が編集可能な精度を確保したか否かを確認すると(22行目)，D2の暫定的で消極的な了解(「〜でもいい」+「〜と思う」)を得て，ブースへの通信準備を始める(23-24行目)．そしてボタンを押しながらP1に対して謝意を述べ，このセグメントの録音終了を告げる(25-26行目)．

抜粋(7)の破線四角が示す通り，数行ごとにフレーム・ホッピング(異なる参与枠組みの漸次的変遷)が生起している．この変遷を参与枠組みに対応させたのが図3である．(図中の①から⑧は，抜粋(7)において，各フレーム内の発話／行為が「緩く宛てられた」参与者との関係を示す．)

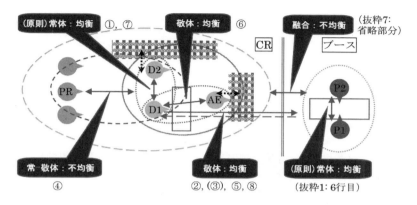

図3　フレーム・ホッピングの様相

　その際D1は，参与枠組みを変更するたびに宛て先を明示することはないものの，P1とAE（およびP2とDR）に対しては敬体で，D2に対しては常体を用いて受容者を暗黙裡に指定している．紙幅の関係上，常体／敬体の既定的シフトの考察に限定するが，参与地位のみならず社会的地位という二重の均衡／不均衡状態が即時的，相互依存的に操作されていることがわかるだろう．またD1は，P1(／P2)には手元の通信用ボタンの操作によってパノプティコン的制御を駆使し，D2とAEに対しては職責にもとづく手続き的知識の遵守を期待することで，自らの職責を「除荷」しつつ分散した認知の統括者となる．一方，参与者はスキーマによって投射される実践ペアを先制的に遂行することで，自ら能動的に相互行為に参与／関与していることが見て取れる．

　ただし主体的参与／関与を期待される参与者のみが焦点化されるわけではない．応答を期待されない参与者も，傍参与者として収録の進行状況をモニターしているという共通の前提があるからこそ，手続き的知識に則ってターンの先取りや自主的な参／関が可能となっているのである．つまり番組収録の参与者は，職責の関連性を感知すれば，その応答可能性に基づきいかなる参与枠組みにも参画する可能性と意志を備えているのである．

5. 結語

　本章で見た通り，番組収録という環境においては多様な参与枠組みの異形態が観察された．従来の参与枠組みの議論では，参与者のステータスの変動はあっても，それは漸次的に達成され，かつメインフレームを優先する形で保持されるとされてきた（例えばバイプレイの分析）．しかしスタジオ収録とは，ディレクターがその中軸(hub)の役割を果たす高度に功利的なパノプティコン的環境であり，その制度的環境ゆえにいくつかの逸脱的な参与構造の分化と重複が観察された．それは宣言的知識と異なり，特定の発話・行為と明瞭にリンクしない，作業実施の方法に関する手続き的知識に依拠し，それを共有するからこそ可能となる実践であった．

　またそのような行為には，「反復許容性」と「応答可能性」が誘導する特殊な相互行為と参与枠組みがあること，さらに参与者は職責の関連性を感知すれば実践ペアにより自在に参与枠組みに参画する可能性を持つことも明らかとなった．つまり，各々の参与者は固有の任務を帯びてその場に臨み，自然会話を基層としながら，外国語学習という制度談話，スタジオ収録のスクリプト，期待される個別の職責，隣接／実践ペアに基づく期待可能性（レリバンス）といった重層的な知識に準拠しているのである．そのような過重な制約を認知の分配と除荷により円滑に達成する任を負うのがディレクターであるといえよう．そのような認知の分散と除荷は決して実業場面にとどまらず，集団で行う音楽，芸術，スポーツ，インターネット通信といった複数の人(工)的認知の制御が必要とされる環境に通底する特徴なのであろう．

謝辞

2015年2月に愛知大学にて開催された「参与(関与)枠組みの不均衡を考える」ラウンドテーブルの参加者諸氏，そして草稿に貴重なコメントをいただいた池田佳子氏，秦かおり氏に深く感謝いたします．なお本論考は，科学研究費基盤(C)「言語的・非言語的『不均衡』から見る社会的実践の諸相」（課題番号25370499代表 片岡邦好）および文部科学省 科学技術人材育成費 補助金事業（「テニュアトラック普及・定着事業」：「専門家と非専門家の会話をデータとした日独比較マルチモーダル分析」（研究代表者：白井宏美））の補助を受けています．

注

1) 書き起こし記号（Du Bois et al. 1993を参考）

,	平板イントネーション	.	下降イントネーション
?	上昇イントネーション	:	音の引き伸ばし
[₁]	発話の重複	=	ラッチング
..	0.2秒以下の間	...	0.3から0.6秒の間
(1.0)	0.7秒以上の間	@	笑い
h	息の吸い込み	hx	息の吐き出し
-	発語の切り詰め	--	発話の中断
(( ))	著者コメント	°	小声による発話
< >	ゆっくり発話	> <	素早く発話
<Q Q>	引用口調	<X X>	不確かな聞き取り
<@ @>	笑いながらの発話		

2) 並列会話は，バイプレイなども含め特別な操作のもとになされ，通常長続きしないとされる（Sacks, Schegloff & Jefferson, 1974; Goodwin, 1997）。また修復がなされる際も，話し手による自己開始・自己修復の方が聞き手による他者開始・他者修復よりも優先度が高く（Schegloff, Jefferson & Sacks, 1977: 373-374），聞き手によって開始されることは少ない（Schegloff, 2000: 101）。

3) *Ich* の '*ch*' に母音の /i/ は不要である．なお，ドイツ語であっても会話中で日本語風に発音された場合はカタカナ書きとしている．

4) 5行目の「あれ？」は応答の不在に対する評価的反応であり，その後自己選択による「召喚－応答」ペアが再び開始されていることから，"sequence-closing third"（Schegloff, 2007）と考えられる．同様の評価は，電話会話において在宅を確信して電話したにもかかわらず応答がない場合にも適切となる．

参考文献

Clark. Herbert H., & Carlson, Thomas (1982). Hearers and speech acts. *Language,* 58(2), 332-373.

Cole, Michael, & Engeström, Yrjö (1993). A cultural-historical approach to distributed cognition. In Salomon, Gavriel (Ed.), *Distributed cognitions*, pp. 1-46. New York: Cambridge University Press.

Drew, Paul (2013). Turn design. In Sidnell, Jack, & Stivers, Tanya (Eds.), *The handbook of conversation analysis*, pp. 131-149. Chichester, UK: Wiley-Blackwell.

Du Bois, John, Schuetze-Coburn, Stephan, Cumming, Susanna, & Paolino, Danae (1993). Outline of discourse transcription. In Edwards, Jane, & Lampert, Martin (Eds.), *Talking data: Transcription and coding methods for language research*, pp. 45–89. Hillsdale, NJ: Lawrence Erlbaum.

Egbert, Maria M. (1997). Schisming: The collaborative transformation from a single conversation to multiple conversations. *Research on Language and Social Interaction*, 30(1), 1–51.

Engeström, Yrjö & Middleton, David (Eds.) (1996). *Cognition and communication at work*. Cambridge: Cambridge University Press.

Foucault, Michel (1995). *Discipline and punishment*. New York: Vintage Books.

藤井洋子（1995）．日本語の語順の逆転について―会話の中の情報の流れを中心に―　高見健一（編）　日英語の右方移動構文―その構造と機能―, pp. 167-198．ひつじ書房

Goffman, Erving (1981). *Forms of talk*. Oxford: Blackwell.

Goodwin, Charles (2007). Interactive footing. In Holt, Elizabeth, & Clift, Rebecca (Eds.), *Reporting talk: Reported speech in interaction*, pp. 16–46. Cambridge: Cambridge University Press.

Goodwin, Charles, & Goodwin, Marjorie H. (1996). Seeing as a situated activity: Formulating planes. In Engeström, Yrjö, & Middleton, David (Eds.), *Cognition and communication at work*, pp. 61–95. Cambridge: Cambridge University Press.

Goodwin, Marjorie H. (1997). By-play: Negotiating evaluation in story-telling. In Guy, Gregory R., Feagin, Crawford, Schiffrin, Deborah, & Baugh, John (Eds.), *Towards a social science of language: Papers in honor of William Labov 2: Social interaction and discourse structures*, pp. 77–102. Amsterdam/Philadelphia: John Benjamins.

Haviland, John B. (2011). Musical spaces. In Goodwin, Charles, Streeck, Jürgen, & LeBaron, Charles (Eds.), *Embodied interaction: Language and body in the material world*, pp. 289–304. Cambridge & New York: Cambridge University Press.

Heath, Christian, & Luff, Paul (2000). *Technology in action*. Cambridge: Cambridge University Press.

Hutchins, Edwin (1995). *Cognition in the wild*. Cambridge, MA: MIT Press.

Kataoka, Kuniyoshi (1998). Gravity or levity: Vertical space in Japanese rock climbing instructions. *Journal of Linguistic Anthropology*, 8(2), 222–248.

片岡邦好（近刊）．創発的スキーマと相互行為的協奏について―「問い」と「相づち」による構造化を中心に―　鈴木亮子・秦かおり・横森大輔（編）　話しことばへのアプローチ―創発的・学際的談話研究への新たなる挑戦―　ひつじ書房

Keating, Elizabeth, & Sunakawa, Chiho (2010). Participation cues: Coordinating activity and collaboration in complex online gaming worlds. *Language in Society*, 39, 331–356.

Kendon, Adam (1967). Some functions of gaze direction in social interaction. *Acta Psychologica*, 26, 22–63.

Kendon, Adam (1990). *Conducting interaction: Patterns of behavior in focused encounters*.

Cambridge: Cambridge University Press.
Labov, William, & Fanshel, David (1977). *Therapeutic discourse: Psychotherapy as conversation*. New York: Academic Press,
Lerner, Gene H. (1991). On the syntax of sentences-in-progress. *Language in Society*, 20(3), 441–458.
Levinson, Stephen C. (1988). Putting linguistics on a proper footing: Explorations in Goffman's participation framework. In Drew, Paul, & Wootton, Anthony J. (Eds.), *Erving Goffman: Exploring the interaction order*, pp. 161–227. Oxford: Polity Press.
Levinson, Stephen C. (2013). Action formation and ascription. In Sidnell, Jack, & Stivers, Tanya (Eds.), *The handbook of conversation analysis*, pp. 103–130. Chichester, UK: Wiley-Blackwell.
McNeill, David (1992). *Hand and mind: What gestures reveal about thought*. Chicago: University of Chicago Press.
Mondada, Lorenza (2003). Working with video: How surgeons produce video records of their actions. *Visual Studies*, 18(1), 58–73.
Mondada, Lorenza (2007). Multimodal resources for turn-taking: Pointing and the emergence of possible next speakers. *Discourse Studies*, 9(2), 194–225.
西阪仰 (2008). 分散する身体——エスノメソドロジー的相互行為分析の展開—— 勁草書房
Putnam, Hilary (1981). *Reason, truth and history*. Cambridge: Cambridge University Press.
Rogoff, Barbara (2003). *The cultural nature of human development*. New York: Oxford University Press.
Sacks, Harvey, Schegloff, Emanuel A., & Jefferson, Gail (1974). A simplest systematics for the organization of turn-taking for conversation. *Language*, 50(4), 696–735.
Salomon, Gavriel (Ed.) (1993). *Distributed cognitions: Psychological and educational considerations*. Cambridge, UK: Cambridge University Press.
Schegloff, Emanuel A. (1968). Sequencing in conversational openings. *American Anthropologist*, 70(6), 1075–1095.
Schegloff, Emanuel A. (1998). Body torque. *Social Research*, 65(3), 535–596.
Schegloff, Emanuel A. (2000). When 'others' initiate repair. *Applied Linguistics*, 21, 205–243.
Schegloff, Emanuel A. (2007). *Sequence organization in interaction: Volume 1*. Cambridge: Cambridge University Press.
Schegloff, Emanuel A., Jefferson, Gail, & Sacks, Harvey (1977). The preference for self-correction in the organization of repair in conversation. *Language*, 52(2), 361–382.
Streeck, Jürgen, & Hartge, Ulrike (1992). Previews: Gestures at the transition place. In Auer, Peter, & Luzio, Aldo D. (Eds.), *The contextualization of language*, pp. 135–157. Amsterdam: John Benjamins.
高梨克也 (2016). 基礎から分かる会話コミュニケーションの分析法 ナカニシヤ出版

Tanaka, Hiroko (1999). *Turn-taking in Japanese conversation: A study in grammar and interaction.* Amsterdam: John Benjamins.

Vygotsky, Lev S. (1978). *Mind in society: The development of higher psychological processes.* Cambridge, MA: Harvard University Press.

Wenger, Etienne (1998). *Communities of practice: Learning, meaning, and identity.* Cambridge University Press.

Wilson, Margaret (2002). Six views of embodied cognition. *Psychonomic Bulletin & Review,* 9(4), 625–636.

Yamazaki, Akiko, Yamazaki, Keiichi, Burdelski, Matthew, Kuno, Yoshinori, & Fukushima, Mihoko (2010). Coordination of verbal and non-verbal actions in human–robot interaction at museums and exhibitions. *Journal of Pragmatics,* 42, 2398–2414.

索　引

A
F 陣形 93, 133, 263, 267–269
SHU 図式 180, 194

あ
相槌／相づち／あいづち 47, 48, 53, 55, 57, 63, 66, 109, 115, 123, 145, 146, 248, 255, 256
宛先／宛て先 32, 34, 61, 158, 159, 163, 173, 195, 232, 269, 271, 273, 279
宛て手 268
アニメーター／発声者 4, 8, 9, 60, 62
暗黙的協同 180, 181, 194

い
イーブスドロッパー／盗聴者 6
「今・ここ」(の志向) 132, 133, 143, 148, 149, 173, 199, 205, 211, 212, 216, 217, 260, 263, 269
イメージ的側面 248, 249, 252

う
受け手性 53, 57, 203
ウチ 111, 116, 119, 120
頷き 48, 53, 55

え
英文読解 27, 28, 30, 34, 38–41
エスノメソドロジー 14, 69, 70, 283

お
オーバーヒアラー／漏聞者 6

か
会話のプロセス 110, 116, 127
会話場 93, 208
会話分析 10, 11, 13–15, 31, 65, 72, 73, 156, 157, 159, 174, 221, 227
顔の表情 48, 55, 57, 75
重なり 11, 82, 156, 173, 174
課題の解決 42
象る 245, 246, 250, 252, 253, 255, 258, 260
からかい 117–119, 123–126, 128, 168–170, 173
感情的スタンス 55
間接的な知覚 251
関与観察者 15, 132, 149, 151
関与性 14
(関与の) 公的水準 30, 31, 34, 35, 37, 39–41

き
聞き手行動 15, 47–49, 53, 63, 109, 110, 125, 173
基本活動 199, 205, 212, 216, 217
共感 55, 111, 115, 122, 126, 143
協同 (共同) 活動 27, 51, 199
共同構築 115, 120, 122, 126
共同作業 16, 179–182, 189, 190, 193
切り結び 252, 253, 255, 258, 260

儀礼的無関心 51, 194, 259
均衡な参与形態 112, 116, 123, 127

く
グループワーク 27–31, 34, 35, 37–43, 45, 49, 63–65
クロスプレイ 7

け
ケータイ 92, 93

こ
声のない発話 259
個人的水準 30, 31, 34, 35, 37, 39, 40

さ
サイドプレイ 7, 8
参加フレーム 62, 63
三項関係相互行為 246
産出形式 8, 9
産出フォーマット 4, 5, 8, 19, 60, 221
参与構造 15, 91, 103, 105, 107, 181, 182, 190, 192–196, 280
参与地位の多層性 148
参与役割 48, 49, 199, 205, 265, 276
参与枠組み 15, 32, 41, 127, 131, 132, 147, 148, 150, 157, 169, 171, 263, 265, 267, 269, 276, 278–280

し
ジェスチャー 56, 57, 75, 111, 115, 118, 122–125, 133, 137, 139–143, 151, 248, 249, 251, 252, 263, 268, 273
視覚的関与 199, 205, 212
視覚的資源 181, 196, 235
視覚的マッピング 201, 203
志向の多重性 16, 217
指示詞 101, 102, 107, 141, 142
実演 115, 203, 204, 211
実践のコミュニティー 263
実践ペア 276, 279, 280
視程 69, 74, 75, 77, 78, 82, 85
支配的関与 30
指標化 4
重心 15, 93, 94, 104, 105, 107
修復 41, 98, 102, 188, 189, 195, 269, 270, 281
順番構成単位 185
順番交替 11, 15, 156, 165, 172, 224, 231, 235, 241, 242
順番交替規則 156, 165, 172
順番交替規則の違反 156
順番取りの秩序構成 85
状態変化符 237, 238
焦点の定まった相互作用 253
承認された参与者 7, 30, 132, 158
承認／非承認参与者 7, 8
情報コミュニケーション技術 (ICT) 69
除荷 16, 264, 273, 279, 280
身体ねじり／捻作 80, 268, 275
身体の観察可能性 179, 180, 182, 193, 195

す
スカイプ・ビデオ 15, 91–98, 100, 101, 103, 105–107

スモール・ストーリー 143-146

せ
成長点 248
制度的環境 1, 2, 16, 264, 265, 269, 274, 276, 280
制度的相互行為 51, 274
制度的場面 10, 18, 148, 149, 191, 192
責任者／責任主体／プリンシパル 4, 8, 9, 60
積極的な関与 109-112, 114-116, 119, 120, 122, 123, 125-127
宣言的知識 280
潜在的志向 205, 217

そ
相互関係のフレーム 110
相互観察の可能性 92, 106, 107
相互行為的手続き 42
相互注視 12, 76, 77, 82
操作領域 93, 94
組織活動 212, 215-217
組織役割 199, 217

た
ターン開始要素 165, 174
ターン交替 62, 63, 85
ターンの認識表示 81
対面的状況 179, 195
他者の認知の利用 194
多職種チーム 16, 199, 200, 216, 217
立ち位置の調整 133, 135
多人数インタラクション 10, 15, 132, 148, 149, 179, 181, 190, 191

多人数会話 11, 93, 157, 173

ち
知覚 64, 251, 254, 255, 274
知覚－行為 251
重複（会話の重なり）162, 211, 228, 230, 233, 234, 238-241, 265, 267, 270, 271, 276, 280
直接知覚 251, 254, 255
著作者 4, 8, 9, 60

つ
通訳活動 225, 227, 230-233, 242

て
ディスプレイ 48, 50, 77
テクノソーシャル 91-94, 106, 107
デジタルペン 17, 29, 39
手続き的知識 16, 268, 271-273, 279, 280
伝達意図 179, 181

と
ドイツ語学習 265, 266
同意要求 164
統合の中心 263
投射 77, 82, 87, 169, 185, 186, 188, 191, 230, 232, 279
投射性 191
同時笑い 113, 115, 119, 121-123, 125, 126
同調 15, 113, 115, 122, 123, 125-127, 147
盗聴者／イーブスドロッパー 6

に
二項対立 134, 135, 137, 139, 143, 147
二重構造 149, 233–238, 240
認知的人工物 264, 271, 274, 276

ね
熱中型 111, 112
捻作／身体ねじり 80, 268, 275

は
バーチャル 69–73, 91, 92, 107
バイスタンダー／側聞者 6
バイプレイ 7, 265, 270, 280, 281
ハイライト化 203
発言者 221, 222, 225, 228, 231–233, 235, 239, 240
発声者／アニメーター 4, 8, 9, 60, 62
発話重複（発話の重なり）11, 156, 174, 228, 234, 238–241
発話の順番取り 257
発話連鎖 224, 227, 230, 233, 236, 238–240
パノプティコン 16, 271, 279, 280
番組収録 16, 263, 265–267, 269, 271–273, 276, 277, 279, 280
反応表現 109, 125, 126
反復 137, 139, 141, 147, 269, 270, 273, 280

ひ
ピア・リーディング 28
非音声的反応 53
非話し手 47–53, 55, 57–66
表象的ジェスチャー 248, 251

ふ
不均衡な参与形態 112, 123, 127
フッティング 4, 10, 15, 17, 110–112, 114–116, 118, 119, 122–127
プリンシパル／責任者／責任主体 4, 8, 9, 60
フレーム 1–4, 13, 62, 63, 110, 111, 115, 117, 119, 121, 122, 124, 126–128, 150, 263, 265, 269, 270, 276, 278, 280
フレーム・ホッピング 265, 269, 276–279
プロフェッショナル・ビジョン 202
文化歴史的活動理論 264
分裂 16, 30, 158, 205–207, 210, 211, 217, 218, 265

ほ
傍参与者 6, 7, 15, 16, 104, 111, 117, 119, 120, 124, 126, 127, 148, 149, 158, 163, 165, 167, 169–172, 181–183, 186, 187, 191–193, 195, 196, 203, 221, 222, 267, 279
ポジショニング 133, 137

ま
マルチ・アクティビティ 13
マルチモーダル分析 133, 264

ゆ
有標性 186, 191
指さし 13, 155, 159, 162, 163, 166–170, 173, 268

り

リアクティブ・トークン 109
リアル 50, 61, 70, 91, 92, 103
リスナーシップ 109, 111
両数 8
理容の発話 16, 250, 251, 255–258
隣接ペア 164, 195, 222–224, 232, 274, 276, 278

ろ

漏聞者／オーバーヒアラー 6
録画インタビュー 15, 131, 133, 146, 148, 149

執筆者紹介

池田 佳子（いけだ けいこ）　＊第1章・第4章担当・編者
ハワイ大学マノア校東アジア言語文化研究科修了．Ph.D.（日本語言語学）．トロント大学東アジア学科専任講師，名古屋大学国際言語文化研究科准教授を経て，現在，関西大学国際部教授・国際教育副センター長．著書・論文に『日本人と日系人の物語』（共編著，世織書房，2016），「アウトバウンド促進授業実践としてのCOIL（オンライン国際連携学習）─世界のピアと協働学習を通して生まれる外向き志向─」『グローバル人材育成教育研究』2 (2) (2016)，『コミュニケーション能力の諸相』（共編著，ひつじ書房，2013）など．

片岡 邦好（かたおか くによし）　＊第1章・第13章担当・編者
アリゾナ大学大学院博士課程修了．Ph.D.（応用言語学）．愛知大学法学部専任講師，助教授を経て，現在，同文学部教授．編著書に『文化・インターアクション・言語』（共編著，ひつじ書房，2002），『コミュニケーション能力の諸相』（共編著，ひつじ書房，2013）．論文に The "body poetics": Repeated rhythm as a cultural asset for Japanese life-saving instruction, *Journal of Pragmatics*, 44 (2012), Synchronic and diachronic variation in the use of spatial frames of reference, *Journal of Sociolinguistics*, 19 (2015) など．

菊地 浩平（きくち こうへい）　＊第11章担当
千葉大学大学院博士課程修了．国立情報学研究所特任研究員，日本学術振興会特別研究員を経て，現在，総合研究大学院大学助教．論文に「二者間の手話会話での順番交替における視線移動の分析」『社会言語科学』14 (1) (2011)，「相互行為としての手話通訳活動─通訳者を介した順番開始のための聞き手獲得手続きの分析─」『認知科学』22 (1)（共著，2015）など．

坂井田 瑠衣（さかいだ るい）　＊第9章担当
慶應義塾大学大学院政策・メディア研究科後期博士課程／日本学術振興会特別研究員．論文に How do we talk in table cooking?: Overlaps and silence appearing in embodied interaction, *JSAI-isAI 2013, LNAI*, 8417（共著, Springer, 2014），「身体の観察可能性がもたらす協同調理場面の相互行為─『暗黙的協同』の組織化プロセス─」『認知科学』22 (1)（共著，2015），「受け手になるか対象物になるか─歯科診療における参与地位の拮抗と相互調整─」『社会言語科学』19 (1)（共著，2016）など．

白井 宏美（しらい ひろみ）　＊第13章担当
ハノーファー大学（ドイツ）にて博士号取得．現在，慶應義塾大学総合政策学部准教授．著書に *Eine kontrastive Untersuchung zur deutschen und japanischen Chat-Kommunikation* (Peter Lang,

2009）．［日独のチャット・コミュニケーションに関する対照研究］，共著書に *Microblogs global. Eine internationale Studie zu Twitter & Co. aus der Perspektive von zehn Sprachen und elf Ländern*. (Peter Lang, 2013)［10言語11ヶ国のツイッターに関する対照研究］など．

城 綾実（じょう あやみ）　＊第2章担当
滋賀県立大学大学院人間文化学研究科博士後期課程単位取得退学．博士（学術）．日本学術振興会特別研究員（DC2），国立情報学研究所特任研究員を経て，現在，京都大学物質‐細胞統合システム拠点特定研究員．論文に「認識可能な身振りの準備と身振りの同期」『社会言語科学』17(2)（共著，2015），Management of intersubjectivity and progressivity through simultaneous gestural matching, *JSAI-isAI 2012, LNAI* 7856 (Springer, 2013)など．

砂川 千穂（すなかわ ちほ）　＊第5章担当
テキサス大学大学院人類学部博士課程修了．Ph.D.（人類学）．テキサス州立大学非常勤講師，国立情報学研究所特任研究員を経て，現在，日本学術振興会特別研究員（PD）．論文に Virtual *ie*: A three-generational household mediated by webcam interactions, *Journal of Pragmatics*, 69 (2014)など．

高梨 克也（たかなし かつや）　＊第10章担当
京都大学大学院人間・環境学研究科博士課程研究指導認定退学．博士（情報学）．情報通信研究機構専攻研究員，京都大学学術情報メディアセンター特命助教などを経て，現在京都大学大学院情報学研究科研究員，一般社団法人社会対話技術研究所理事．編著書に『多人数インタラクションの分析手法』（共編著，オーム社，2009），『インタラクションの境界と接続―サル・人・会話研究から―』（共編著，昭和堂，2010），『基礎から分かる会話コミュニケーションの分析法』（ナカニシヤ出版，2016）など．

名塩 征史（なしお せいじ）　＊第12章担当
北海道大学大学院博士課程修了，博士（学術）．北海道大学大学院メディア・コミュニケーション研究院助教を経て，現在，静岡大学グローバル企画推進室特任助教．著書に『認知言語学論考 No. 11』（共著，ひつじ書房，2011）．論文に「ある行為の可能性を備える環境の捉え直しとそのきっかけとなりうる一語発話―〔知覚‐行為〕との関連でみる発話の効果―」『メディア・コミュニケーション研究』65(2013)など．

難波 彩子(なんば あやこ)　＊第6章担当
エディンバラ大学大学院博士課程修了．現在，岡山大学基幹教育センター准教授．論文に Politeness and laughter in Japanese female interaction, *International Perspectives on Gender and Language* (Selected Papers from the 4th IGALA Conference), Vol. 3 (2007)，Interactional dimensions of Japanese *TE* in collaborative storytelling,『英米文学研究』43 (2008)など．

秦 かおり(はた かおり)　＊第1章・第7章担当・編者
ロンドン大学ゴールドスミス校大学院博士課程中退．立教大学ランゲージ・センター教育講師を経て，現在，大阪大学大学院言語文化研究科准教授．編著書に『ナラティブ研究の最前線』(共編著，ひつじ書房，2013)，『話しことばへのアプローチ』(共編著，ひつじ書房，近刊)．著書に『出産・子育てのナラティブ分析―日本人女性の声にみる生き方と社会の形―』(共著，大阪大学出版会，2017)など．

増田 将伸(ますだ まさのぶ)　＊第2章担当
京都大学大学院人間・環境学研究科博士後期課程研究指導認定退学．博士(人間・環境学)．甲子園大学総合教育研究機構助教，専任講師を経て，現在，京都産業大学共通教育推進機構准教授．編著書に『会話分析の広がり(仮題)』(共編著，ひつじ書房，近刊)．論文に Answers to Japanese multi-unit questions with explicit assumptions, *JELS*, 31 (2014)，「『どんな／どういう+名詞』型質問-応答連鎖における優先構造」『言語科学論集』17 (2011)など．

安井 永子(やすい えいこ)　＊第8章担当
テキサス大学オースティン校大学院博士課程修了．Ph.D.(コミュニケーション学)．現在，名古屋大学文学部・文学研究科専任講師．論文に Collaborative idea construction: The repetition of gestures and talk during brainstorming, *Journal of Pragmatics*, 46 (2013)，「語りの開始に伴う他者への指さし―多人数会話における指さしのマルチモーダル分析―」『名古屋大学文学部研究論集(文学)』59 (2014)など．

横森 大輔(よこもり だいすけ)　＊第3章担当
京都大学大学院人間・環境学研究科博士後期課程研究指導認定退学．博士(人間・環境学)．日本学術振興会特別研究員(PD)を経て，現在，九州大学言語文化研究院助教．論文に「日本語を第一言語とする英語学習者の比較的自発的な発話におけるフィラーに見られるいくつかの特徴」『日本英語教育学会第43回年次研究集会論文集』(共著，2014)など．訳書に『やりとりの言語学』(共訳，大修館書店，2015)など．

コミュニケーションを枠づける―参与・関与の不均衡と多様性

初版第1刷　―――― 2017年 2月25日

編　者 ―――― 片岡邦好・池田佳子・秦かおり

発行人 ―――― 岡野秀夫
発行所 ―――― 株式会社くろしお出版
　　　　　　〒113-0033　東京都文京区本郷3-21-10
　　　　　　［電話］03-5684-3389　［WEB］www.9640.jp

印刷・製本　三秀舎　装　丁　黒岩二三(Fomalhaut)

©Kuniyoshi Kataoka, Keiko Ikeda, and Kaori Hata 2017, Printed in Japan
ISBN978-4-87424-723-5　C3080

乱丁・落丁はお取りかえいたします。本書の無断転載・複製を禁じます。